古代史の思い込みに挑む

松尾　光
Matsuo Hikaru

笠間書院

はじめに

　血液型で性格がわかるとか、相手との相性が診断できるとか、そういう情報がまことしやかに語られている。語っている本人は大《おお》まじめで、「A型の人は真面目で、連絡などもこまめ。そのかわり相手にも誠実さを求める」「B型の人は印象で即断し、時間にルーズ。しかし裏表がなく、根に持たない」「O型の人はストレートで、おおらかで社交的。企画性に優《すぐ》れていて、執着心《しゅうちゃくしん》が薄い」「AB型は秘密主義でガードがかたい。平和主義で相手に合わせるが、ときどき天邪鬼《あまのじゃく》」とかまくし立てている。しかし個々人の性格はその人の属した社会と経た歴史的環境に左右されるとしても、血液に決定権のあろうはずがない。書かれているていどの型別《かたべつ》の性格はだれにも適合し、どの型の性格とされても思い当たらぬ人などいない。思い込みを捏造《ねつぞう》する非科学的な話だが、「O型ならきっとこうだ」と思い込んでしまうと、それだけで相手を半分以上分かった気になれて、喋《しゃべ》りはじめやすいのだそうだ。

　わが身を振り返ってみると、歴史に興味を持って、その解明に携《たずさ》わりたいと思ったのだって……。きっかけは、ほとんど事実でなかった。例えば木下藤吉郎（豊臣秀吉）が「矢作《やはぎ》川の橋上で蜂須賀小六《はちすかころく》に誰何《すいか》された話」「織田信長の草履《ぞうり》を温めていた話」「敵前の墨俣川《すのまたがわ》畔に一夜で城を築く話」は、いずれも作り話。「毛利元就の三本の矢の教え」「前田利家の没後、加藤清正らに襲われた窮鳥《きゅうちょう》・石田三成が仇敵《きゅうてき》の猟師・徳川家康に助けを求めた話」なども話を面白くするための脚色だったのに、その話に導かれてこの世界に入ってしまった。でも思い込んだ挿話、たとえば山中鹿介《しかのすけ》の月に艱難辛苦《かんなんしんく》を祈った話が逆境にある人の心を支え、徳川家康の遺訓が困難な事業に耐える気力を与えることもある。

そうではあるが、かりに刑事の思い込みで、自分が殺人や窃盗の容疑者にされたらどうか。思い込みが、事実を直視する眼や耳の力を失わせ、明晰なはずの頭脳の働きを阻《はば》む。事実は闇の彼方《かなた》に押しやられ、「犯人は、あなたに決まっている」といわれたら。

事実を追究する者にとって、思い込みはやはり有害な障碍物《しょうがいぶつ》である。

かつて「地方で台頭した武士は、貴族を包囲しやがて凌駕《りょうが》して政権を握った」といわれた。マルクス主義歴史学の理論では、「下の階級が立ち上がり、階級闘争によって支配者を倒して時代が進んでいく」と考えた。だから、武士は地方の名もなき農民階層の出身者でなければならなかった。そしてそのような社会像で、歴史が語られた。だが、じっさいは貴族が武装して武士になっていった。上層から降《お》りてきたのだ（第三章46）。つまり事実を理論に高めていたのではなく、歴史理論に沿う事実を拾《ひろ》い集めていたのである。「理論に合わせて歴史事実を歪《ゆが》め、現象を捏造《ねつぞう》した」といわれても、返す言葉がない。これって、思い込み捜査をしている刑事が語る「事件の概要」と同じだろう。

古代は未開で保健衛生が悪く、人の寿命は短い。一般論はたしかにそうかもしれないが、「だから四十歳の古代女性はもう高齢者で、出産なんか無理だ」との先入観が学界を覆《おお》っている。そこから「それなので、こうした、ああした」との論述が続く。そんな思い込みで描かれた歴史に、満足し納得していいのか。そんな事実なんかないし（第二章30）、ないとすれば「こうした、ああした」理由は別にあるはずなのに。砂丘上に立派なビルを建てようとしても、無駄なことなのだ。

だから、まずはなにが思い込みなのか。いまから数時間、筆者とそれを確かめに行きませんか。

古代史の思い込みに挑む

目次

II　奈良時代

I

古代・飛鳥時代

01 中国・朝鮮から渡来した弥生人が縄文人の上に君臨したのか

弥生時代になると海外から稲と金属器がもたらされ、はじめの三〇〇～四〇〇年で日本列島を青森県（砂沢遺跡・垂柳《たれやなぎ》遺跡）まで駆け上がった。その一〇〇年後には、縄文文化に固執《こしゅう》して弥生文化にかなりの抵抗感を示してきた関東地方も弥生時代に移行する。もちろん稲や金属器に足が生《は》えているわけはない。稲と金属器を受け取ったものの、もたらした人間が一人も日本列島に入らなかった、などとはとても考えがたい。海外から稲・金属器をもたらした人つまり渡来人《とらいじん》がそのまま日本列島に定住し、稲・金属器を使用する生活をはじめていった。そう考えるのが、穏当《おんとう》であろう。

そうすると日本中に稲作が広まっていくのは、すなわち稲種《いなだね》と耕具を手にした弥生人が日本中に入り込み拡散していったからだろう。しかも弥生人は背が高く、縄文人とは一見してわかる差異があった。縄文男性の平均身長が一五九・二センチなのに対し、弥生男性は一六二・八センチ。平均で四センチ弱も上背《うわぜい》があり、上から目線《めせん》で威圧していたことすら想像される（山岸良二氏「逃げる縄文人、追う弥生人」『争乱の日本古代史』所収、広済堂出版）。縄文晩期の推定人口は七万五〇〇〇なのに、弥生時代の人口は六〇万ほど。五〇万を超える弥生人が渡来して、八万弱の縄文人をどこかに追いやったか支配下に組み込んだ。こうした渡来の波は継続していて、鬼頭宏氏（『環境先進国江戸』ＰＨＰ新書）は人類学者の推計を受け容れて、紀元前後の弥生時代から十世紀までの十倍以上の人口増加は列島内の自然増加ではなく、ユーラシア大陸からの人口移動によって可能になった、とされている。つまりこういうことだ。日本が縄文時代から弥生時代に移行したとは、先住《せんじゅう》していた縄文人の社会の上に、大量に渡来してきた弥生人が乗っかったこと。弥生人の生産・生活様式が支配的になったのであれば、弥生人の持ち込んだ文化を強制しえたわけだから、弥生人が縄文社会を押《お》し潰《つぶ》して新支配者になった、という意味になろう。

たしかに、そうした理解が成り立たなくもない。だがそれが正解か、あるいはそうとしか考えられないかとなれば、いささか疑問がある。いや、疑問点の方が多い。

この理解では、縄文人は縄文人のままで、弥生人は渡来してきた人とその子孫と見なされている。やがて縄文人は追われて東北地方に移り、その子孫はなお大和政権・律令国家に抵抗して蝦夷《えみし》と呼ばれるとの解釈にもなっていく。しかし縄文人と弥生人はそもそも別種で、決して相容《あいい》れなかったのか。

弥生時代を開いた人は、渡来文化を持って入ってきたろう。それがどのくらいの人数かは知られないが、万の単位でもあるまい。かりに亡命《ぼうめい》などで追い詰められた、纏《まと》まった数の人たちだったとしても、生活を立てるあてもない未開の僻地《へきち》に移住までするのはせいぜい一度に数千だろう。そういう彼らが、日本で稲作《いなさく》をはじめる。縄文時代の西日本は食糧が乏《とぼ》しく、先住していた人も少なかった。それが渡来した人から貰《もら》った稲種をもとに見よう見まねで稲作をはじめ、やっと安定した食糧を手にした。主食が従来と異なれば、生活様式も体格も異なってくる。平均一五九センチだったのが、安定した食糧事情のおかげで四センチ弱伸びた。これは太平洋戦争後の私たちが、身をもって体験してきたことだ。昭和二十五年の三十歳代の平均身長は男性一六〇・三センチ、女性一四八・九センチだったが、六十年後にはそれぞれ一七一・五センチ、一五八・三センチ。男女とも約十センチ伸びた（厚生労働省／国民健康・栄養調査）。食生活の劇的な変化を知らなければ、日本はアメリカ合衆国に敗《やぶ》れて占領され、移民のアメリカ人に取って代わられたか強制的に結婚させられた。その結果次世代の人々は長身の遺伝子を受け継いで急激に背丈《せたけ》を伸ばした、と描《えが》ける。それがおかしいのなら、縄文人と弥生人の身長差も不思議でない。つまり縄文人を追いやって弥生社会ができたのではなく、縄文人が弥生人になった。国境などないのだから、弥生社会が安定し繁栄しているなら、中国・韓国沿岸部からそこを目指《めざ》した渡来があってもいい。そうではあるが、日本の地にいて生活している縄文出身の弥生人が家族を育て、人口を増やしていくのが自然である。食糧事情が安定すれば、産婦と乳幼児の死亡率も減り、家族は増える。人が増えれば食糧増産が必要になる。その繰り返しで、人口が増える。国内で縄文人が弥生人へと転身し、出産ブームで人口増となって自然である。縄文社会に少数の弥生人が渡来して、もたらされた水稲《すいとう》農耕のせいで人口がとつぜん爆発的に増えたという話じゃないのか。

「縄文人が七万五〇〇〇で、弥生人は六〇万ほど」といえば八倍という大差で、多数の渡来人流入で埋めるほかないほど懸《か》け離《はな》れた数値に見えるかもしれない。だが、弥生時代は六〇〇年もある。この間、一世代・約三十年ごと（六〇〇年で二十世代）に人口が一一％の複利計算で増加するとすれば、こうなる。紀元前三〇〇年に七万五〇〇〇人でスタートして、紀元前二七〇年に八万四〇〇〇人、紀元前二四〇年に九万四〇八〇人、紀元前二一〇年に一〇万五三六九人、紀元前一八〇年に一一万八〇一三人、紀元前一五〇年に一三万二一七五人、紀元前一二〇年に一四万八〇三六人、紀元前九〇年に一六万五八〇一人、紀元前六〇年に一八万五六九七人、紀元前三〇年に二〇万七九八〇人、紀元前後に二三万二九三八人、紀元後三〇年に二六万〇八九一人、六〇年に二九万二一九八人、九〇年に三二万七二六一人、一二〇年に三六万六五三三人、一五〇年に四一万〇五一七人、一八〇年に四五万九七七九人、二一〇年に五一万四九五三人、二四〇年に五七万六七四七人、二七〇年に六四万五九五七人、弥生時代が閉幕する三〇〇年に七二万三四七一人となる。これならば渡来人が一人《ひとり》も来なくとも、卑《ひ》弥呼《みこ》が親魏《しんぎ》倭《わ》王《おう》になったころには五七万人となっている。さらに弥生時代の最末期に六〇万人なればよいのなら、世代ごとに人口増一一%の複利計算で六〇万四六七三人に到達する。

これは机上の計算で、大きな気候変動のなかで人口減を体験することもありうる。楽観的すぎるが、一一%ていどの漸増《ぜんぞう》でも積み重ねれば六〇万に達する。過大《かだい》な渡来人を予想する必要はないのだ。

しかも、現実はもっと大きな人口増を経験している。

江戸末期の人口はおおむね三〇〇〇万人と推算《すいさん》されているが、明治五年（一八七二）の壬申戸籍《じんしんこせき》では三三一一万〇八二五人（一〇・三%増）。壬申戸籍方式での調査による一八九五年の総人口（皇族を除く）は四二二七万〇六二〇人（二七・七%増）。以下、国勢《こくせい》調査による人口統計を三〇年・一世代ごとに飛ばしながら記すと、一九二〇年に五五九六万三〇五三人（三二・四%増）、一九五〇年に八三一九万九六三七人（四八・七%増）、一九八〇年に一億一七〇六万〇三九六人（四〇・七%増）、二〇一〇年に一億二八〇五万六〇二六人（九・四%増）であった。総人口はわずか一四〇年で四倍になった。経済成長のもとで許容《きょよう》された人口増だ、とはいえない。一九五〇年ころは、近年でもっとも物資不足で窮乏化《きゅうぼうか》していたはず。それなのに太平洋戦争後の人口増は四八%超で、その子たちの世代も四〇%超となっている。経済・食糧事情が改善して余裕が生じたから人口増になったのではなく、多くの人が生活苦にあえぐなかで人口増が進んでいた。「事実は、小説よりも奇《き》なり」なのである。

また、そもそも日本列島の住人と朝鮮半島・中国の住人とは、言語が異なる。それがいつまで遡《さかのぼ》るか不明だが、日本語は「主語＋目的語（補語《ほご》）＋動詞」で、「主語＋動詞＋目的語（補語）」順の中国とは文法的に異なっている。朝鮮半島と日本は文法的に同じだが、言葉はほぼ同一でない。ということは兄弟語などでなく、言語系統の分岐点《ぶんきてん》はかなり古いのだそうだ。これらの差異が弥生時代にあったとして、中国からの渡来系弥生人が五〇万を超《こ》え、在来の縄文人の文化を否定したというのなら、日本語はいまも支配者となった渡来人の話す言語である中国語の語順の言葉になっているだろう。また朝鮮半島から渡来人が数を揃えて日本列島に来たのなら、あるいは日本国内に分国《ぶんこく》を作っていったのならば、彼らの話す言葉が支配的な言語となり、朝鮮半島の人々とはいまも共通の言語で話せているだろう。古代社会には通訳を仕事とする曰佐《おさ》（訳語《おさ》）を名乗る氏族がいたが、渡来系弥生人が支配者となった社会だったのなら、そうした職務の人たちははなっから要《い》らないはずである。

筆者は、西日本に先住していた縄文人が一度にはさして多くないが度重《たびかさ》ねた渡来人のもたらす文物《ぶんぶつ》（稲作＋金属器など）に接し、これを適宜受け入れた。たびたび渡来する人たちを受容し混血するなかで、七万人の縄文人社会を基盤としたままで六〇万の弥生社会へと転じたのだと思う。渡来人の持ち込んだ稲は三十年以上の保存・蓄積ができるため、これらを多く管理・保有している者が直接的生産業務から離れて支配者・支配者層を形成していく。その一方で当時の農耕具では開墾適地《かいこんてきち》もそう多くないので、開墾地を奪いあう戦争が起き、その過程で捕虜《ほりょ》から奴隷《どれい》にされる者が出た。あるいは稲作では豊作《ほうさく》もあるが、凶作《きょうさく》の年もある。凶作は一年だけであればいいが、十年続くことも得《え》てしてある。凶作年の窮状を乗り切るために持っている人から借りたものの、返せずに債務《さいむ》奴隷に身を落とす人たちが出る。あるいは、物々交換での交換価値を期待して、戦争捕虜が奴隷とされることもあったろうか（吉田孝氏『日本の誕生』岩波新書、四十七〜八頁）。つまり縄文社会と異なって、資産蓄積が可能な弥生社会では支配者＋被支配自由民＋奴隷への階級分化が起きる。

支配階級にある者はその地位を確乎《かっこ》たるものとしようと、進んでいた中国・朝鮮の文物《ぶんぶつ》を導入・独占することに腐心《ふしん》した。中国に使節を派遣すれば中国の文物の質量に圧倒され、朝鮮半島で高句麗《こうくり》に惨敗《ざんぱい》すれば朝鮮の戦闘能力の高度さに憧《あこが》れを懐《いだ》いた。そういう環境のなかでは、外来の先進的文物で身の回りを飾ることを誇らしくも思う。騎馬民族征服王朝説の江上波夫《えがみなみお》氏のように、古墳《こふん》のなかに副《ふく》葬《そう》された武具・馬具で装《よそお》ったであろうその姿から連想して朝鮮王朝が日本列島を占領して建国していたと見なす説もある。そうした朝鮮・中国など異国風の服装・文物が王や支配者層の生活空間に満ち溢《あふ》れていたかもしれない。しかしそれでも、そういう恰好《かっこう》をしていることが中国や朝鮮半島から来た証明となるわけではない。相手を見て真似すれば、翌日には彼らのようになれるからだ。恰好だけで判断されるのなら、背広《せびろ》を着ている私たちはイギリスやアメリカ合衆国からの移住者かその子孫と見なされてしまう。それは間違いだ。ということは、本当は縄文社会出身の弥生人によって支配者層・豪族層が国内にしだいに形作られ、また階級分化が進んでいった。そういうことであろう。

とはいえ、弥生時代初頭から時代全体を通じて、多くの外国人が渡来したと想像する説が盛《さか》んだ。「弥生人は大挙《たいきょ》して渡来してきた」という思い込みを否定する決定打は思いつかない。もとより中国や朝鮮半島での戦乱を避けるため、政治亡命を試みる者もいたろう。しかし避難するのならば中国本土から出てしまわないで、大半の者は本土の周縁部《しゅうえんぶ》に留《とど》まるだろう。朝鮮半島でもそうだ。地続《ぢつづ》きに隠れていれば、再起《さいき》がはかれる。しかもそこから出られたら、地域の支配者はそこの耕作者を失う。課税対象者を失った地は、ただの荒野《あれの》になってしまう。だから、出国《しゅっこく》を止めたはずだ。何も海を渡って、日本なんかに零落《れいらく》しなくてもよかろう、と。僻遠《へきえん》の日本まで行くには、留まるよりましと思える何らかの魅力がなければなるまい。だが中国の東海にあった黄金の国・ジパング島伝説やアメリカ合衆国西海岸のゴールドラッシュのような一攫千金《いっかくせんきん》の儲《もう》け話も聞こえてこないのに、大海原《おおうなばら》を航海する危険を冒《おか》し、歓迎されるとは限らない未知・未開の僻地に何を好《す》きこのんで渡ろうというのか。現代ならともかく、当時の日本のどこに、殺到したいほどの夢を繰り返し懐《いだ》かせる場所があったとするのか。

これからは論理だけでなく、科学的な究明も期待できる。頭骨の長さと幅や顎の特色などをもとにする骨相学《こっそうがく》的研究には個体差・個人差があり決定的といいがたいが、DNA（デオキシリボ核酸）の測定による縄文系と弥生系の人種的な相違点を探れば、この関係は科学的に解明できそうだ、といわれている。

現在のところ、DNAの測定によって縄文人・弥生人が混血していることはほぼ明瞭になった。すくなくとも縄文人が排他的《はいたてき》に自然増殖して弥生人になっていく、ということではなさそうだ。筆者も、縄文人だけからでも七万五〇〇〇人が六〇万人になりうると計算はしたが、渡来した弥生人などいなかったとか弥生人との混血がなかったなどとは思っていない。しかし弥生人がいっさい縄文人と混血しないで純粋に弥生人だけで増えていって、縄文人を排他的《はいたてき》に僻地《へきち》に追いやったりあるいは支配下において人種隔離《じんしゅかくり》していたとも思わない。つまり縄文人と弥生人は繰り返し混血したと想像する。

縄文人はアイヌ人やコロポックルなどのこととみたのは、日本を単一民族とする考えによるものだった。日本民族は、もともと混血種族である。単一民族だという思い込みを外《はず》せば、縄文人ももともと混血種族であろうし、新種の弥生人が入ってきたとしても、二十世代・六〇〇年の間に縄文人とまた混血していくだけである。縄文人と弥生人の差は、ようするに混血の度合《どあ》いにすぎない。

とはいえ問題は解決・収束《しゅうそく》に向かうどころか、さらに膨《ふく》れあがる。そもそも早くに渡来して弥生時代を開いた弥生人といま日本列島一帯に見られている弥生人には、どれほど人種的同一性があるのか。弥生人が一時に大挙して入ってきたとすれば、つまり同じ種族・民族の流入と捉えてその混血の状態を明かすこともできる。だがさまざまな地域からさまざまな時期につまり多種多様な地域の異民族が間断《かんだん》なく入ってきて弥生人を形成していくのだとみなすなら、その混血の状態を明らかにすることはむずかしくなる。つまり弥生人は弥生人として一《ひと》つかみにできない。そういうことだ。このことは縄文人にもいえる。弥生人と縄文人を対置《たいち》しているが、縄文人はそもそも一まとまり人種なのか。縄文文化を共有していた人は、一つの人種・同じ民族だったのか。同時代の日本列島のあちこちに多種な人種が混在している状態があり、文化に共通性があるとして地域的に時代的に括《くく》った呼称に過ぎない。文化が共通でも、多数の人種・民族で見ればどれも混在する渡来人社会で、そこに人口増をもたらす食料を持った渡来人が来ただけ。はたしてごく一部地域の縄文人サンプルと北九州にとくに偏《へん》在《ざい》している弥生人サンプルのＤＮＡを比較して、何が分かるというのか。つまり典型的縄文人・典型的弥生人なんてどこにいるのか、あるいはほんとうにいるのか、である。

また弥生時代の幕開《まくあ》けとともに戦争が起こっている（山岸良二氏、前掲書）。これは人種の違いが明瞭だったせいなのか、あるいは文化・生活様式が違いすぎたせいなのか、つまり明らかな異文化の侵略者との闘《たたか》いとして立ち上がったのか。それならば一括《ひとくく》りにされた縄文社会構成員との弥生社会構成員との衝突だったともいえる。しかしそれでも、それは文化・生活様式の違いによるものであって、人種のせいじゃない。弥生社会のシステムに起因《きいん》する戦争なのかもしれない。

まずはそれぞれの遺跡の内容とそこにある人《ひと》DNA（あるいは核《かく》DNA）の関係について、普遍性があってかつきめこまかい分析が必要である。それがあたらしい縄文時代史・弥生時代史を描《えが》くもとにもなりそうだ。

「出雲神賀詞」は、大和王権内部の猿芝居か

奈良・平安時代、出雲国造《いずものくにのみやつこ》にあらたに就任した人は、そのはじめに三度も都との間を往復させられた。この時代の国造（律令国造・新国造）は七世紀半ばまでのような各地域の分権的支配者じゃなく、朝廷から任命されてその国内の祭祀《さいし》を統轄《とうかつ》する神官である。とはいえ、たんなる神官とはいえず、やはりかつて分権的支配者として国内に君臨《くんりん》した一族から選ばれるので、その地域の代表的な有力者と見做《みな》されていた家柄《いえがら》の出身者であった。出雲では国造が代替《だいが》わりした一年目に、意宇郡《おうぐん》の神魂《かもす》神社（現・松江市）で国造家継承の祭儀を執《と》り行《おこな》う。そののち上京して、朝廷から負幸物《おうさちもの》を下賜《かし》される。帰国してから一年間、斎戒《さいかい》・沐浴《もくよく》する。ついで貢納品を携《たずさ》えて再上京し、出雲国造神賀詞《かんよごと》を奏上《そうじょう》する。帰国してからまた一年斎戒・沐浴し、上京して出雲国造神賀詞をふたたび奏上する。

負けた者・征服された側《がわ》は、古来勝者を褒《ほ》め称《たた》える賀詞《よごと》を奉《たてまつ》ることで服従を誓った。出雲国造神賀詞の内容はいまも『延喜《えんぎ》式《しき》』に載《の》って残されているが、自分たち出雲氏の祖先の功業を略述し、あわせて征服者の首魁《しゅかい》である天皇の長寿、治世の安泰・弥栄《いやさか》を祝福する文面である。こうした行為は、どの地域でも普遍的に見られる。この内容は、たとえば『古事記』景行天皇段にある尊称奉呈《ほうてい》の話と意味は同じである。すなわち九州地方に君臨していた熊曽建《くまそたける》は景行《けいこう》天皇の命《めい》を承《う》けて征伐に来た小碓《おうすの》命《みこと》に殺害されようとしたとき、「西の方に吾《われ》二人を除《お》き、建《たけ》く強き人無し。然《しか》あれども大倭国に、吾二人に益《ま》して建き男は坐《いま》しけり。是《ここ》を以ち、吾、御名を献らむ。今より以後《のち》、倭建御子《やまとたけるのみこ》と称《たた》ふべし」

と褒《ほ》め称《たた》えた、という。自分の来歴・価値を述べた上で、それに勝《まさ》って倒した相手を褒め称える。これは服従の儀式で、その儀式を継続させるのは服従の来歴を思い出させて反抗しないことを再確認したかったからだ。

だから神賀詞を奉呈《ほうてい》することなどとくに不思議でもないが、全国の国造がつぎつぎ賀詞を奉呈しにきているわけじゃない。そこが問題なのだ。国造の代替《だいが》わりにさいして朝廷に来ることを義務づけられているのは出雲と紀伊《きい》の二国造だけで、紀伊国造は上京するが賀詞の奏上までしない。全国の国造のなかで、服属儀礼の賀詞奏上を求められたのは、出雲国造だけだった。

この文献上の初見は神亀三年（七二六）二月で、出雲臣果安《はたやす》が賀詞を奏上している。『日本書紀』で出雲の国譲り説話が作られ、その構想に基づいて出雲の服属儀礼がはじまったともいえるが、おそらくはそれ以前に淵源《えんげん》のある儀式とみられている。朝廷にとって、出雲には特殊な宗教性が感じられており、そのためにその地の勢力の服属儀礼が必要とされた、という次第《しだい》であるらしい（拙稿「出雲神話と出雲王国」『古代の神々と王権』所収、笠間書院）。

ところが、この話の筋立《すじだ》てでは疑問が生ずる。

『日本書紀』の構想では高天原《たかまがはら》を追放された素戔嗚尊《すさのおのみこと》が出雲に降《お》り立《た》ち、国神《くにつかみ》・脚摩乳《あしなづち》の要請を承《う》けて八岐大蛇《やまたのおろち》を退治《たいじ》し、国神の娘・奇稲田《くしいなだ》姫《ひめ》と結婚する。つまり土着・入婿《いりむこ》して地上支配権を引き継いだ。その後、その子孫である大国主神が兄神たちを屈服させて、地上世界（葦原中国《あしはらなかつくに》）を平定した。しかしこの国土平定と支配は追放された素戔嗚尊とその一統《いっとう》が行なったもので、いわば流人《るにん》たちの不法占拠による非公認政権である。高天原はこの支配を認めず、あらたに天忍穂《あめのおしほ》耳命《みみのみこと》（のち瓊瓊杵《ににぎ》尊《みこと》に変更）を選抜して支配者とすることとした。そして現に支配している大己貴神《おおなむちのかみ》を平定すべく、まずは天穂日神《あめのほひ》を送ったが復命せず、ついで送り込んだ天稚彦《あめのわかひこ》は出雲側に入婿して葦原中国を支配すると言い出した。あらためて武甕槌神《たけみかづち》に経津主神《ふつぬし》をつけて派遣すると、彼らは大己貴神とその子・事《こと》代主神《しろぬし》を従わせて矛《ほこ》の献上をうけ、支配権を譲渡させた。その後、『古事記』によれば大国主神を多《た》芸志小浜《ぎしのおばま》の御舎《みあらか》（宮殿）に隠退させた。そこで天孫の瓊瓊杵尊の地上降臨となり、その子孫こそがいまの天皇である、という筋書きになっている。

　それならば、大和王権の祖先に服属したのは大己貴神（大穴持《おおなもち》神）であるから、大穴持神の子孫またはそれを奉祭する氏族が服属儀礼をすべきだろう。それなのに神賀詞の奏上者である出雲国造は、天穂比神《あめのほひ》（天穂日神）の子孫だと称している。高天原から送り込まれたのに出雲勢力に手もなく懐柔《かいじゅう》されてしまった、あの天穂比神である。そんな裏切り者かまたは少なくとも期待を裏切った者が、出雲国いや全国の国《くに》つ神《かみ》を代表して服属を誓ってどれほどの意味があるのか。それとも天穂比神は懐柔されたふりをして潜《もぐ》り込み、出雲の情報を高天原にもたらす密命を受けていたとか。書かれていないことまで踏み込んで想像を逞《たくま》しうするのはほどほどにするとしても、天穂比神が高天原（大和王権）側の神であるならば、大穴持神を押さえ込む立場にあったわけだから、服属儀礼をしいる側であって、服属儀礼をする立場じゃない。討伐された側の頭目《とうもく》の忠誠ではなく、討伐に送り込んだ将軍の忠誠を儀式として繰り返し求めてみても、あまり意味なかろう。とすれば敗軍の将・大穴持神の監視者として側《そば》に置かれ、その立場から出雲の管理者として服属儀礼に携《たずさ》わったという解釈になろうか。こうした理解も、たしかにもっともと思える。しかも神賀詞によれば「国作之大神《くにづくりのおおかみ》」つまり大穴持命は高天原側に「媚《こ》び鎮《しず》め」られていて、その大穴持命が献上した言葉を天穂比神が「神賀詞」に載《の》せて朝廷に伝えている。征服したあとにそこの現地豪族との申《もう》し次《つ》ぎ・つなぎを果たしているわけで、話の内容をそのままに受け取れば立場としては監視役とも連絡係ともいえる。

　しかし結論として、これらは大和王権側の発想による作り話だろう。『日本書紀』『出雲国造神賀詞』に書かれている世界は、そのなかにあるさまざまな部品を大和王権の独自な視点で組み上げたお話であって、現実の世界で起きていたことをあるがままに書き留めたものではなかろう。

　第一に、天穂日神は出雲国造家の祖であるから、おそらくは現地の豪族の祖神《おやがみ》である。現地の土着《どちゃく》勢力を代表する有力豪族だから、律令国造（新国造ともいう）に選抜された。また、その勢力が大きすぎるから大和王権から一族を分割され、大和王権に差し出された土地・人民の管理者を彼らに命じた。出雲臣氏から開化《かいか》朝に若倭部《わかやまとべ》臣、景行《けいこう》朝に建部《たけるべ》臣、履中《りちゅう》朝に若桜部《わかさくらべ》臣、反正《はんぜい》朝に多治比部《たじひべ》臣を出し、ほかにも刑部《おさかべ》臣・日置部《ひおきべ》臣・額田部《ぬかたべ》臣・日下部《くさかべ》臣・間人《はしひと》臣・倭文部《しどりべ》臣・社部《こそべの》石《いそ》臣・物部臣・田部《たべ》臣・丈部《はせつかいべ》臣・勝部《すぐりべ》臣・鳥取部《ととりべ》臣などの家が殺《そ》ぎ出《だ》された（拙稿「軍事の吉備・呪術の出雲」『古代の神々と王権』所収）。もしも出雲臣氏が中央から送り込まれた豪族だったならば、その家を解体させて大和王権の手足を管理させるだろうか。派遣した豪族をことさらに分割して弱体化させるより、中央からあらたな豪族を送り込んだ方が、支配体制を強化できる。愚《おろ》かな策《さく》をとったことになろう。

　『日本書紀』神代第六段には、天照大神の八坂瓊《やさかに》の五百箇《いおつ》の御統《みすまる》をもとに出現した神としてまずは天忍穂耳尊《あめのおしほみみ》が生まれ、「次に天穂日命［是出雲臣・土師連《はじのむらじ》等が祖《おや》なり］」とある。これを見るならば天穂日神は天照大神の子、まさに政権中央の神であって、地方豪族でない。しかしもしもそういうふうに読み取っていくのならば吉備《きび》臣氏も、中央政権から出た豪族である。『古事記』によると孝霊《こうれい》天皇と阿礼比売《あれひめ》命の子である比古伊佐勢理毘古《ひこいさせりひこ》命がまたの名を名大吉備津日子《おおきびつひこ》といい、蠅伊呂杼《はえいろど》の子である若日子《わかひこ》建吉備津日子《たけきびつひこ》が吉備国平定に遣わされ、前者が上道《かみつみち》臣の、後者が下道《しもつみち》臣・笠《かさ》臣の祖となった。この二人は「針間《はりま》の氷河之前《ひかわのさき》に忌瓮《いわいべ》を居《す》ゑて、針間を道《みち》の口《くち》と為《し》て、吉備国を言向《ことむ》け和《やわ》しつ」つまり播磨から侵攻して吉備国を平定したという。記述の通りなら、吉備の在地豪族ではなくなる。あるいは北九州の沖合に浮かぶ沖ノ島を中心として威勢を張った宗形《むなかた》氏は、天照大神との誓約《うけい》時に素《す》戔嗚尊《さのおのみこと》の劔《つるぎ》から生まれた田心姫《たごりひめ》・湍津姫《たぎつひめ》・市杵嶋姫《いちきしまひめ》の宗形三神を奉祭《ほうさい》する。これも『日本書紀』の論理ならば、中央から派遣された豪族と読み取れる。つまり『日本書紀』に書かれた記事内容を基《もと》にして事実を再現しようとすれば、『日本書紀』の論理つまり中央政権から派遣された氏族と読み取れてしまう。この論理・記述をそのまま真《ま》に受《う》けてはなるまい。やはり出雲臣は出雲の、吉備臣は吉備の在地豪族。そうした立場で読み返し、読み直すべきだろう。

第二に、天穂日神の登場の仕方・行動のあり方は『日本書紀』の書き手の都合によるものであって、古代史上の事実を記載したものと思えない。

『日本書紀』での天穂日神は、瓊瓊杵尊を地上の主《あるじ》にしようと思った高皇産霊尊《たかみむすびのみこと》が「葦原中国の邪《あ》しき鬼《もの》を撥《はち》ひ平《む》けしめむと欲《おも》ふ」と神々に問い、「天穂日命は、是神の傑《いさお》なり。試みざるべけむや」と推挙されて派遣された。しかし「然《しか》れども此の神、大己貴神に佞《おもね》り媚《こ》びて、三年に比及《な》るまで、尚《なお》し報《かえりごと》聞《もう》さず」となり、その子・大背《おおそ》飯三《びのみ》熊之《くまの》大人《うし》を遣わすも「此亦《また》還其の父に順《おもね》りて、遂に報聞さず」とあり、見限られている。ところが『出雲国造神賀詞』では、荒ぶる神湧《わ》き騒ぎ石木水までもが物をいって騒ぐ国だが『鎮め平《たいら》げて皇御孫《すめみま》命に安国《やすくに》と平《たいらけ》く所知《しろし》坐《まさ》しめむ』と申して、己《おの》が命の児・天夷鳥《あめのひなどり》命に布都怒志《ふつぬし》命を副《そ》へて天降《あも》り遣して、荒ぶる神等を撥《はら》ひ平《む》け、国作りし大神をも媚び鎮めて、大八嶋国の現事《うつしごと》顕事《あらわごと》、事避《ことさ》らしめき」とし、瓊瓊杵命の支配が容易であるようにといった上で、子の天夷鳥とともに地上に舞い降りて荒ぶる神々を平定し、さらに国作りの神（大穴持神）をも鎮定した、とある。『日本書紀』とは話がまったく異なり、葦原中国平定の主役となっている。『日本書紀』が貴族たちに講義されているときでも、それとは異なる見解が出雲国造によって奏上されていた。『日本書紀』に記された神話の構想が成立する前に、それに先立って出雲国造家には出雲国内平定を果たした祖先の伝承があった。そう読み取れよう。つまり出雲氏は現に在地豪族として出雲国内に覇《は》を唱え、その支配の実績に基づいて律令国造となった。『日本書紀』に描かれたような中央派遣氏族でもなかったし、進駐軍司令部・駐屯軍司令部という監視者でもなかったのだ。

もしも中央から監視者として派遣されて駐屯した氏族だとするならば、出雲大社の神が祟《たた》ったという場合、祟りを抑えるよう立ち回わるかまたは朝廷との連絡にあたるべきであろう。斉明天皇五年（六五九）に神宮を荘厳《しょうごん》するための建材の葛《かづら》が狐に食い千切《ちぎ》られたり、狗《いぬ》が言屋社《いうやのやしろ》の社域に人の遺骸の一部を置いていった。この事件は「天子の崩《かんあが》りまさむ兆《きざ》しなり」つまり斉明天皇死没の前兆だという。こんな重要な事件の収拾に、なぜ監視者であるはずの天穂日神あるいは出雲臣氏は絡《から》まないのか。あるいは、垂仁天皇の子・誉津別《ほむつわけ》は三十歳になって長い髭《ひげ》が生《は》えるまで幼児のように泣き、言葉が喋《しゃべ》れなかった。これが出雲大神の祟りだった、という。このとき出雲臣氏は、出雲大神を宥《なだ》めたり

大国主神が鎮まる出雲大社

押さえ込むための行動をすべきでないのか。止められなかったのならば、なぜ処罰されないのか。そういう動きをした痕跡がないのは、出雲臣氏にもともとそうした役割など割り振られていなかった。そういう証《あかし》であろう。

第三に、大穴《おおな》持《もち》神の国譲り・国土献上説話は『日本書紀』編纂者が宮廷内の机上《きじょう》で造り上げた世界であって、出雲の国情を映《うつ》した物語でない。大穴持神とは「広大なナ（土地）」を持つ神か偉大な「ナ持ちの神」の意味だが、どちらにせよどの地域にも見られる性質の神で、出雲にしかいないような特殊な神でない。つまり大和王権は各地の国土支配権の献上を一括して「大穴持神の国譲り」と記しているのであって、舞台は出雲でなくてもよかった。出雲にしたのは、国史編纂を企《くわだ》てはじめた七世紀前半ごろに出雲の宗教性が重視されていたからだろう。だから、出雲には出雲臣氏が奉祭して「国土を平定した」と称する天穂日神がいるのを承知の上で、大穴持神を設定してそれからの献上という形にした。天穂日神からの献上としたのでは、ほかの国造から「私の国は天穂日神に支配されていなかったから、支配権は譲っていない」といわれかねないからである。出雲を舞台とするとしても、どの地域にもいる大穴持神からの国土献上とすれば、どの地域も支配権を献上したこととなりうる。出雲にも大穴持神がいたことは、『出雲国風土記』飯石《いいし》郡多禰郷《たねのさと》条に「天の下造らしし大神、大穴持神と須久奈比古《すくなひこ》命と、天の下を巡《めぐ》り行《い》でましし時、稲種《いなだね》を此処《ここ》に堕《おと》したまひき」とあって確かめられる。しかしそこには『日本書紀』『古事記』のような活躍はもちろん、さしたる動きが見られない。

そうした事実など承知の上で、机上では大穴持神を国土献上の大立《おおだ》て者に仕立《した》てた。この構想を立てたために『日本書紀』編纂者は出雲国造家が奉祭している神の存在をことさらに無視し、逆に出雲国内では出雲国造家が国造継承の儀式を執行する意宇《おう》郡の神魂《かもす》神社のほかに、『日本書紀』の記載にあわせて大穴持神（大国主神）を祀《まつ》る神社を奉祭しなければならなくなった。そういう次第であろう。

神無月に神々が出雲に集まるというのは本当か

神無月《かんなづき》（十月）は、神がいない月と書く。なぜいないのかといえば出雲（島根県）に集まっているからで、神々が集《つど》う出雲では神在月《かみありづき》となる。十月十日の夜にはかつて国譲りを求められたゆかりの稲《いな》佐浜《さのはま》で神迎祭《かみむかえまつり》が行われ、十一日から十七日まで会議をして、そこで全国の神々がこのさき一年のことを話し合う。これは『日本書紀』（日本古典文学大系本）神代下・九段一書第二に大己貴神《おおなむち》が「吾が治《しら》す顕露《あらわ》の事は、皇孫当《すめみまさ》に治めたまふべし。吾は退《さ》りて幽事《かくれたること》を治めむ」（一五〇～五一頁）といったとあるなかの幽事、つまり政治に対する神事を執行しているものとされる。人間の生活は神が議《はか》って決めるとされており、その一つの議題として縁組・成婚の相談もするから、出雲は縁結《えんむす》びの神ともされる。この会議の間、出雲大社では神在祭が行われ、会議が終わる十八日に神等去出《からさで》祭が催される。この間《かん》、出雲大社境内にある末社《まつしゃ》十九社が神々の宿泊所に当てられている、という。その後、神在祭は二十日から二十五日まで佐太《さた》神社に会場を移してさらに続けられ、二十六日にふたたび神等去出祭になる。つまり各地の神々からすれば、十日から二十六日まで場所をかえながらの長期出張である。

ついでにいうと、十一月晦日《みそか》には同国内の佐太《さた》神社（八束郡鹿島町宮内）で止神送《とめがみおくり》神事が行われている。神等去出祭を行なったにもかかわらず居残っているたちの悪い止神《とめがみ》がいるので、それらを追い払う神事だそうだ（瀧音能之氏著「神在祭」『古代の出雲事典』、新人物往来社。同氏著『出雲大社の謎』第四章、朝日新聞出版）。

こうした神々の世界のまことしやかなしかも人間的な話は全国を巻き込み、ほぼ完成の域に達している。だがこれは出雲大社の神官や御師《おし》が大社信仰を広めまた参詣に誘《いざな》うため、中世以降に伊勢神宮や熊野大社などに対抗しつつ作り出した出雲神の優位を宣伝する作話《さくわ》であろう。

しかしひとたびこの話が広まるや、これにあやかり便乗《びんじょう》しようと、尾鰭《おひれ》をつけた話があちこちで作られる。すなわち長野県の諏訪大社《すわたいしゃ》では、諏訪明神（建御名方神《たけみなかた》）があまりの巨体であったために、出雲に集まった神々が気遣《きづか》って、出雲への出向《しゅっこう》を免除した。したがって、諏訪でも神在月《かみありづき》という。あるいは能登《のと》（石川県）の羽咋郡宝達志水町《はくいぐんほうだつしみずちょう》の志乎《しお》神社（別名・鍵取《かぎとり》神社）の三祭神のうち建御名方神《たけみなかた》は鍵を預かり、地元を守護するために出雲に赴かない、とか。おそらくは建御名方神が諏訪神社の祭神と同体なので、諏訪の神が出雲に行かないことと話を合わせたのであろう。『古事記』（新編日本古典文学全集本）上巻によると、建御名方神は国譲りを迫る建御雷神《たけみかづち》と闘い、力比べで敗《やぶ》れて信濃の諏訪に逃げ込んだ。殺されそうになったが、「恐《かしこ》し。我を殺すこと莫《なか》れ。此地《このち》を除《お》きては、他《あだ》し処《ところ》に行かじ」と約束して死を免れた。だから約束を守って、どこにも行かない。そういう神話の上での辻褄《つじつま》合わせのせいで、出雲に行かない神になっているようだ。こうした出雲に出向かない神々がいる一方で、話に迎合《げいごう》するところも多い。長野県の小諸《こもろ》地方・佐久《さく》地方では、出雲に神々を送り出し迎え入れる、神送り・神迎えの神事を行なっていた。あるいは茨城県の鹿島《かしま》神（武甕槌神《たけみかづち》）は地中に棲《す》んでいて地震を起こすもととされる大鯰《おおなまず》の頭を要石《かなめいし》（石剣）で押さえていたが、神無月のため出雲に出向いていたので、安政二年（一八五五）十月の地震が止められなかった、という話にまでなっている。

しかし神々が出雲に集結しているなら、理屈からすれば、鹿島神のように地元を鎮護する神がいなくなり、秋の神事ができなくなってしまう。そこで出雲に赴くのは国津《くにつ》神《かみ》だけだとする説もある。だが、どんな説も神官や御師の舌先《したさき》三寸で作られたもので、それを世間がもてはやした虚説・妄説である。どの説にも根拠や当否を問うことなどできようはずがない。

　そもそもの原因は、十月を神無月という文字で表記したことにある。カミナヅキという日本語にはもともといくつもの表記法があったのだろうが、つとに『古今《こきん》和歌集』（新日本古典文学大系本）では「神無月時雨《しぐれ》もいまだふらなくにかねてうつろふ神なびの森」（二五三）とあり、十世紀には神無月が成立している。こう表記しはじめたために「神無月なら、神がいないのだろう」となり、「どこへ行っているのか」と連想が勝手に弾《はず》む。そこで自分のところを神国の中心にした話としようと、出雲の神官・御師らが利用しはじめた。伊勢の御師が先に思いついていれば、伊勢に全国の神々が召集されたとしていただろう。もとは、思いつきの他愛《たあい》ない言葉遊びである。こうして神の無い月という解釈を前提にして、それの対極《たいきょく》に「神有月」という世界が発想される。その神在月世界が成立したと最初に確認できるのは、いまのところ『下学集《かがくしゅう》』（文安元年［一四四四］成立。）が早い。前田家蔵『古本《こほん》下学集』（中田祝夫《のりお》氏・林義雄氏著『古本下学集七種研究並びに総合索引』、風間書房）には、「神無月　此の月、諸神皆《みな》出雲大社に集《つど》ふ故に云《い》ふ。出雲州《くに》、神有月と云《い》ふ也」（二二六頁）とある。この時期を少しは溯《さかのぼ》るだろうが、はじまりはおおむね室町時代のことのようだ。

　神無月は、漢字表記でなく日本語に直せば、カミナヅキである。この語源を辿《たど》るのはいまや至難《しなん》だが、『日本国語大辞典』（小学館）の「かみなづき」項によれば、神々が出雲に集まって他の地では不在になる月とする説（奥義抄《おうぎしょう》・名語記《みょうごき》など）のほか、諸社で神祭りのない月（徒然草《つれづれぐさ》など）、陰神つまり母神である伊弉冉《いざなみ》神が死没して居なくなった月（世諺問答《せいげんもんどう》・類聚 名物考《るいじゅうめいぶつこう》など）、雷が無い月（語意考・類聚名物考など）、上《かみ》無し月（和爾雅《わじが》・古今要覧稿《ここんようらんこう》など）、新穀を神が嘗《な》める月（南留別志《なるべし》・和訓 栞《わくんのしおり》など）、新穀で酒を醸《か》み成《な》す月（嚶々筆語《おうおうひつご》・大言海など）、稲刈りの季節の意味で刈稲月（兎園《とえん》小説外集など）、黄葉の反《はん》であるカに皆《みな》がついた意で皆黄葉《かみな》になる月（名 語記《みょうごき》など）、神の月（東雅《とうが》など）など十一もの語源説がある。

筆者は、源が「水の元《もと》」・港が「水の門《と》」であり、水底《みなそこ》ともいうから、ナをノの意味に受け取って神の月、神に感謝の祭りをする月と解するのが、単体の語源説としてならばいいと思う。ただ卯月《うづき》（四月）・皐月《さつき》（五月）・文月《ふづき》（七月）・霜月《しもつき》（十一月）でも、卯の月・皐の月・文の月・霜の月など「××の月」とはいわない。ほかの月と並べてみると、ここだけ「神の月」と「の」が挟《はさ》まってもいいものかどうか、疑問は残る。そうなると、神嘗月のカンナメのメが脱落したとするのも魅力的な解釈に思えるが、新嘗祭をニイナメサイ・ニイナメノマツリをニイナサイ・ニイナノマツリと略された例はない。

まぁ、いずれにせよ語源説には決め手がないから、決着のつけようがない。ここでは神無月の神の字をそのまま生かして解釈してみたが、たとえば江夏《えなつ》の語源は「榎の津（榎木が目印となっている港）」で、梅田の語源は「埋め田」である。いま当てられている漢字に惑わされず、日本語に立ち返って語源を考えること。語源研究では、これが鉄則である。

宮内庁管理下の天皇陵などが発掘調査できないのは不当か

宮内庁《くないちょう》書陵部《しょりょうぶ》は、天皇陵または陵墓《りょうぼ》参考地などを管理する。管理下の陵墓などは山形県から鹿児島県までの一都二府三十県に散在し、天皇陵が一一二基、皇后陵などが七十六基、皇族などの墓が五五二基。そのほか準陵・供養塔《くようとう》・陵墓参考地などを合わせると八九六箇所にのぼるが、所在地の総数は四五八箇所、総面積六五一万六二七八平方メートルである。この管理地は皇室の祖先にかかわるものとして皇室財産だが、憲法八十八条に「すべて皇室財産は、国に属する」とあるように皇室財産は国有財産のうち目的が定まった行政財産の一種である。国有地だが、皇室の私的財産でもある。したがって財産権が設定されている資産に、所有者の許諾《きょだく》なく立ち入りも発掘調査もできない。宮内庁書陵部は財産の管理者であって、所有者でないから、もとより発掘調査の許認可などできる立場でない。

以上のような説明が一往《いちおう》の模範解答だろうが、じっさいには発掘調査がなされ、調査結果は「書陵部紀要」という雑誌で報告されている。不要不急の調査はせず、境界確認調査とか崩落部修復に伴《ともな》う調査などの名目で発掘し、築造年代が推測できるような手がかりを得ようとしている。また埋め戻す前に調査した部分を、歴史学界・考古学界の一部の専門家に人数を制限した上で公開してもいる。

とはいえ、「皇室の祖先にかかわるもの」ならば皇室財産とできると考えたとしても、そもそもそれが「皇室の祖先にかかわるもの」といえるのかどうか。それが問題である。

たとえば神武《じんむ》天皇陵というが、神武天皇は実在していないだろう。実在しない人の墓なのに、その墓を自分の祖先のものと主張して所有地にしてしまうのはおかしい。また現在の神武天皇陵の場所は神武《じんむ》田《た》・ミサンザイの地名を手がかりとして江戸幕末にむりやり造成されたが、古代に神武天皇陵とされていたのは丸山の方であったようだ（『日本史の謎を攻略する』第一章07「神武天皇陵は、どうやって現在の地に決まったのか」）。あるいは、継体天皇陵は『延喜《えんぎ》式《しき》』（新訂増補国史大系本）二十一巻／諸陵寮に「三《み》嶋　藍野陵《しまのあいののみささぎ》　磐余玉穂《いわれのたまほ》宮御宇継体天皇。在摂津国嶋上《みしまのかみ》郡。兆域《ちょういき》東西三町。南北三町。守戸《もりべ》五烟」とあるが、現在の継体天皇陵（太田茶臼山古墳）は古代境域ならば嶋下《みしまのしも》郡なので、該当《がいとう》しないはず。嶋上郡内で探すならば、今城塚《いましろづか》古墳が妥当《だとう》と見られている（森浩一氏著「古墳研究と継体大王」『語っておきたい古代史』所収、新潮文庫）。祖先の墓でないことが確実な陵墓でも皇室財産だと主張するのは、法律的にはともかく、論理的にはすでに破綻《はたん》している。

しかし筆者としては、「だから皇室財産としての縛《しば》りを解《と》いて、公開の上で調査せよ」「天皇陵として妥当かどうかを、学術調査に委《ゆだ》ねよ」という結論となるのなら、やめた方がいいと思う。

ハインリヒ・シュリーマンは、子どものころに神話として聞かされたホメーロスの『イーリアス』のなかのトロイア戦争を史実と考え、その晩年にトロイアのヒサルクの丘を発掘調査した、という。じっさいはだいぶ脚色《きゃくしょく》された話らしいのだが。それはそれとして、発掘しはじめたものの、調査したかったはずの時代の遺跡（第七市A）を通り越して、その下の遺跡（第二市）を掘ってしまった。このため掘り当てたかった遺跡を、結果として壊《こわ》してしまった。それも悲劇だったが、地上に持ち出された大量の遺物（プリアモスの財宝）は、ギリシャにない。彼がドイツに持ち込み、それが第二次

異説もある文武天皇陵

大戦のさなかにソヴィエト連邦軍に奪われ、モスクワのプーシキン美術館で見つかったという。しかしその遺物がいまどのような状態にあるのか。またそもそもこの遺物はどこにどうあるべきものなのか。あるいは近年の中東地域ではイラン・イラク戦争があり、湾岸《わんがん》戦争があった。いまはIS（イスラム国）という武装勢力が、国内の大半を支配している。その戦闘・占領の過程で多数の文化財を収蔵していた博物館が襲われ、破壊された。博物館に集めていたために、一級の文化財が纏《まと》めて失われたのである。

日本でも、学術調査団が「たいせつに保存する」と誓ったものが、いま目の前で失われようとしている。昭和四十七年に奈良県明日香《あすか》村で発見された高松塚《たかまつづか》古墳（七世紀初頭の築造）は、極彩色《ごくさいしき》の壁画で有名になった。まさに世紀の発見であった。末長く伝えるために防黴《ぼうばい》対策を施し、石室《せきしつ》内の温度・湿度を厳重管理し、一〇〇〇年も続けられるよう知恵を搾《しぼ》った。だがいまそれらは褪色《たいしょく》し、全面に黴《かび》が生じた。一三〇〇年自然の力に守られてきた絵画が、五十年で永遠に消え去ろうとしている。

努力している方々には済まないが、人智《じんち》は知れている。私たちは自分の科学力についてもっと謙虚であるべきだ。一三〇〇年間保存できた仕組みを、再現する力がない。しかも愚《おろ》かにも戦争をする。地上に出て陽《ひ》の目をみて人間の管理下に置かれてしまった数多くの文化財は、これまでの歴史のなかでいつしかどこかに消えてきた。こんなことなら、地中にあるままの方がよほどよくないか。

さらにいえば遺跡を発掘するとき、何もないかのように土を剝《は》ぐ。遺物とは、いまの私たちの眼に見え手にできるものに限られている。遺物が出るまで土をめくるのは当たり前とされる。しかしめくった土のなかに、遺物をふくむその土に、手がかりは残ってないのか。縄文遺跡ならその遺物をふくむ土は、縄文時代の生活面だ。いまでこそ土にしか見えなくとも、そのなかに粉々になった漆が、腐《ふ》植《しょく》した袋が、土に返った土器が入っているかも。現に吉野ヶ里遺跡では、周辺の土地で稲のプラントオパールの有無《うむ》を調査した。吉野《よしの》ヶ里《がり》遺跡が要塞《ようさい》として作られたのか、広々とした田圃《たんぼ》に囲まれているがいざとなれば武装する半農半兵の集落だったのか。それを調査したのだ。それでも、これは調査担当者の脳裏《のうり》に浮かんだから稲花粉を調べさせたのだが、植物花粉以外のものまで網羅《もうら》的に調べてなどいない。この検査だけがなされ、それ以外のこの遺跡のことは永遠の謎にされてしまったのである。

私たちは、いつでも「いまのできるかぎりの力を尽くして」一所懸命調査している。しかし力を尽くしてきたことが、けっきょくは遺跡・遺物の破壊になってしまうことがある。考古学成立前といわれるシュリーマンの粗暴な調査だって、「そのときのできるかぎりの調査」をしていたのだ。高松塚古墳でも、全知全能を傾けて保存しようと誓った。それでも、私たちはそんなに賢くないのだ。自分たちがいま自覚できている関心で調査しただけでは、その関心外になってしまう多くのことが調査されないままになる。あとであのとき関心外になっていたことをあらためて調査しようにも、遺跡を包む土はもはや変わってしまっている。弥生時代の土、古墳《こふん》時代の土じゃなくなっているのだ。

筆者は、天皇陵古墳は発掘調査されなくていいと思っている。どこかに節度《せつど》を定め、ためらうべきだ。いまの技術水準で、外形だけの観測で、そのなかで得られたものだけで研究を留《とど》めておくべきだ。高速道路の建設で明日にも消滅することになっている遺跡なら、いまの技術で写真・図面に記録保存するだけの調査でも仕方ない。しかし天皇陵古墳は未来にそのまま送り込める。未来の人の未来の考え、未来の技術に委《ゆだ》ねてはどうか。いま知りうるし知りたいからといって、いま駄目《だめ》にしなくともいいではないか。私たちはこれらの遺跡に接する、最後の人類ではない。これからさき、たとえば磁《じ》力《りょく》などによる非破壊《ひはかい》検査の技術が進展するかもしれない。土層《どそう》も、土の成分の反射の違いによって広がりがわかる。遺物も、地中にあるままで形を特定できる。そういう日が来ることを信じてはどうか。

雄略天皇は大悪天皇なのか、有徳天皇なのか

『日本書紀』（日本古典文学大系本）雄略《ゆうりやく》天皇二年十月条によれば、雄略天皇は「心を以て師《さかし》としたまふ。誤りて人を殺したまふこと衆《おお》し。天下、誹謗《そし》りて言《もう》さく、『大《はなは》だ悪《あ》しくまします天皇なり』と」とあり、すなわち「自分の心に思うことが正しいとし、他人《ひと》の意見をまったく聞こうとしなかった。そのため誤って人を殺すことが多くあった。そこで国中の人々は、天皇をたいへん悪くていらっしゃる天皇（大悪天皇）だと誹謗《ひぼう》した」という。

たしかにその十月、吉野の御馬瀬《みませ》で重なった峯に登り、広い野を駆《か》け巡《めぐ》って、狩猟を楽しんだ。日が暮れないうちにあらかたの獲物は捕《と》れてしまったので、戻ってきて狩人を休息させ、馬を休ませた。そのとき、雄略天皇は「猟場の楽《たのしび》は、膳《かしわで》夫をして鮮《なます》を割《つく》らしむ。自ら割らむに何與《いか》に」つまり「狩り場での楽しみは、膳夫（料理人）に膾《なます》を作らせることだが、自分で作ってはどうかな」と問いかけたが、だれも大王の真意を摑《つか》めなかった。天皇はすぐに怒り出し、馬の馭者《ぎょしゃ》をしていた大津馬飼《おおつのうまかい》を斬り殺してしまった。人々は、みな振るえあがって怖《お》じ気《け》づいたという。天皇は、狩り場では獲《と》れたての鳥獣の肉を食事会で提供したいものと思い、「狩り場の近くに料理人を置いておいたらどうか。いまはそれができないから、自分で作ってもいいけれど」と提案した。その意味するところを周囲のだれも分からなかったので、憤慨したのである。それにしても自分の説明不足を省《かえり》みず、聞いている相手の方がすべて悪いと思い込む。典型的な独りよがり、独善的思考の持ち主である。

憤激しやすく残虐な性質は、前々からだった。眉輪《まよわ》王は、父・大草香《おおくさか》皇子の殺害を命じたのが母・中蒂《なかし》姫《ひめ》皇女の再嫁先である安康《あんこう》天皇だったと知り、安康天皇を刺殺した。この報を聞いた大泊瀬《おおはつせ》幼《わか》武《たける》皇子（のちの雄略天皇）は兄の差《さ》し金《がね》と思い込み、八《や》釣白彦《つりのしろひこ》皇子を責め問うて殺戮《さつりく》。ついで兄・坂合《さかあいの》黒彦《くろひこ》皇子と下手人《げしゅにん》の眉輪王がともに大臣《おおおみ》・葛城《かつらぎの》円《つぶら》の家に逃げ込むと、まとめて焼き殺した。さらに安康天皇が弟である自分に大王位を譲らず、伯父・履中《りちゅう》天皇の子である市辺《いちのべの》押磐《おしは》皇子に戻そうとしていたのをかねて不快に思っていたこともあって、ついでに市辺押磐皇子を計略によっておびき出し、猪と誤認したかのように見せて暗殺した。同じく履中天皇の皇子で市辺押磐皇子の弟・御馬《みま》皇子が変事に怯《おび》えて身を隠そうとしたのを、三輪《みわ》の磐井《いわい》の側《そば》で待ち構えて殺戮。大王暗殺で宮廷が動揺して疑心暗鬼になっていたのに乗じて、自分より上位の大王位継承候補者を排除し、あからさまな大王位簒奪《さんだつ》に動いた。周囲の思惑や廷内から浴びせられる非難など気にもかけず、大王位に向けて障碍《しょうがい》になるものは情け容赦なくまた躊躇《ちゅうちょ》なく、一気にまとめて排除しつくしてみせた。

いやこのあとも、こうした自己本位で身勝手な思考、怒りに任せた容赦ない言行《げんこう》は止まらない。雄略天皇六年、吉備上道《きびのかみつみちの》田狭《たさ》が友人たちに妻の稚媛《わかひめ》をさかんに自慢していた。上品さが際立《きわだ》っていて、にこやかに明るく輝き、化粧しなくとも美貌で、香水をつけなくてもかぐわしい。類《たぐ》い希《まれ》な美女だ、という。これを聞いていた雄略天皇は、田狭を朝鮮半島の任那《にんな》加羅《から》に送り込み、その間に稚媛を奪い取って、後宮《こうきゅう》に納《い》れた。そして星川皇子を産ませた。上司《じょうし》として、最低の振る舞いである。

さらに雄略天皇十一年十月、鳥官《とりのつかさ》の管理する鳥が、菟田《うだ》の人の犬に噛《か》み殺された。雄略天皇は罰として、飼い主の菟田の人たちに入れ墨を施して鳥養部《とりかいべ》に組み込んだ。宿直中にその話を聞いた信

葛城山の神を祀る一言主神社

濃・武蔵《むさし》の直丁《じきてい》は、「われらの生国《しょうごく》では、小さな墓をなすほどの鳥が捕れる。たかが一羽の鳥のために、人の顔面に入れ墨をするとは、悪い主《あるじ》だ」と語った。聞《き》き咎《とが》めた雄略天皇は、彼らが語った通りにできなかったことを確認した上で、彼らを拘束して鳥養部に加えさせた。

　これらを通観すれば雄略天皇をいかにも大悪天皇と諒解できるが、この一方で有徳《うとく》天皇とする記載もある。『古事記』雄略天皇段に、葛城山に赴いた雄略天皇の一行は、赤い紐をつけた青摺《おおずり》の衣《ころも》を着ていた。すると向いの尾根《おね》をそれと同じ服で登っていく一行がある。雄略天皇は「この国に自分以外に君主はいない。こんな姿で行こうとするのは誰だ」と問いかけ、矢をつがえさせた上で名乗りあった。相手が葛城一言《ひとこと》主《ぬし》大神だと聞き、雄略天皇は畏《かしこ》まって武器や衣服を大神に奉った。そののち大神は、長谷の山の入り口まで見送った、とある。これをやや脚色した『日本書紀』雄略天皇四年二月条では、雄略天皇が葛城山で射猟をし、そこで顔・容姿が大王に似た背の高い姿の人に会った。それは葛城山の神（一言主神）であって、たがいに名乗りあったあと、轡《くつわ》を並べて狩猟を楽しみ、最後は神が来目《くめ》川まで大王を見送った。このとき人々は雄略天皇を「有徳な天皇」と揃って称賛《しょうさん》した、とする。

それに雄略天皇が倭王・武だとすれば、『宋書《そうじょ》』には「昔自《よ》り祖禰《そでい》、躬《みずか》ら甲冑を擐《つらぬ》き（纏って）、山川を跋渉《ばっしょう》し、寧処《ねいしょ》に遑《いとま》あらず（落ち着いている暇がなかった）。東は毛人《えみし》の五十五国を征し、西は衆夷《しゅうい》六十六国を服さしむ。渡りては海の北の九十五国を平らぐ。……今に至り甲を練り兵を治め、父兄之志を申べんと欲す。義士は虎賁《こほん》（虎が走るように）し、文武は功を効《いた》し（功をあげようとして）、白刃《はくじん》に交わるとも亦顧《またかえりみ》ざる（躊躇しない）所なり」とあって、祖先の大王からの軍事行動で東・西・北の諸国を制圧してきていまは立ちはだかる高句麗《こうくり》との戦いも辞《じ》さないと意気盛んなところを見せている。しかも『万葉集《まんようしゅう》』や『日本霊異記《にほんりょういき》』の冒頭にはかならず雄略天皇の話が置かれていて、雄略天皇が現在の王朝の開設者あるいは実質的に日本を建国した大王であったかのような破格《はかく》の扱いである。

大悪天皇か有徳天皇か。正反対の評価はどう考えたら良いのか。その判断は、たしかに悩ましい。だが人の好《よ》い人物は、大事《だいじ》をなさない。好い人とは、やることがすべて見通せる単純な人のことをいうそうだ。好い夫（妻）は、出世街道を駆《か》け上《あが》る社員でも、会社にとって有用な存在でもない。早く家庭に戻り、妻（夫）と子を大事にし、仕事のために家庭・家族を犠牲《ぎせい》にしない。出世するのは、仕事の達成度を優先規準とする人だ。強力な国家を築くにはどうすればよいか。敵対者は容赦《ようしゃ》なく殺し、反対勢力の拠点を作らぬよう根絶《ねだ》やしにする。情《なさ》けをかけて良い気分に浸《ひた》るより、危険な芽《め》は除く。自分の味方でも、心底は信用しない。忠誠心は喜ばしいが、期待に見合う待遇を受けなければ、不満を懐《いだ》くからだ。裏切りや反抗の気持ちを懐かせないためには、服従以外に生きる途《みち》がないと分からせること。言動につねに注目させて怖がらせること。これが帝王学だ、と雄略天皇は思ったのだろう。

中国の王朝は、聖帝からはじまって暴君に終わる。そういう理念によって、応神天皇からはじまる王朝を終わらせた暴君として作られた、ともいう。しかし王朝を途切れさせた暴君像としては従兄《いとこ》の孫・武烈《ぶれつ》天皇像があり、雄略天皇像は理論的に創《つく》られた暴君というわけではないらしい。

つまりは大した会社でなかったものを、創業者以来の志や情を棄て、古参《こさん》の社員まで容赦なく大量解雇《かいこ》して業務内容を一新する。あるいは姻戚を罠《わな》に掛けて暗殺し、仲間の族長を脅迫によって従わせ、敵対した国の兵士・住民は見せしめに凄惨《せいさん》な死を与える。同時代を生きた人からは「功罪半《こうざいなか》ばする」とかいわれて高く評価されないが、あとから見ればそうした人こそが社史や歴史に名をとどめられて中興《ちゅうこう》の祖と仰がれる。大悪と有徳は、独裁者の裏と表なのだ。歴史とは、そうしたものであろう。

皇后は宮中でどういう役割を果たしていたのか

古代の優《すぐ》れた皇后といえば、その一人は、天武天皇とともに吉野に隠遁《いんとん》し、起死回生《きしかいせい》の壬申《じんしん》の乱を乗り切った鸕野《うの》皇后（持統天皇）。天武天皇八年（六七九）五月には吉野会盟を実現し、さらに天武天皇・草壁《くさかべ》皇子・大津皇子とともに寡頭《かとう》政治の一翼《いちよく》を担《にな》い、律令国家体制創出の礎《いしづえ》を築いた。いま一人は「東大寺及び天下の国分寺《こくぶんじ》を創建するは、本《もと》、太后《たいこう》の勧《すす》むる所」（『続日本紀』）といわれた聖武《しょうむ》天皇の伴侶・藤原安宿媛《あすかべひめ》（光明皇后）。彼女らが、その代表だろうか。

だが『日本書紀』の応神天皇以降の記事をみる限り、彼女たちは代表者でなく、むしろ例外である。

仁徳天皇の皇后は葛城《かづらきの》磐之《いわの》媛《ひめ》で、嫉妬深《しっとぶか》いことで知られる。天皇は吉備海部黒比売《きびのあまべのくろひめ》を後宮《こうきゅう》に召したが、黒比売は皇后の嫉妬を怖れて本国に逃亡。宮中にいた丹波出身の桑田玖賀媛《くわたのくがひめ》も気に入ったが、皇后の嫉妬に阻《はば》まれて召せず、彼女は失意のうちに死没した。仁徳天皇二十二年正月、天皇は正面切って八田《やた》皇女を迎えるよう申し入れ、拒む皇后との間に歌を詠《よ》みかけ合った。歌は省略するが、意味としては「予備の弦《つる》としたいだけで、本物が切れたときに使うのだ」と詠むと、皇后は「衣《ころも》ならば重ね着でもよいが、夜の床《とこ》を二つ並べるなんて恐ろしい」と返す。天皇が「難波の並び浜の地名のように、その子は二人並んでいられると期待していたろうに」と詠み、皇后は「夏の蚕が繭《まゆ》を二重着て囲んで（繭の外型を作ったあと、内側に糸を重ねていくことをいうか）宿《やど》るように二人の女を侍《はべ》らせる、というのはよくない」と答えると、天皇はさらに「坂を半泣《はんな》きで歩く人でも、並んで行く道連《みちづ》れがいる

葛城氏の本拠地・葛城山遠望

のがよい」と返した。皇后はもはや返歌せず、けっきょく許可しなかった。しかし天皇は皇后が御綱葉《みつなかしわ》を採《と》りに出かけた隙に八田皇女を宮中に納《い》れたため、怒った皇后は宮中に戻らず、筒城《つつき》宮に別居したまま死没した。

允恭《いんぎょう》天皇の皇后は、忍坂大中姫《おしさかのおおなかつひめ》命だった。允恭天皇元年十二月、群臣たちの懇請《こんせい》にも拘《かか》わらず、夫は即位をためらっていた。困り果てている群臣をみかねた忍坂大中姫命は、洗手《おおみて》水《みず》をみずから捧《ささ》げ持《も》ったまま登極《とうぎょく》を要請した。背を向けたまま何の言葉もなく四〜五刻《とき》（約一時間）がすぎて、忍坂大中姫命は歳末《さいまつ》の凍《こご》えるような寒さのなかでまさに昏倒《こんとう》しそうになった。やっとそれに気づいた夫は、即位を承諾した。そこで忍坂大中姫命は群臣に「いま、天皇のみしるし（璽符《じふ》）を奉《たてまつ》りなさい」といった、とある。皇后としては、允恭天皇七年の新室《にいむろ》宴《うたげ》で天皇の琴にあわせて、舞を舞った。当時は舞った人が座の長《おさ》に娘子《おみな》を奉ることが慣例となっており、せかされた忍坂大中姫命は妹・衣通郎女《そとおしのいらつめ》を奉った。嫉妬を怖れた衣通郎女は天皇のお召しを拒んだが、烏賊津使主《いかつのおみ》の命を賭《と》した要望に負け、宮中には入らなかったものの、近くの藤原に造られた殿舎に住んだ。その後、皇后の心痛に配慮して衣通郎女を河内《かわち》の茅渟《ちぬ》に移したが、天皇が足繁《あししげ》く通《かよ》うことに「弟姫《おとひめ》（衣通郎女）を嫉《ねた》む気持ちはないが、たびたびの行幸《みゆき》は百姓の苦しみとなるから回数を減らすように」と諌《いさ》めた、とある。

　これらの話が歴史上の事実としてあったかどうか定かでないが、後宮女性の管理権は一括して皇后の掌中《しょうちゅう》に握られていたわけだ。後宮に女性を納《い》れるには皇后の同意が必要で、天皇といえども命令一下《いっか》あるいは上意下達《じょういかたつ》では押し通せない。嫉妬深いなど皇后の個性が原因と物語られているが、それは物語として脚色されたおもしろさであって、じっさいには王統間・氏族間の利害関係などを配慮しての判断だったのだろう。なお中国では、天子は寝所をともにする女性を自由に選ぶことまではできるが、その妃の部屋に赴《おもむ》くという通知書に「承知した」という皇后の捺印《なついん》がなければ入室できない。つまり女性関係については、皇后に上位の許可権・拒否権が認められていたのだ（三田村泰助著『宦《かん》官《がん》』中公新書、七十七頁）。

　次の登場場面は、新室宴《にいむろうたげ》などでの侍宴《じえん》、行幸《みゆき》の随行である。侍宴・陪席《ばいせき》については、仁賢《にんけん》天皇二年九月条に話がある。顕宗《けんぞう》天皇の皇后だった難波小野《なにわのおの》は、皇太子であったときの億計《おけ》皇子（仁賢天皇）に無礼な振る舞いをしたことがあり、天皇となった彼にそれを咎《とが》められることを怖れて自殺した、という。顕宗天皇が同席していた宴会で、天皇は、皇太子だった兄・億計皇子が瓜を食べようとして小刀《こがたな》が見当たらずに困っていることに気づいた。そこで天皇は小刀を皇后に渡し、持って行かせた。そのさい皇后は立ったまま小刀を瓜皿《うりざら》に置き、さらに酒を酌《く》んで、立ったままで皇太子を呼んだ。それらの行為は無礼に当たる、と気《き》に病《や》んでいたのである。

雄略天皇即位前紀には、安康《あんこう》天皇暗殺にまつわる記事もあり、そのなかに安康天皇三年八月に天皇が湯浴《ゆあ》みのため山の宮に行き、その楼《たかどの》で酒宴を催した。そのさい中蒂姫《なかしひめ》皇后の前夫・大草香《おおくさか》皇子殺害の事情が話され、大草香皇子の子・眉輪《まよわ》王がそのいきさつを聞いてしまった、という場面が描かれている。酒宴での陪席《ばいせき》例だが、宴会というほどでなく、夫婦の晩酌《ばんしゃく》ていどだったかもしれない。

行幸の随行では、『万葉集』の記事だが、舒明《じょめい》天皇の皇后・宝皇女の「熟田津《にぎたつ》に　舟乗りせむと月待てば　潮《しお》もかなひぬ　今は漕ぎ出でな」（巻一―八）の左注に「飛鳥岡本宮に天の下治めたまふ天皇（舒明天皇）の元年己丑《きちゅう》、九年丁酉《ていゆう》の十二月、己巳《きし》朔の壬午《じんご》（十四日）、天皇・太后、伊予《いよ》の湯《ゆ》の宮に幸《いでま》す。……（斉明）天皇、昔日の猶《なお》し存《のこ》れる物を御覧《みそこなわ》して、当時《そのとき》に忽《たちま》ちに感愛《めで》の情《こころ》を起こしたまふ」とあり、随行時の思い出が語られている。『日本書紀』には舒明天皇十一年十二月十四日に伊予の湯の宮に行幸したとあり、『万葉集』引用書の年紀が誤っているのかもしれない。ただし『日本書紀』の舒明天皇十一年条には、皇后が随行したとは書かれていない。遊幸《ゆうこう》記事については、随行者をことさらに記さなくとも、皇后は随行したと考えるべきなのかもしれない。

あとは大した記事内容でなく、仁徳天皇の二代目の皇后・八田《やた》皇女が、隼別《はやぶさわけ》皇子の反乱に同母妹・雌鳥《ひなどり》皇女が巻き込まれて処刑されることになったとき、妹の装着品を奪わないよう懇請した、とあるていどだ。

すなわち、皇后が宮廷での執政内容に立ち入って賛成・反対の意思を表示したり、あるいは同意や独自な意見を求められたりする場面は天武天皇前の『日本書紀』の記事にまったく見られない。皇后がその意思を示したり賛否を表明できる場面は、後宮管理にかかわる問題に限られていたようだ。

その意味で、鸕野《うの》皇后が天武天皇に吉野会盟の開催を求めたのは、その権限行使の一環ともいえる。天武天皇八年五月、鸕野皇后は、天武天皇を介《かい》して草壁《くさかべ》皇子・大津皇子・高市《たけち》皇子・河嶋皇子・忍壁《おさかべ》皇子・芝基《しき》皇子を吉野宮に集め、皇子の序列を明瞭にさせる儀式を執行させた。そして天皇は皇后および六人の皇子に「『朕《われ》、今日、汝等と倶《とも》に庭に盟《ちか》ひて、千歳《ちとせ》の後に、事無からしめむと欲す。奈之《いか》何《に》』とのたまふ。皇子等、共に対《こた》へて曰《もう》さく『理、実灼然《いやちこ》なり』とまうす。則ち草壁皇子尊《みこと》、先づ進みて盟《ちか》ひて曰《もう》さく、『天神地祇及び天皇、証《あきら》めたまへ。吾兄弟長幼、幷《あわせ》て十余王、各異腹より出でたり。然《しか》れども同じきと異なりと別《わ》かず、倶《とも》に天皇の勅に随ひて、相扶《あいたす》けて忤《さか》ふること無けむ。若《も》し今より以後、此の盟の如くにあらずは、身命亡び、子孫絶えむ。忘れじ、失《あやま》たじ』とまうす。五の皇子、次を以て相盟ふこと、先の如《ごと》し」とあって、けっきょく草壁皇子が六人を代表して宣誓し、つまり皇子たちの首座にあることを認めさせた。懸案《けんあん》だったのは、鸕野皇后の姉で前正妻の大田皇女が産んだ大津皇子と、現在の皇后・鸕野皇女の子・草壁皇子との序列の前後であった。これを決めさせたあるいは告知するよう促《うなが》したのが、鸕野皇后である。彼女には皇后として皇子の序列を決めるか、告知するように促す職務権限があった。序列の決定は、天皇だけでなく「皇后の盟ひたまふこと、且《また》天皇の如《ごと》し」とあるので、皇后がほんらい関わるべき職務だったことが窺える。

後宮管理は大王の妻妾たちの入内《じゅだい》の可否もあるが、延長させればその妻妾所生の皇子・皇女たちの管理も権限下・職域内に入る。いや、そもそも後宮に入内《じゅだい》する女性の管理とは、後宮にいる女性を管理したいのではなく、彼女たちが産んだ子を管理するのがいちばん大事な目的なのだろう。そう考えると敏達《びだつ》天皇十四年（五八五）、額田部《ぬかたべ》皇女（敏達天皇の皇后）が籠《こ》もっていた大王の殯庭《もがりのにわ》を、次期か次々期の大王候補を目指していた穴穂部《あなほべ》皇子（敏達天皇の庶弟）が訊《たず》ねようとしたのも理解できる。額田部皇后は後宮のまた皇族の管理者、つまり皇子を管理する立場にあったからだったのだ。

大王が主宰《しゅさい》する宮廷政治への介入は、右に見てきたようにまず見られない。宣化《せんか》天皇四年（五三九）十月の宣化天皇崩御《ほうぎょ》後、安閑《あんかん》天皇の皇后・春日山田《かすがのやまだ》皇女は登極《とうぎょく》を求められて「万機の難《かた》きに、婦女《めのこ》安《いづくに》ぞ預《あずか》らむ」（欽明天皇即位前紀）と答えて拒んでいる。

あえて宮廷の政治的行為に参加したといえる記事を探せば、大王への朝貢儀礼に出席していることだろうか。天武天皇八年十月甲子条に「新羅《しらぎ》、阿《あ》飡金項那《さんこんこうな》・沙飡薩蘽生《さちるいしょう》を遣して朝貢る。……天皇・皇后・太子に、金銀刀旗の類を貢《たてまつ》ること、各数有り」とあり、天皇・皇太子と並んで新羅からの朝貢使謁見《えつけん》の儀式に参列している。また「或本《あるふみ》に云《い》はく」であって明瞭な例でないが、崇峻《すしゅん》天皇五年（五九二）十月、天皇に猪を奉る儀式があり、天皇は「猪の首を斬るように、自分が憎く思う奴の首が斬りたい」と発言。それを聞いていた妃・大伴小手子《こてこ》は、大臣《おおおみ》・蘇我馬子《そがのうまこ》にただちに通報させた、という。「天皇、猪を指して詔して曰はく」とあるから、妃は呟《つぶや》きが聞こえる範囲にいてかつその情景を目《ま》の当たりにした。つまり、大王の横に並んでこの儀式に参列していたと思われる。

たしかに春日山田皇女は即位を求められており、また天智天皇から即位を要請された大海人《おおあま》皇子は「洪業《ひつぎ》を奉《あ》げて、大后に付属《さず》けまつらむ」（天智天皇十年十月庚辰条）と倭姫王《やまとのひめみこ》を推薦している。敏達天皇の皇后・額田部皇女が推古天皇となり、舒明天皇の皇后・宝《たから》皇女が皇極《こうぎょく》天皇（斉明天皇）となり、天武天皇の皇后・鸕野皇女が持統《じとう》天皇となった。これらの事実をもとに、皇后は天皇とともに執政にかかわっており、そのおりの政治的な手腕を買われて即位を要請された。あるいは皇后となる前に、そうした執政にたえる力のある女性が皇后となっている。皇后その人の政治経験・政治能力を見込まれて天皇に立てられた、とするような理解がある。たとえば仁藤智子氏は「王族の出身、后として共同統治の経験、不婚だが統治者としての教育を積んでいること」(「女帝の終焉」日本歴史八三七号、二〇一八年二月)を女帝の条件とし、所功氏も「経験と見識の豊かな皇太后(三十九歳)が、皇統史上最初(東アジアでもはじめて)の『女帝』㉝推古天皇となられた」(『皇位継承のあり方』(PHP新書、二〇〇六年。一六七頁)とされている。

しかし右に見たように、皇后には宮廷における執政の経験などなかった。執政しないのだから、統治者としての教育を受けるはずもない。そんなことを窺わせる記事などどこにもない。ついでながら、経験と見識について即位前に審議があったという形跡もない。

朝貢《ちょうこう》儀式に参加するのは政務であり、執政ともいえる。しかし国としての朝貢は特定の天皇個人に対するものでなく、大王家への継続的な服属儀礼なので、大王家として対応するために大王家の重要な構成員である皇后も出席するのではないか。すなわち皇后独自の執政能力はまったく未知数であり、適任者だと思える根拠が斟酌《しんしゃく》された上で即位を求められるのではない、と思う。問われるのは能力でなく、すでについている地位にまつわる役割である。皇后は後宮および皇子の管理者なので、その権限の延長として、あらたな天皇を創出するまでのいわば管財人《かんざいにん》のような地位につくことを求められていた。管財人であれば、相続する本人ではない。財産の運用については、大きな変更ができない。もしも変更するのなら、被相続人全体の合意つまり君臣全体の合意が必要である。そういう地位ではなかったか。

そう考えれば、皇極天皇が退位した理由も説明がつく。

皇極天皇四年（六四五）六月、飛鳥板蓋宮《あすかいたぶきのみや》での三韓朝貢儀式《さんかん》のさなか、中大兄皇子《なかのおおえ》（天智天皇）が大臣・蘇我入鹿《そがのいるか》を暗殺した。これによって皇極女帝は、退位を決断。中大兄皇子に譲位しようとして固辞《こじ》され、古人大兄皇子《ふるひとのおおえ》にも辞退され、弟・軽皇子《かる》が孝徳天皇《こうとく》として即位する。大王の生前退位ははじめてで、のちに重祚《ちょうそ》するのも彼女が初例である。女帝が退位した理由は、いまもなお明らかでない。かつて「あたらしい古代史の会」（平成九年一月例会）の席上、中村修也《しゅうや》氏は「中大兄皇子が朝廷の重臣を殺戮《さつりく》した以上、女帝としてはこれを処罰しなければならない。それができなかったから退位した」と発言された。その後同氏は「皇極の退位にしても、軽王子による大王位の簒奪《さんだつ》であり、乙巳《いっし》の変自体が大王位の簒奪を目的としたクーデター」（『偽りの大化改新』講談社現代新書、九十頁）とされてもいる。筆者はそもそも乙巳の変を皇極女帝と中大兄皇子の共同作業とみるので、軽皇子の政権簒奪と思っていない。また「朝廷の重臣の暗殺は処罰対象となる」という理解も、中大兄皇子は「鞍作《くらつくり》、天宗《きみたち》を尽《つく》し滅して、日位《ひつぎのくらい》を傾けむとす」という罪状を用意しており、国家転覆罪での誅殺《ちゅうさつ》という形を取っている。女帝が中大兄皇子を褒賞《ほうしょう》するとしても、処分など必要ない。もしも罪が問われるべき話だったのなら、代わって即位した孝徳天皇はなぜ中大兄皇子を問罪《もんざい》せず済ませたのか説明できない。

皇極天皇が退位・譲位したのは、中大兄皇子が国政の大改革に着手するつもりがあったからであろう。女帝は天皇だが、そうした大規模な改革を主導する立場にない。そういうことでなかったか。

『隋書』に仏教導入で日本に文字を教えたとあるのはなぜか

かつて父・松尾聰《さとし》は、医師の文化事業である国際治療談話会に招かれた。そこで「国際社会に発信するのに漢語では不適当なので、日本語をすべて仮名書きにするのがよいのではないか」という意見がかねてあることにつき、それが「ほとんど不可能だと思われるということとその理由」を講演している。たとえば受付・取締役といっているが、ジュフと読ませる気はなく、受け付けの送り仮名を抄《しょう》略《りゃく》したもの。取締役はもちろんシュテイヤクでなく、ほんらいは取り締まり役である。平仮名を入れずに漢語ばかりの方が重々《おもおも》しいと思うからこのように命名《めいめい》するので、そこには漢語コンプレックスがある。だがこれらの漢語をすべて日本語読みにしたらどうなるか、といささか挑戦的に揶揄《やゆ》してみせた(「日本語において漢語の意味するもの」『忘れえぬ女性』〈松尾光編〉所収、豊文堂出版)。

たしかに戸籍係はただしくは戸籍係りで、係長は係り長と表記するか、ケイチョウと読むべきだ。係で留めてしまっては名詞の「係り」なのか、あるいは動詞で「係る」「係ら」「係れ」と読ませる気なのか、分からない。デバルという日本語に出張るという漢字を当て、その仮名部分を表記しないでいたら、やがて漢語であるかのように音読みしたシュッチョウという和製漢語ができた。どうしても漢語に見せたいとの心情は、漢語コンプレックスといわれても仕方《しかた》なさそうである。しかしそれを反転させてすべてを和語つまり仮名文字にしてたとえば国際治療談話会を「やまいいやしのすべかたらひのつどひ」のようにすれば長々しい和語の羅列《られつ》となり、実用に耐えない。

父がいわんとしていたように、漢字はいまの日本語に欠かせない。平仮名・片仮名だけであれば、どこで切って読めばよいのか、またどれが動詞か形容詞か、あるいは言葉のまとまりかが読み取りにくい。「七色の谷を越えて流れてゆく風のリボン」をすべて仮名文字にすれば、七・谷・越え・流れなどの字の前に余白を空《あ》けなければならない。それが「漢字・平仮名の組み合わせによって、切れ目は平仮名の次に漢字が来ていて、そこにあると見られる」（金田一春彦氏著『日本語の特質』日本放送出版協会。Ⅲ日本語の表記、1文字の使い分け）ようにしている。日本語文のなかに漢語が適当に散らばっているために、眼がおおよその見当で漢字を探し出し、じつは仮名文字をいい加減に読み飛ばしておいて、読み取ってある漢字の意味だけを接《つ》ぎ合《あ》わせて大意を摑《つか》む。これが、私たちが読書などを通じて日常的に現実にやっていることなのである。

日本語文のなかに、漢字を用いる。それを可能にするためには、二面の作業が必要であった。一つは漢字を日本語に当てる作業つまり訓《くん》を作り出すこと。そして二つめは、日本語に当てようがない場合は、漢語の意味を学習して理解することである。

前者の訓作りに、さしたる困難はなかったろう。雨はどこにでも降る。中国で雨と書いている現象が、日本語のアメに当たることは、しばらく話していればわかる。江戸末期に遭難した大黒屋光太夫《だいこくやこうだゆう》一行の磯吉《いそきち》がロシア人から「エトチョワ（これは何ですか、の意）」といわれ続けてきたので、鍋《なべ》を指して「エトチョワ（エータ・チェヴォー）」といってみた。これに対してロシア人が「コチョウ（コチョール）」と返してきたので、鍋のロシア名を知った、という（山下恒夫氏著『大黒屋光太夫』岩波新書）。こういう手順で相手の言葉の意味を知り、雨の日本語訓《よ》みをアメとすればいいのだ。漢字は日本語と厳密には一致しない。当てるべき日本語が少なければ、どれもこれも同じ訓みになってしまう。見る・看る・観る・視る・診る・覧るはすべてミルである。ハカルは、量・計・測・図・謀がみな一緒になる。こうした訓作りはすぎし日々の所産だけでない。いまも日々行われ、かつて「全・幸」はマッタク・サチ／サイワイとしか読まれなかったが、いまはスベテ・シアワセとも読むようになっている。むしろ「総て・仕合わせ」の方を見かけなくなった。日本語にあるのに中国漢字がない場合は、平仮名を使っておくか、時雨《しぐれ》・五月雨《さみだれ》・紅葉《もみじ》・土産《みやげ》などのように語を集成するか、働・辻・槇・榊《さかき》・鰯《いわし》・鱈《たら》などの国字を作り出すか。あるいはたぶん誤用と知っていたろうが、理念・欲求に基づいて咲（ワラウ）を咲く、日ごろト占《うらな》いに用いていたから鮎（ナマズ）をアユにあえて当てもした。

これに対して、従来の日本にない事物や考えは、当てようにもそんな日本語が出てくるはずもない。これに対しては、二つの対処ができよう。一つは外国語のまま受け入れ、いま一つは日本語をあらたに作り出すことである。

外国語のそのままの形を受け容れるのは、いまもしている。たとえば「クリック」とか「スクロール」という外来語は、片仮名表記だがそのままである。日本語を造って置き換えたら、長ったらしい名称となろう。昔だってズボン（フランス語）とかシャボン（ポルトガル語）とかをとりあえずそのまま受け容れてきた。古代でも、日本国内になかったら、漢語のままを受け入れざるを得ない。たとえば梅・馬などは、メイ・マというそれぞれの中国音に接頭語のウを付けたもので、訓が発生していない。梅・馬が日本になかったから、実物とその呼称がそのまま持ち込まれたのである。

つぎに日本語を作り出すことは、明治初期に福沢諭吉《ゆきち》・中江兆民《ちょうみん》・西周《にしあまね》などあまたの文化人が奮闘してきたことである。西洋書籍を翻訳するなかで、主義・社会・科学・経済・倫理・哲学・本能などの多数の言葉をあらたに創造していった。言葉をただ当てたのではなく、日本国内に従来なかった理念を、ここで言葉を与えることによって作り出した。だからこの作業を通じて、日本人は社会とか本能などという考え方を学んだ。あるいは日本でも花・虫・獣《けもの》には個々の名前がついていたが、生き物を大別して括《くく》るような抽象的な考えがなかった。それに動物・植物という広い概念の言葉が与えられることで、総括した観念をはじめて持った。言葉が与えられ、その言葉の意味を理解することで、そうした思考をするようになったのだ。

それだから、『隋書《ずいしょ》』東夷《とうい》伝《でん》倭国条に「文字無く、唯《ただ》木を刻み、縄を結ぶ。仏法を敬《うやま》う。百済《くだら》に仏の経を求め得て、始めて文字を有す」とあるのだ。筆者は「仏教公伝《こうでん》以前に、日本に文字が入っていたのに」と思っており、なぜこう書かれたのかがしばし理解できなかった。だがどうやら、これはこういうことらしい。中国の周辺民族は仏教経典という大きな知識体系・文化叢書に触れることによって文字を知り、そこに書かれた多くの概念・思考を得ていく。仏典のなかで展開される理念を理解するには、文字を知ることは前提だが、その言葉の意味・理念を自分が持たなければならない。たとえば運・勘・根や現在・過去・未来という言葉について、そういう物の見方・考え方を会得《えとく》しなければ、その言葉が使えない。暮れかかった日没間近な時期の黄昏《こうこん》を読みとるには、その時刻に日本人が「誰そ彼（たそかれ）」という時期を特別に意識し、それについての言葉を作らなければならなかった。仏教公伝から遣唐使をしげく派遣していた八世紀にかけて、日本では舶載《はくさい》の書籍が増えるごとに従来してこなかった考えが流れ込み、それらに合う言葉をたくさん作り出していたのだろう。

だから明治初期と同様な造語ラッシュは古代にもあったが、新川《しんかわ》登亀男《ときお》氏著『漢字文化の成り立ちと展開』（山川出版社）によれば漢字文化との初接触はそれほど簡単ではなかったらしい。

新川氏は「中国の漢文体に接することがあったとしても、その『字』や〝字文〟を組みかえ、造り直していくふだんの行為がみられる。それは、あらたなコンテクストへの編制ということであった。つまり『字』や〝字文〟は受容されたというよりも、不断に創造されていった」（九十九頁）とする。漢字に日本的な意味を与え、コンテクスト（文脈）を日本的に編み出しながら、あたらしい日本文・日本文字として練り上げ・造り上げていったということであろうか。その過程では中国的な意味・原典と齟齬《そご》する場合もあり、『論語』『老子』から逸脱《いつだつ》した読み込みもなされた。

たとえば徳島市観音寺遺跡出土の木簡《もっかん》（「木簡研究」二十―二〇八頁）には、

子曰　学而習時　不孤□乎　□自朋遠方来　亦時楽乎　人不知亦不慍

とあった。この原典にあたる『論語』（岩波文庫本）学而第一は、

子曰　学而時習之《まなびてときにこれをならう》　不亦説乎《またよろこばしからずや》　有朋自遠方来《ともありえんぽうよりきたる》　不亦楽乎　人不知《ひとしらず》而不慍《してうらみず》　不亦君子乎《またくんしならずや》

である。この文章間の差異は微妙なのだが、どうしてこのように異なったかを今日的な訓読法のなかで推測しようとすると、何とも不自然な経緯を考えなければならない。諳誦したまま書き取ったからとか、読み間違えがあったとか。これに対し新川氏は、そもそも『論語』の一字一字をそのまま精確に写すつもりがなく、自分でその意味を読み取ろうとしていた。それが今日的な意味で誤りとみなされようと、「学んで習う時は、ひとりで悦《よろこ》ぶのではないのだ」とかいうように諒解《りょうかい》し、たとえば自分たちの社会環境を認知しながらそれに当たるものを『論語』から採《と》ろうとした、というように受け取

られた。今日的な訓読が確立する前に、先人たちは漢字・漢文を前にして自分たちでその一文字一文字の意味を懸命に詮索《せんさく》し、自分たちなりに一連の文章の言わんとするところを自分の身に近づけて理解し受け取ろうと、あるいはそれまでの日本語や日本社会にはない状況であればそれを理解した言葉を捏《こ》ね上《あ》げながら、これまでないような想像力を働かせて藻掻《もが》いていたのである。孤など原文にない文字を入れていることからも、漢字・漢文に想像力を発揮しながら苦闘している姿が読み取れる。

漢字・漢文の導入・編制時期は二次にわたり、第一次は敏達《びだつ》天皇元年（五七二）ころであった。高《こう》句麗《くり》が上表《じょうひょう》してきた文書は烏《からす》の羽に書かれており、黒いところに墨痕《ぼっこん》なので読み取れない。それを王《おう》辰爾《しんじ》が「羽を飯の気に蒸《む》して、帛《はく》を以て羽に印《お》して、悉《ことごと》に其の字を写」して解読した。王辰爾はこの功績で殿中《でんちゅう》に近侍することとなったが、かねて習業していた東西の諸史は面目丸《めんもくまる》つぶれになった。ということは、そのころ文字・字文の修得に向けて動いていたわけである。第二次は天武天皇十一年（六八二）ころで、『日本書紀』には「境部連《さかいべのむらじ》石積《いわつみ》等に命して、更に肇《はじ》めて新字《しんじ》一部四十四巻を造らしむ」とある。字書編纂は、飛躍へのいわば踊場《おどりば》づくりである。この過程で、古代日本人は従来の日本人が見聞したことのない観念や事物についてたくさんの和語・和名を創り出していったと見られる。

口でいってしまえばいとも簡単だが、漢字・漢文による圧倒的な質量の文化の塊《かたまり》に接し、あたらしい考え方・思想・概念に直面しているのに、自分たちの頭がいわばまっ白な状態だと自覚したとき、私たちはどう対応しようとするものだろうか。筆者には、直面したそのときの衝撃や逡巡《しゅんじゅん》を想像しえない。だがそれに対応した先人たちの努力があって、私たちのいまの日本語がある。明治初期に味わった以上の衝撃を、古代びとは体験して乗り切ってきたのである。

刀は、戦場で必携品だったのか

刀は武士の魂《たましい》、といわれている。だから鞘当《さやあ》てをされれば目くじらをたてるし、武士といえばひがな刀の手入れをしている姿を思い浮かべる。辻斬りで刀の切れ味を試す不逞《ふてい》のしかし高貴な武士が出没するという噂が立ったり、一刀のもとに切り伏せる居合抜きの凄《すご》さに感歎《かんたん》する向きもあったり。ともあれ武士が日常的に刀をさして歩いている以上、刀こそが武士の主要な武器だ、と思う。だからこそ、武士の子は道場に通《かよ》い、仕官《しかん》にさいしてあるいは御前《ごぜん》試合などでその腕前を見せびらかして競《きそ》い合《あ》っているのだろう、と。

だがじっさいの大規模な戦闘となれば、二十間《けん》（三十六メートル）以内ならまず最初は矢合《やあ》わせをする。金属の鏃《やじり》がもったいなければ、また手近《てぢか》にあれば石などを投げる。大きな石を抛石機《ほうせきき》で飛ばすのはもちろん当たれば有効だが、建物を壊《こわ》すならばともかく、飛距離が長くないわりに設備が長大すぎる。それでも相手が籠城《ろうじょう》しているなど、目標が固定されている場合なら有効だろう。石もそうだが矢も雨のように降《ふ》り注《そそ》げば、兵力に歴然《れきぜん》たる差があると察知《さっち》して退却してくれるかもしれない。まぁこれしきではそう簡単に引き下がるまいが、もしも負傷者が出て陣形が崩れれば、そこに第二弾として長槍を持った歩兵部隊が塊《かたまり》となって突き進む。槍は前方の敵に対する武器であって、個人単位ならば背面・側面は無防備になる。だから集団で一列または方形状・団子《だんご》状に槍衾《やりぶすま》を作り、その隙間《すきま》に入らせないようにする。この槍衾に対抗するには、槍を持った騎馬隊によってその歩兵部隊の塊を斜

安岳３号墳壁画の行列図
『遺跡発掘報告』第３集による

め上から攻撃し、縦横に断《た》ち切《き》って分解させる手がある。ふつうならば、これで戦闘の勝敗はどちらかに決まる（以上、近藤好和氏著『弓矢と刀剣』吉川弘文館、金子常規《つねのり》氏著『兵器と戦術の日本史』中公文庫を適宜参照）。つまり刀での斬《き》り合《あ》いという場面はない。高句麗《こうくり》の安岳《あんがく》三号墳壁画には、槍と楯《たて》・甲《よろい》で武装した騎馬と歩兵が描かれているが、ともに刀は帯《お》びていない。

　というのも、抜刀《ばっとう》して槍兵《そうへい》に向かっていっても、まず勝てる見込みはない。相手が一人であれば槍の穂先を躱《かわ》し、柄《え》にそって進めばよい。しかし戦場では、複数の敵が周囲にたえずいることが予想される。複数の槍兵に突き刺され、相手に傷を負わせるところまで近づけない。槍より刀部分が長い長刀《なぎなた》（薙刀）なら実用になるが、刃《やいば》を長くしすぎた刀では重すぎる。刀は相当数の人数が入り乱れる戦闘に向かないから、『魏志倭人伝』でも「兵《つわもの》には矛《ほこ》・楯《たて》・木弓《きゆみ》を用う」とあり、刀は見られない。刀はやっと『隋書《ずいしょ》』に「弓・矢・刀・稍《ほこ》・弩・穳《やり》・斧有り」として登場する。

刀の用途は、第一に敵が異常に近くにいる場合の戦闘用具である。攻撃用でもあり、護身用でもある。攻撃用では、室内など槍で入るのに向かない狭い場所での闘いに有効である。しかし室内にいる敵を探しているとき、物陰《ものかげ》から不意《ふい》打ちを食《く》らう怖れもあり、それならば焼き討ちにしてしまった方が安全であろう。槍兵が刀を帯《お》びればあがきが悪いし、重さも負担である。個人をめがけた殺傷が目的なら刀も要《い》るだろうが、戦場においてどうしても必要な武器とまではいいがたい。第二には、敵を討ち取った証拠として耳・鼻を殺《そ》ぎ、あるいは首を切断するときに用いる。ただしそれは、戦闘で数多く討ち取った者が表彰されるとか、いわゆる大将首《たいしょうくび》が恩賞《おんしょう》を左右するような制度的な環境が整っていて、しかもそれを評価されるべき身分に自分がいる場合である。

以上、古代の戦場の武器として刀は必要とされていないとしたが、それは刀を用いるとどういうことになるかが分かっているからである。刀と刀で斬《き》り合《あ》えば、どれほど武術に巧《たく》みな人でも怪我《けが》を負《お》う危険性が大きい。映画・ドラマなどでは、武士が多数に囲まれても斬りかかってくるのは一人づつなので、かかってきた順に倒している。それは映画・ドラマの都合《つごう》で、主人公を死なせるわけにいかないからだ。だが実戦では、個人対個人の闘いなどない。個人戦ならば、自分は相手より優《すぐ》れていて、決して負けないといい切ることもできる。しかし戦場であれば、多数が一度に斬り付けてくる。だれかと刀を合わせて背を向けているとき、その背中を斬られる。斬れる者は斬る。隙を見せた者は、斬られる。情けをかければ、自分が殺される順になるのだ。

主人の立場で考えた場合、「いざとなれば生命《いのち》を棄ててもいい」とまで覚悟してくれる家来《けらい》はかけがえのない人的財産である。彼らをむざと死なせたくも、重傷者としたくもなかろう。忠義な家来は死なせずに温存したい。一人も傷つけたくない。そう思うのが自然である。それならば、白兵戦《はくへいせん》は避けなければいけない。こちらのみが圧倒的に有利な闘い方を選ばなければ、家来を失ってしまうのだ。

しかも、もしも兵二〇〇〇同士の白兵戦をやって五〇〇人が死没し、五〇〇人が戦場にたてないほど負傷してしまった場合（鈴木眞哉氏著『NHK歴史番組を斬る！』［洋泉社新書］によれば、戦国時代全体の負傷者は戦死者の七・二倍、戦国後期では四・七倍という）、相手の支配地を奪えたとしても、一〇〇〇人に減った兵力では二倍になった支配地を守り切れない。かつて二〇〇〇人を有して互角《ごかく》だった近隣の敵は、戦争直後の時点なら倍の兵力を有した手強《てごわ》い勢力となる。戦闘ごとに多くの家来を死なせたりすれば、信頼できる者などすぐにいなくなってしまう。だから、刀をひっさげての白兵戦など、決してしてしてはならないのである。

しかも刀には、武器としてさまざまな欠点がある。最大の欠点は、刀の造りにある。渡辺誠氏著『刀と真剣勝負』（ベスト新書）によれば、刀は刃の部分でどんなものも切れるよう硬《かた》くするのがいいが、硬ければ折れやすくなるので玉鋼《たまはがね》八割と銑卸《ずくおろしがね》鉄二割を折り返して重層化することで硬軟を兼ね備えた刃鉄にする。それを皮金《かわがね》・心鉄《しんがね》という二種類の軟らかい鉄で包んで、より折れにくいように造る。そこまで神経を尖らせるのは、それほどに刀は折れやすく曲がりやすいのである。

竹刀《しない》での試合ならば鍔《つば》迫《ぜ》り合いもできようが、真剣の場合には眼の前にちらつく刃先で顔や手指・上半身を斬られる危険性が大きい。実戦で刀を用いた場合、骨や鎧《よろい》など硬いものを斬ってしまうと、刃こぼれを生ずる。砥石《といし》は兵士なら持ち歩いているはずだが、刃こぼれは研《と》いだていどで恢復《かいふく》する傷でない。切れ味を良くすればするほど刃を研ぎ澄ますので、よい刀ほど刃こぼれが多くなる。力を込めて振り下ろせば、もとの鞘《さや》に収《おさ》まらないほど曲がるか、折れる。刀で振り払うようにして刀身の鎬《しのぎ》（平）・棟《むね》（峰）を打つと、相手が木刀でも折れてしまう。水心子正秀《すいしんしまさひで》著『刀剣実用論』によれば、信濃《しなの》の戸石《といし》で武田家の家臣・児玉庄左衛門が村上家の平賀源信斎《げんしんさい》と戦ったさい、折れた刀・槍・薙刀《なぎなた》が一戦でおよそ五十振《ふり》も出た。とある。また刀同士で打ち合うと刃こぼれは全体に及び、いわば鋸《のこぎりじょう》状になりかねない。それはじっさい包丁同士で叩きあってみれば、だれにもただちに確認できるだろう。刃があたった部分は、たがいにこぼれてもはや切れない。また人体を斬った場合、人間の脂《あぶらみ》身を切るので刀身に脂がべっとりとついてすぐに切れ味が落ちてくる。

つまるところ、刀は戦場に立つ者にとって必携の武器のように思えるが、すくなくとも一日中とかの闘いではあまり当てにできない武器である。いざというときには曲がるし、容易《ようい》に折れる。相手を斬ろうと進めば、自分も相手の刀で傷付く危険性が高まる。二〜三人も斬れば、脂で斬れなくなる。相手をとなれば鉄の棒で叩きのめしているにすぎないから、相手を気絶《きぜつ》させたり骨折《こっせつ》させたりするだけということだ。

唐本御影《とうほんみえい》と称する聖徳太子像は、実像か虚像か

日本銀行券の高額紙幣では、昭和五年の百円札から昭和五十八年の一万円札まで、いつもその肖像《しょうぞう》画《が》の主《ぬし》は聖徳太子《しょうとくたいし》（厩戸皇子《うまやど》）だった。紙幣は原料費が廉価《れんか》なので、偽造される危険性が高い。そこでなるべく偽造しにくいよう、髭《ひげ》のある人物を選ぶのだそうだ。そのへんの事情はそうだとしても、そもそもこの肖像画の主は厩戸皇子なのか。

この肖像画（聖徳太子及び二王子像）のかつての名称は唐本御影《とうほんみえい》とか阿佐太子《あさたいし》御影とかいい、もと法隆寺《ほうりゅうじ》相伝《そうでん》の寺宝だった。明治十一年（一八七八）法隆寺は屋根が波打《なみう》つほどに傷《いた》んでいたが、明治初頭に布告された神仏分離令（神仏判然令）に基づいて寺領を奪われ、さらに外では廃仏毀釈《はいぶつきしゃく》の風が吹き荒れていた。そうしたなか、窮余《きゅうよ》の一策として寺院を修繕する費用の拠出《きょしゅつ》を皇室に請願した。これに応じて皇室から金一万円が下賜《かし》されて窮地を脱し、法隆寺はその返礼として寺宝三〇〇件余を献上した。そのときの献納物には『法華経義疏《ほけきょうぎそ》』『綾本著色聖徳太子絵伝』や飛鳥・白鳳《はくほう》時代の小金銅仏《こんどうぶつ》五十七件など貴重な作品がいくつもあるが、その一つがこの唐本御影であった。

この肖像画の作者には二説あり、一説では百済《くだら》の阿佐太子とする。阿佐太子がその眼前に立ち現れた、いわば幻の応現像《おうげんぞう》を描《か》きとめたものという。応現とは「相手の状況に応じ、相手の望む姿で立ち現れる」という意味である。これは西山法華山寺僧・慶政《きょうせい》の理解していた所説だが、法隆寺僧の顕真《けんしん》著『聖徳太子伝私記』（十三世紀半ばの成立）上巻（大日本佛教全書本、九十四頁）では、これに加え

て唐人《とうじん》説も紹介している。日本に来ていた唐人の前に聖徳太子が応現し、その姿を二枚の絵に描きとめた。その一枚を日本に残し、一枚を唐に持ち帰った。だから唐本御影という名がついた、とする。

ついでに、伝承どおりに中央が太子の像だったとした場合の話だが、その左右にいる童子《どうじ》は向かって左側でやや前方に位置するのが弟・殖栗《えぐり》王、右側やや後方に立つのが子・山背大兄《やましろのおおえ》王にあたる（あるいは大兄王と由義《ゆげ》王かともいう）、と顕真は推測している。

しかし画像中央の人物は、把笏《はしゃく》している。把笏はつとに中東地域に見られるが、日本では七世紀半ばの大化改新《たいかのかいしん》による律令制度導入策にはじまり八世紀初頭の大宝律令《たいほうりつりょう》で完備する官人《かんじん》制度での威儀《いぎ》のただし方である。把笏の施行については養老三年（七一九）二月に「職事《しきじ》の主典已《しゅてんい》上《じょう》に笏を把《と》らしむ。其《そ》れ五位以上は牙《け》の笏、六位散位《さんい》も亦《また》笏を把ることを聴《ゆる》す。六位已下は木の笏」（『続日本紀』）とあり、ここからはじまったようにも見える。だがおそらくは大宝元年（七〇一）の大宝律令で規定されていたが、なかなか定着しなかったので、ふたたび指示したのであろう。施行をめぐる詳細はともかく、把笏の制度や習慣は厩戸皇子の生きていた七世紀前半にまだ

聖徳太子二王子像（宮内庁蔵）

なかった。したがって、厩戸皇子が笏を把ることはありえない。聖徳太子絵《え》伝《でん》の武人の多くが華《か》麗《れい》な大鎧《おおよろい》を着用しているが、その姿はどうみても平安時代以降の光景である。だからその絵伝がはるか後世の作品だとわかる。また唐本御影の着衣も、七世紀前半当時の日本の服装でない。わずかに陰影《いんえい》のある画風は、西域《さいいき》から中国にもたらされたもので、中国では六朝《りくちょう》風といわれるそうだ（内藤湖南《こなん》「日本の肖像画と鎌倉時代」）。溯《さかのぼ》っても八世紀の作品とみなすのが精一杯である。とすれば、この像の主を厩戸皇子とみなす蓋然性《がいぜんせい》はなく、奈良時代の「とある王公貴族の姿」としかいえない。法隆寺僧は応現の姿と解釈しているので、聖徳太子がその人に・その場にあった服装で出てきたのだから、服装が後世のものでも支障《ししょう》ないとする。しかしかりに「徳川家康が応現した」といって背広《せびろ》にネクタイ姿の肖像を描き、それを拝礼させても通用する時代がありうる、などとは思えまい。これは辻褄《つじつま》合わせの詭弁《きべん》で、論外の説明であろう。

　奈良時代の法隆寺には行信《ぎょうしん》という僧侶がいて、聖徳太子を熱狂的に崇敬していた。そのために斑《いかる》鳩宮址《がのみやあと》とおぼしきところに夢殿《ゆめどの》を中心とする東院伽藍を建立した。そうした篤信家《とくしんか》であったが、その気持ちが昂《こう》じて、何かといっては聖徳太子ゆかりの宝物と称して法隆寺に寄贈した。たとえば市場で買った『法華経義疏』の古本に「此是《これ》大委國《やまとのくに》上宮王《じょうぐうおう》の私集、海彼《かいひ》（舶来の意）の本に非《あら》ず」と追記して献納し、寺に所蔵させたのと同様ではないか、と筆者は考えている（拙著『古代史の謎を攻略する／古代・飛鳥時代篇』第二章08）。『日本書紀』に見られない厩戸皇子の業績がときとともに増えていくのは、聖徳太子との関係を強調することで権威を上げようとする法隆寺側の画策の結果であろう。

　もっとも唐本御影の持ち込みは行信のせいでないようで、保延《ほうえん》六年（一一四〇）に成立した『七大寺巡礼私記《じゅんれいしき》』（『校刊美術史料　寺院篇』上巻）に法隆寺の宝蔵のことが記されている。その宝蔵のなかに「太子俗形の御影一鋪《ほ》」が見え、「件《くだん》の御影は唐人の筆跡也。不可思議也。能《よ》く能《よ》く拝見す可《べ》し」（六十一〜二頁）とある。この記事が、唐人の描《えが》く「俗形《ぞくぎょう》の御影《みえい》」が確認できる史料上の初出《しょしゅつ》らしい。ついでながらこうした画像は上宮王院《じょうぐうおういん》（夢殿・東院伽藍）にもあり、「宝帳を垂らし、拝見し難し」とあって、著者は実見していない。しかし古老《ころう》からの聞書《ききがき》では「更《さら》に仏像には非《あ》らず。只《ただ》等身俗形也。冠帯を着《ちゃく》す。但《ただ》し左手に宝珠を持ち、右手を伏せて宝珠を覆《おお》ひ、思惟《しい》す。形を見《あら》はすは在俗也《なり》しも、印《いん》を見せるは救世観音《ぐぜかんのん》ならむ。即《すなわ》ち太子の御影と知れる也」（六十一頁）とある。こちらは図柄《ずがら》からして唐本御影でないが、まことしやかな解説をつけて太子画像と称する品を飾ったり、寺院に奉納することの流行した時期があったのであろう。

　というわけで、推古朝に生存した厩戸皇子を眼前にして描かれた肖像ではない。それはまず間違いなさそうだ。となればさきほどの行信と同じような方法で、信者が市場で入手した誰とも知られない肖像画を聖徳太子像と称して献納し、法隆寺もそう信じ込まされて所蔵してきた、ともいえる。どうせこの時期の誰もが厩戸皇子の顔など知らないのだから、肯定はできないが、否定もできない。そういう経緯だった蓋然性が高い、と筆者も思う。つまりは聖徳太子とまったく関係ないと証明できるわけではないが、描いた人が「聖徳太子のつもりで描いた」か、献納した人が「聖徳太子像のつもりで献納した」か、所有者が「聖徳太子像のつもりで所蔵していた」か、それしか確かでない。

『万葉集』にある聖徳太子の歌は、本人の詠んだものか

『万葉集《まんようしゅう》』（日本古典文学全集本）には、かの有名な聖徳太子《しょうとくたいし》（厩戸《うまやど》皇子）の挽歌《ばんか》が載《の》せられている。

家ならば　妹《いも》が手《て》まかむ　草枕《くさまくら》　旅に臥《こや》せる　この旅人《たひと》あはれ
（巻三―四一五）

とあり、題詞《だいし》には「上宮《じょうぐう》聖徳皇子、竹原井《たかはらのい》に出遊《い》でます時に、竜田山の死人を見て悲傷《かなし》びて作らす歌一首（小墾田宮《おはりだ》に天の下治めたまひし天皇の代《みよ》）」とある。歌は「家にいたら妻の手を枕にしているだろうに、旅の途中のこんな道端で倒れている。哀《あわ》れなことだなぁ」という内容で、太子が大和から難《なに》波《わ》に行く国堺《くにざかい》の道の河内《かわち》側にある竹原井（大阪府柏原市高井田）で旅行中に亡くなった人の遺骸《いがい》を見て、哀《あわ》れみながら詠《よ》んだこととなっている。

そういえば『日本書紀』推古《すいこ》天皇二十一年（六一三）十二月庚午《こうご》条にも、太子が行旅《こうりょ》中に死亡した人を悼《いた》んだ歌を残していたっけ。これは大和盆地のなかで、太子は片岡（奈良県北葛城郡）を散策していた。この近くには娘の片岡女王に関係した何かがあって、訪ねた帰り道だったかもしれない。飢えて倒れていた人を見かけたので、名前を尋ねさせたのだが、返事がなかった。そこで水と食物を与え、着ている衣服を脱いで寝ている上に掛けてやった。そして「安《やす》らかに寝ているように」と声を掛け、

しなてる　片岡山に　飯《いい》に飢《え》て　臥《こや》せる　その旅人《たひと》あはれ　親無しに　汝生《なれな》りけめや　さす竹の
君はや無き　飯に飢て　臥せる　その旅人あはれ

と詠んだ。「片岡山で飢えて倒れている旅人のあわれなことよ。親なしで育ったわけでも、恋人がいないわけでもなかろうに」と、その身の上にひとしきり同情を寄せたのだった。翌日様子を見に行かせると「もう死んでいました」というので、亡くなった場所に高塚の墓を築かせて埋葬した。それから数日経って太子は、とつぜん「先日の行路死人《こうろしにん》は、真人《ひじり》（道教の聖人）だろう」と言い出した。そこで墓を調べさせたところ、墓の土は動かされていないのに、死体は消えていて、下賜された衣服が畳まれて棺の上に載っていた。道教の修行をして仙人となった者は、不老不死の仙境に行き着いた証明として、この世に遺骸《いがい》を残さない。遺体は地上から忽然《こつぜん》と消える。いや消えたことで、世間の人はその修行者が仙境に赴いたと知る。こういう形でなった仙人を尸解仙《しかいせん》という。でもそんなすごい人だったなんて、常人の目では分からない。「聖は聖を知る」というのは本当だったのだ、と人々は噂し合ったという。場所は大和と河内ですこし異なるし、『万葉集』の歌は尸解仙の話でもないが、もとの行旅中の飢者の死を悼むという筋書きだけに絞れば、よく似ている歌ではないか。

だったら、「なるほど、どちらの歌も太子が作りそうだから、これも太子作でいいじゃないか」と思うか、「そういうことだから、どちらの歌も太子の作歌にされちゃったんだね」と思うか。読者諸賢は、どちらの思いをされただろうか。

前者を採《と》ったのが、『万葉集』編者である。おそらくこの時代には、行旅中の死者の話はたくさんあって、それを悼《いた》む歌も多く詠まれていた。死者の名前はもちろんわからないし、その追悼歌を詠《よ》んで手向《たむ》けた人の名も伝わらない。伝わらないが、各地で心に響くような名歌が数多く残されたであろう。その一つが、『万葉集』に採録された。その歌には竹原井という地名が詠み込まれているから、

藤原宮址から見た天香具山（手前の山）

詠歌《えいか》の場所は分かる。だが、作者はどうするか。作者未詳《みしょう》でもよいのだが、世間では、行旅死人を悼む歌といえば『日本書紀』に載せられている太子の片岡山飢者伝説での詠歌を思い起こす。しかも場所も近い。そこで「世間の常識」「世人《せじん》の期待」に応《こた》えて、太子の詠歌とされた、という次第である。

このような題詞の創作は、『万葉集』の得意技である。

巷間《こうかん》で歌われみんなのよく知っている国民共有の歌だったのが、採録された途端《とたん》にとつぜん「天皇の御製歌」となって登場する。『万葉集』冒頭の「籠《こ》もよ　み籠持《こも》ち　ふくしもよ　みぶくし持ち」（巻一—一）にはじまる著名な歌は、「籠を持ちへらを持つ若菜つみの野の乙女《おとめ》に、名をたずねて求婚の情を示す」（犬養孝著『改訂新版万葉の旅　上』平凡社）もので、春の恒例民間行事である若菜摘みの集まりにおいて男から女に詠み掛けた歌。耳慣《みみな》れて人口に膾炙《かいしゃ》していた、だれの歌とも知られない定形化した民謡歌である。その作者を雄略《ゆうりゃく》天皇としたのは「この日本古代の歌を集めた和歌集のはじまりはだれの歌からはじめるのがよいか」と自問《じもん》し、「日本の歴史の幕開けならば、雄略天皇だよね」ということで決まった。雄略天皇の詠歌という伝承とともに読み継がれてきたわけじゃなく、『万葉集』の幕開けにふさわしい人として、編纂時に雄略天皇とされた。そう考えるのが穏当だろう。

「大和には　群山《むらやま》あれど　とりよろふ　天の香具山《かぐやま》」（巻一―二）ではじまる二番歌は舒明《じょめい》天皇の詠歌となっているが、これもあやしい。飛鳥《あすか》・奈良時代の天智《てんじ》・天武《てんむ》系の天皇は、みな舒明天皇の皇統に属している。『古事記』が推古天皇で終えられているのは、舒明天皇より現代がはじまるからである。舒明天皇からさきはいまに直接繋がる現代で、繋がらない推古《すいこ》天皇までのことは「古事《こじ》」なのである。国見《くにみ》と国ぼめつまり支配権・支配地の確認という歌の内容からは、歴代大王のだれが詠んでもおかしくなく、どの大王か判定できない。どの大王の歌とみなすかは、『万葉集』編纂者の判断に委《ゆだ》ねられていた。そこで編纂者は、和歌集の開闢《かいびゃく》を雄略天皇とし、現代のはじまりである舒明天皇を二番歌の主人とした。その蓋然性《がいぜんせい》が高い。

和歌の劈頭《へきとう》一番歌の栄誉に輝くのは雄略天皇こそ相応《ふさわ》しいとされたとしたが、じつは歴史的には磐《いわ》之媛《のひめ》の方が二世代古い。その磐之媛が詠んだという歌が、巻二に見える。

君が行き　日《け》長くなりぬ　山尋ね　迎へか行かむ　待ちにか待たむ　（巻二―八五）

かくばかり　恋ひつつあらずは　高山《たかやま》の　岩根《いわね》しまきて　死なましものを　（巻二―八六）

ありつつも　君をば待たむ　うちなびく　我が黒髪に　霜の置くまでに　（巻二―八七）

秋の田の　穂の上に霧《き》らふ　朝霞《あさかすみ》　いつへの方に　我が恋やまむ　（巻二―八八）

これらはいずれも相聞歌《そうもんか》つまり恋歌で、「待っていようか迎えに行こうか」「恋しくて死んでしまいたい」「黒髪が白髪になるまででも待とう」「恋にかかっている霞《かすみ》はいつ晴れるんだ」とかいっているが、誰もが恋をすれば経験する思いである。「恋している心を、その思いを、歌にしてごらん」といわれたとき、基準となるような型どおりの歌である。この歌のなかに磐之媛の歌とすべき言葉遣い・地名・宮名などはない。数百年も磐之媛の歌と伝承されてきたのではなく、これも『万葉集』編者の思いつきである。民間で歌われていた恋歌を採録して、「さて、誰の歌としようか」と考える。せっかくなら、誰もが知っている貴人《きじん》がいいが、離れていてこんな歌を詠み合った人がいたか。「そうだ、磐之媛は自分の留守中に八田《やた》皇女を後宮に入れた仁徳《にんとく》天皇の暴挙を許せず、死ぬまで後宮に戻らなかった。嫉妬《しっと》深かったが、それほど深く愛していたんだ。それならこの歌の作者にしてもいいか」ということで、磐之媛の歌と記してしまった。編者がそれらしい題詞をつけさえすれば、どんな内容の民間歌謡でも歴史上の超有名人の歌に自在《じざい》にできた。たとえば「可愛《かわい》いベイビー」（歌・中尾ミエ／訳詞・漣《さぎなみけんじ》健児／作曲 Bill Nauman）は淀殿《よどどの》が豊臣秀頼《とよとみひでより》に、「逢《あ》いたくて逢いたくて」（歌・園まり／作詞・岩谷《いわたに》時子／作曲・宮川泰《やすし》）は橘嘉智子《かちこ》が嵯峨《さが》天皇に、「小指の想《おも》い出」（歌・伊東ゆかり／作詞・有馬三恵子／作曲・鈴木淳）は北条政子《まさこ》が源頼朝《よりとも》に、それぞれ贈り奉った歌だと題詞をつければ、それらしく読まれてしまう。それが『万葉集』の題詞作りの世界なのである。

「有間《ありま》皇子の自傷《じしょうか》歌」といわれている歌も、じつはそうなのだ。

磐代《いわしろ》の　浜松が枝《え》を　引き結び　ま幸《さき》くあらば　またかへりみむ　（巻二―一四一）

家にあれば　笥《け》に盛《も》る飯《いい》を　草枕《くさまくら》　旅にしあれば　椎《しい》の葉に盛る

（巻二―一四二）

とあり、題詞に「有間皇子、自《みずから》ら傷《いた》みて松が枝を結ぶ歌二首」とあるから、つい蘇我赤兄《そがのあかえ》に唆《そそのか》されて斉明天皇への軍事クーデタに参画《さんかく》した事件に関係させて読み込んでしまう。捕縛《ほばく》されて紀伊の牟婁《むろ》の温湯《ゆ》に連行されたとき、磐代（和歌山県日高郡みなべ町西岩代小字結）で「赤兄に騙《だま》されたのであって、自分は企画していない。この供述が認められ、嫌疑《けんぎ》が晴れますように」と心に祈り「浜松の枝を引き結んでおくので、生きて戻って、これを帰りにまた見られますように」と詠んだ。なるほど、有間皇子の胸中をそのように忖度《そんたく》すると、せつない思いが伝わってくる。ところが、横にある「旅行中なので、神に捧げる飯はちっちゃな椎の葉に盛るほかない」という歌は、どうみてもただ旅行先での神事《しんじ》を詠んだ歌でしかない。有間皇子にとって、連行・護送の行程《こうてい》を旅と捉《とら》えられるものだろうか。神事などさせて貰えるものか。もともと旅は行き帰りが同じ行程を辿《たど》るようにするものだったので、こうした目印《めじるし》をつけて無事を祈る。帰りには無事に戻れたことを神に感謝するのだそうだ。そうなると有間皇子とも事件とも関わりのない、ただの旅中の歌なのである。題詞が、私たちを引き回し惑《まど》わしている。そういうことである。

乙巳の変は、建物のなか・そとのどっちで行われたのか

皇極《こうぎょく》天皇四年（六四五）六月十二日、大臣《おおおみ》・蘇我入鹿《そがのいるか》が暗殺されるいわゆる乙巳《いっし》の変が、飛鳥板《あすかいた》蓋宮《ぶきのみや》で起こされた。

入鹿はかねて舒明《じょめい》天皇と叔母・法提郎女《ほてのいらつめ》（蘇我馬子《うまこ》の娘）の子で従兄弟《いとこ》にあたる古人大兄《ふるひとのおおえ》皇子を次期大王に擁立するつもりがあり、対立候補だった山背大兄《やましろのおおえ》王を一年半前に斑鳩宮《いかるがのみや》に襲って葬り去っていた。罪科《ざいか》に問われてもいない大王候補を軍事力で排除するという異常な措置《そち》への風当《かざあ》たりは思ったより根強《ねづよ》く、入鹿はこの事件の報復・変事への備えとして邸宅や身の回りの警護《けいご》水準を高め、宮廷行事にすら用心して参加を控《ひか》えていた。

しかし当日は皇極天皇の招きでもあり、かつ三韓朝貢《さんかんちょうこう》という画期《かっき》的《てき》な行事でもあったので、あえて出席することにしたのだろう。三韓とは高句麗《こうくり》・百済《くだら》・新羅《しらぎ》であろうが、この三カ国は高句麗・百済連合と新羅に分かれており、新羅は両者と対立して攻撃されていた。それなのに三カ国で揃って朝貢するとなれば、極東《きょくとう》世界での対唐《たいとう》戦略が大きく転換するかもしれない。そうした事情の説明も聞けると期待し、画期的な報告行事として参列することとしたのではなかろうか。だがこれは、皇極天皇と子・中大兄《なかのおおえ》皇子らの罠《わな》だった。皇極女帝の名を掲げるのは、「虚偽の朝貢」場面は女帝にしか仕《し》掛《か》けられないからだ（拙稿「闘う母・皇極女帝」『古代の王朝と人物』所収、笠間書院）。

中大兄皇子は、蘇我氏傍流の蘇我倉山田石川麻呂《くらやまだのいしかわまろ》の娘・遠智娘《おちのいらつめ》と姪娘《めいのいらつめ》とを妃に迎え、石川麻呂

を姻戚《いんせき》として取り込んだ。蘇我氏の本宗家《ほんそうけ》と分家との対立につけ込み、石川麻呂を政治的背景・軍事基盤とすることに成功していた。そして入鹿暗殺計画を立て、自分の養育に当たってきた葛城稚犬養《かづらきのわかいぬかい》氏から網田《あみた》をまた大王親衛軍事氏族の佐伯《さえき》氏から子麻呂《こまろ》を抜擢して暗殺者とし、自分はこれを守護・後援する形で姿を隠すこととした。計画中の最大の課題は、入鹿を谷宮門《はざまのみかど》と称していた厳重警戒中の邸宅から単身でおびき出す方法にあった。邸宅を力攻めすることや警備陣をまるごと囲んで殲滅《せんめつ》するという方法では、政変を達成しきれる自信がなかったのである。

『日本書紀』の語るところでは、飛鳥板蓋宮の大極殿《だいごくでん》に皇極天皇が臨席《りんせき》して、三韓が上表文を奉呈《ほうてい》し、それを蘇我石川麻呂が代わって読み上げていた。その間に宮城の十二門を閉鎖し、入鹿の佩《は》いていた刀剣を外《はず》させた。入鹿の眼に見えたのは皇極女帝・石川麻呂と古人大兄皇子と三韓の使者たちだけで、中大兄皇子や暗殺者はそれとは見えていないように隠れていたと記されている。手はずは整っていたが、石川麻呂の上表文の代読が読み終わろうとしても暗殺劇にならない。中大兄皇子はやむをえず槍を捨て（『藤氏家伝《とうしかでん》』）、剣を持って入鹿の頭と肩に斬りかかり、意を決した子麻呂も足に斬りつけた。入鹿は転びながら女

飛鳥板蓋宮址伝承地

帝の前にゆき「臣《やつこ》罪を知らず。乞ふ、垂審《あきらめたま》へ」といい、天皇は「知らず」といって中大兄皇子に説明を求めた。中大兄皇子は「鞍作《くらつくり》、天宗《きみたち》を盡《つく》し滅《ほろぼ》して、日位《ひつぎのくらい》を傾けむとす。豈《あに》天孫を以て鞍作に代《か》へむや」と釈明した。そのあとは子麻呂・網田が絶命させ、遺骸は筵《むしろ》を掛けられて庭にしばらく放置されていたが、やがて上《うえ》の宮門《みかど》と称していた蘇我蝦夷邸《えみしてい》に送られた。

なお筆者は、中臣鎌足がその場にいて弓矢を持って待機していたとあるのは、後年に追記された虚構の記事と考えている（拙稿「藤原鎌足像はどのようにして作られたのか」『万葉集とその時代』所収、笠間書院）。弓矢は効果が期待できず、斬殺《ざんさつ》に加わったとする記載がどこにもないからである。

右掲の記載のうち、飛鳥板蓋宮には大極殿といえるような施設がなく、後年の宮殿についての知識を以て修飾されたとされている。通説的には、それよりもはるかに小規模な建造物と想定されている。

しかしこの惨劇場面については、室内でなく、室外の広い場所で公然と行われたとする見解がかねてある。というのも三韓朝貢つまり高句麗・百済と新羅の対立が解《と》けて、対唐戦争に一致して取り組むという東アジア外交にとって画期的なことが起きている。そういうことなら、百済・高句麗と同盟している倭国《わこく》として慶賀《けいが》すべきことである。四カ国の結束を確認すべく、その晴れの式場には大夫《まえつぎみ》層をはじめ多数の豪族が招かれるはず。その前の内々《うちうち》の会合であって、密《ひそ》かな下相談《したそうだん》がなされる場だと見ることもできる。だがそのていどのことなら、上表文《じょうひょうぶん》の奏上など行われまい。女帝・石川麻呂と古人大兄皇子だけしか呼ばれていないのに、上表文が読み上げられている。朝廷主催の国家儀式として、そういう会合は変だと気づかないものか。身辺警護を厳しくしていたというのならなおさら、なぜ顔ぶれをみてそこへの着席を躊躇《ためら》わなかったのか。ここに着座《ちゃくざ》してもよいと、どうして入鹿は納得したのだろうか。

　そうなると、この三韓朝貢の儀式は宮の庭で公然《こうぜん》と行われたとする方が合理性がある。もちろんそうなれば多くの廷臣たちが参列しているなかで三韓の朝貢がなされ、上表文が読み上げられる。そういう場面に入鹿が参列するのに疑義《ぎぎ》はなく、出席しなければならない国家行事と彼も納得《なっとく》できたろう。だがもしもそうなら、今度は暗殺が難しくなる。衆人環視《しゅうじんかんし》のなかで、入鹿をどのようにして倒すか。『日本書紀』によれば、古人大兄皇子は事件を「見て私《わたく》の宮に入りて、人に謂《い》ひて曰はく、『韓人《からひと》、鞍作を殺しつ。吾が心痛し』といふ」とある。韓人については「韓政に因《よ》りて誅《つみ》せらるるを謂《い》ふ」とあるが、説明になっていない、暗殺者たる葛城稚犬養網田・佐伯子麻呂の所在がはっきりしていないので、三韓朝貢の使者・従者の恰好《かっこう》をして紛《まぎ》れ込《こ》んでいて、その場から入鹿めがけて斬り込む手はずだった。そのために、参列者には韓人が襲ったように見えたのであろうか。記事の解釈としては『日本書紀』より合理的だが、それでも物陰《ものかげ》に隠れていた中大兄皇子が槍を捨てて剣に持ちかえて襲ったとか、鎌足が弓矢を構えていたとかいう設定はまったく成り立たなくなる。

　それに大臣の入鹿は襲われているが、少なくとも即死《そくし》だったとされておらず、女帝と会話をやりとりする時間があった。やりとりを聞いている時間があったのなら、廷臣《ていしん》たちはどうして入鹿の救援に駆《か》けつけないのか。いくら入鹿が廷内で孤立していたとしても、大臣の職責《しょくせき》にある者である。ただ恐怖心で与《くみ》していただけでなく、彼のいうことを正しいとして従っていた者たちだとて少なからずいたろう。それらの人は、どうして助けようとしなかったのか。あるいは、もしも入鹿が怪我《けが》だけで済んで救出された場合には、むしろ助けに動かなかったことを厳しく咎《とが》められよう。まずは中大兄皇子の襲撃を見たところで、一方で入鹿を庇《かば》い、他方で中大兄皇子の動きを止めにかかる。中大兄皇子が佩刀《はいとう》しているのなら、参列者も佩刀していたであろう。入鹿が佩刀していなくとも、武器を携帯する者たちがいるなかである。庭中で衆人環視のなかで起こされた惨劇だったのならば、そうした救出劇や立ち回りがあってしかるべきだろう。そういう場面が描かれないのはなぜか。

やはり庭中ではなく、密室内での出来事か。女帝と石川麻呂らで、三韓の使者たちとの相談事ということで、入鹿に秘密会合を持ちかけたのか。それなら、女帝による積極的な舞台回しを想定しなければなるまいが、これらの場面は禁じ手である天皇による謀計という事実を露《あら》わにしないための捏造《ねつぞう》だったのか。

乙巳の変で「韓人が入鹿を殺した」とある韓人とはだれのことか

『日本書紀』（日本古典文学大系本）によれば、皇極《こうぎょく》天皇四年（六四五）六月十二日、飛鳥《あすか》板蓋宮《いたぶきのみや》の大極殿《だいごくでん》のなかには、正面奥に皇極天皇がいた。天皇の前には蘇我倉山田石川麻呂《そがのくらやまだのいしかわまろ》がいて、三韓からの上表文を読み上げている。その横には古人大兄《ふるひとのおおえ》皇子がいて、その横に大臣《おおおみ》・蘇我入鹿《そがのいるか》があとから来て着座した。おおむねそんな光景だろうか。そこに長槍が放り投げられた音がして、中大兄《なかのおおえ》皇子が剣を振りかざして入鹿に斬りかかってきた。それとともに、かねて中大兄皇子から狙撃手《そげきしゅ》を依嘱《いしょく》されていた佐伯子麻呂《さえきのこまろ》・葛城稚犬養網田《かづらきのわかいぬかいのあみた》も襲いかかった。入鹿は、宮殿に入るときに俳優《わざおぎ》に剣を奪われていてすでに丸腰。なすすべもなく頭と肩を斬られ、さらに子麻呂の剣で足を斬られた。入鹿は転びながらも「臣は、こんなことをされる罪が思い浮かばない。どういうことか明らかにしてくれ」と皇極天皇に問うたが、中大兄皇子は答えを遮《さえぎ》って「天子の宗室《そうしつ》を滅ぼして、天孫の地位を奪おうとしている」と断罪した。やりとりを聞いていた天皇は玉座《ぎょくざ》を離れ、残された入鹿は絶命《ぜつめい》させられた。

そしてこの事件の一部始終を見届けた古人大兄皇子は、自分の王宮に走り帰って「韓人《からひと》、鞍作臣《くらつくりのおみ》を殺しつ。吾が心痛し」と周囲の者たちにいい、門を閉ざして寝床のなかに籠もっていた、という。

ところで、この鞍作とか韓人とかいうのはいったいだれのことなのだろうか。

「鞍作臣を殺しつ」とあって、前文で殺されているのは入鹿だから、鞍作が入鹿を指すことは間違いない。すると問題は、なぜ入鹿が鞍作と呼ばれたかである。いまは人名は一つだけしか認められないが、かつてはいくつもの名乗りがあった。たとえば中大兄皇子の本名は葛城《かづらき》皇子で、舒明《じょめい》天皇の葬儀で誄《しのびごと》をしたときは開別《ひらかすわけ》皇子と記されている。名前の変更なら、藤原氏も千尋《ちひろ》は御楯《みたて》、八束《やつか》は真楯《またて》、雄田麻呂《おだまろ》は百川《ももかわ》、宿奈麻呂《すくなまろ》は良継、執弓《とりゆみ》も弓取・真先《まさき》へとこまかく改名している。それはともあれ異称ならば、その当時さして珍しくもない話でもある。ただ、鞍作と呼ばれているのは殺害される場面なので、何らかの思惑《おもわく》か悪意があったのでは。筆者としては入鹿が倭漢氏《やまとのあやうじ》の一族である鞍作部《くらつくりべ》氏に養育されてきたので、鞍作とも呼ばれたのだと思う。大海人《おおあま》皇子は大海《おおしあま》（凡海）宿禰《すくね》氏に養育されたから大海人と命名されたとみられ、現に葬儀では大海蒭蒲《おおしあまのあらかま》が誄をしている。額田部《ぬかたべ》皇女（推古《すいこ》天皇）も額田部連氏に扶養されたことが、その名の由来だろう。ただ扶養氏族名による皇子命名法は大王家の習慣であって、臣下のなすべきことでない。入鹿に扶養する氏族をつけたりその氏の名をつけて鞍作と呼ばせたりするのは、それだけで尊大で分際《ぶんざい》を弁《わきま》えない分《ぶん》に過《す》ぎた行為と見なされた。つまり蝦夷《えみし》・入鹿父子が自宅を上の御門《みかど》・谷御門《はざまのみかど》と呼ばせ、子たちを王子《みこ》と呼ばせたこととともに、大王家と横並びになりあるいは大王の権威を上回ろうとしていた不遜《ふそん》な行ないをまた一つ暴露《ばくろ》したつもりの発言ではなかったか。現に古人大兄皇子は、入鹿を鞍作と習慣的に呼んでいたから、この非常時にもとっさに鞍作と呼んだ。「悪事を知っているぞ」という糾弾《きゅうだん》の意を込めての呼びかけ、ではなかったか。

ついで韓人だが、これはある誤解によるものだろう。

誤解したのは、場の設定に原因がある。乙巳《いっし》の変は、皇極《こうぎょく》女帝と中大兄皇子が大臣家の蘇我蝦夷・入鹿父子を滅亡させようと起こした政変である。当時の入鹿は山背大兄皇子を軍事力で打倒したばかりで、批判的な雰囲気を感じ取ったかあるいはそれ以外に何か思い当たることがあったのか、ともあれ身の危険を感じていて、宮廷の公式行事でも特段《とくだん》の理由がなければ出ようとしなかった。入鹿が家から出てこないのなら、自宅を急襲《きゅうしゅう》するほかない。しかし彼の邸宅の周囲にはすでに城柵《じょうさく》が巡《めぐ》らされていて、門の側《そば》には武器庫があった。門ごとに水槽《すいそう》と木《き》鉤《かぎ》が備えられ、放火・火《ひ》攻《ぜ》めなどに即応《そくおう》して消火できるようにしてある。それに何より、二十四時間、武装した力人が家の警固《けいご》・防衛に当たっている。これでは攻め滅ぼすのがむずかしい。交戦しているうちに、入鹿に味方する倭漢《やまとのあや》氏が駆《か》けつけ、逆に腹背《ふくはい》に敵を受けてしまうからだ。

そうなるとどうしても出てこなければいけないような、また出廷《しゅってい》してその意図をじかに確認しておきたいと思うほど魅力的な舞台設定をしなければならない。そこで案出《あんしゅつ》されたのが、三韓つまり高句《こうく》麗《り》・百済《くだら》・新羅《しらぎ》がまとまって朝貢《ちょうこう》するという行事の開催である。その当時、唐《とう》の遠征軍の攻撃にさらされた高句麗が百済と連合し、腹背にあたる新羅をつよく圧迫していた。日本は百済と長年連合してきたため、ともに新羅攻撃に加わることが求められていた。その攻撃を催促する使者ならわかるが、新羅を交えた三韓が仲良く揃って朝貢するとは、なんとも珍しい。大きな外交政策の転換があるとしか思えない。ではその外交戦略の内容はどうで、その転換はどういう理由によるのか。それをじかに知りたくて、入鹿がみずから参加を希望する。そうなるだろう。もちろん三韓が顔を揃えた朝貢など客観情勢としてはありえないことで、偽《いつわ》りの朝貢使である。だからそう設定するのには、一皇子にすぎない中大兄皇子の画策《かくさく》だけでは三韓朝貢を事実として信じてもらえない。皇極天皇の協力がどうしても欠かせない。入鹿をおびき寄せるには、皇極天皇からの呼び出しが必要なのだ。

皇極天皇の協力のもと、架空《かくう》の三韓朝貢儀式をどう作るか。皇極天皇とその前には上表文を読む蘇我石川麻呂《いしかわまろ》がいる。これが宮殿内の狭い空間でしかも内々《うちうち》で行われたとすれば、古人大兄皇子と大臣の蘇我入鹿が呼ばれたとしてもよい。中大兄皇子は出席者として並ばず、長槍《ながやり》を持ったまま柱の影に隠れている。このとき、入鹿を殺害する役割を仰せつかった佐伯子麻呂と葛城稚犬養網田はどこにいるべきか。中大兄皇子とは異なる柱の影か。

筆者は、皇極天皇・石川麻呂・古人大兄皇子・入鹿だけでは、儀式とならないと思う。この四人のほかに、朝貢使とそれに随行《ずいこう》して朝貢品を捧げる一行がいたはずだ。朝貢使がその場にうずくまっていて、上表文を日本語で代読する石川麻呂がいる。果たすべき役割がそれぞれにある。そうとすれば、朝貢使に率いられた一行数十人が品々を捧げ持ちつつ、皇極天皇の御簾《みす》の前面に並んでいたことだろう。その隊列のなかなら、子麻呂・網田が紛《まぎ》れ込《こ》みやすく、しかも入鹿の面前まで近づける。そして中大兄皇子が刀を持って斬り付けたのをみて、勇《ゆう》を鼓《こ》して子麻呂・網田らも斬りかかった。

これを古人大兄皇子の座席から見れば、何者かが躍《おど》り出て横にいた入鹿に斬りかかり、続いて朝貢使随行員のなかから剣を持った人が出てきて入鹿の殺戮《さつりく》に協力した。そう見える。だから見たままに「韓人が、鞍作を殺した」とし、「韓の政《まつりごと》が原因で殺された」と重ねて勘違《かんちが》いした。最初に斬りかかったのは中大兄皇子とかりに判《わか》ったとしても、朝貢使一行のなかから飛び出した者が殺戮者になったのだから、三韓使節団が外交上の紛議によって入鹿を暗殺したと誤解しても仕方なかったろう。

ところで、この解釈は乙巳《いっし》の変が殿舎の一室で行われたとすることを前提としている。しかし三韓朝貢という画期的な国家行事なら、青空のもと、殿舎に囲まれた庭で、多数の廷臣《ていしん》の前で行われるはずでないか。そうした疑義《ぎぎ》もある。ここでは『日本書紀』の記事に合わせておいたが。

軽皇子（孝徳天皇）が黒幕だったという説はただしいか

軽《かる》皇子（孝徳《こうとく》天皇）は敏達《びだつ》天皇の曽孫である。父は押坂彦人大兄《おしさかのひこひとのおおえ》皇子の子・茅渟《ちぬ》王で、母は欽明《きんめい》天皇の孫・吉備姫王《きびのひめみこ》である。中臣鎌足《なかとみのかまたり》は社会改革を担《にな》える人物と見込んで接近したが、皇極《こうぎょく》天皇二年（六四三）蘇我入鹿《そがのいるか》が個人的な利益のために山背大兄《やましろのおおえ》王を攻め滅ぼしたとき、軽皇子は入鹿に協力して攻撃側に加わった。これに落胆したのか、鎌足は軽皇子のもとを離れて中大兄皇子に近づいていく。そのあたりのこまかい経緯はおくとして、大化元年（六四五）中大兄《なかのおおえ》皇子が乙巳《いっし》の変を起こし、大臣《おおおみ》家として権勢をほしいままにした蘇我蝦夷《えみし》・入鹿父子を葬った。政変直後に皇極天皇が譲位の意思を示すと、軽皇子は中大兄皇子らに天皇として擁立《ようりつ》された。翌年孝徳天皇として難波長柄豊碕宮《なにわながらとよさきのみや》に遷都し、大化改新《たいかのかいしん》の詔に則《そく》して執政《しっせい》しはじめた。しかし白雉《はくち》四年（六五三）に政権中枢部で意見対立が生じ、反孝徳天皇派の皇極上皇・中大兄皇子や皇后だった間人《はしひと》皇女が多数の官人を率《ひき》いて大和の飛鳥京《あすかきょう》に戻ってしまった。難波宮で孤立した孝徳天皇は退位すべく山崎に離宮を建設中、白雉五年十月に死没した。中大兄皇子に主導された政界で、「瓢箪《ひょうたん》から駒」の僥倖《ぎょうこう》で即位できたものの、路線対立のなかで我《が》を張《は》って見捨てられた哀《あわ》れな天皇という見方がおおかたのイメージであろう。

ところが近年、軽皇子こそが乙巳の変を企《くわだ》てた本当の首謀者つまり黒幕だとする説が喧伝《けんでん》されるようになった。これを支えるもっとも大きな根拠は、軽皇子が乙巳の変直後の天皇となり、その後八年間を領導《りょうどう》した事実であろう。森公章《きみゆき》氏は、孝徳朝の政治には急進的な中央集権的政策が見られるとし、中大兄皇子らとは異なる政治理念を懐《いだ》いていたことを推測されている（『天智天皇』吉川弘文館）。軽皇子は天皇となり、自分の理念を実現しうる立場に立てた。殺人事件などの謎解きでは、その人が殺されたことでいちばん得《とく》をする者が犯人だ、とよくいわれる。そうした結果からすれば、乙巳の変直後にいちばん得をしたのは、たしかに軽皇子である。

とはいえこれ以外に黒幕説の根拠といわれているものは、いずれも「そうであったとしても矛盾しない」というていどの傍証《ぼうしょう》にすぎず、積極的に証明しているとまでいえそうにない。

強く推《お》されている遠山美都男《みつお》氏『大化改新』（中公新書）を手がかりとして、その根拠を上げてみる。

第一に大王の相続は世代間継承が基本であり、欽明《きんめい》天皇の子（敏達《びだつ》天皇・用明《ようめい》天皇・崇峻《すしゅん》天皇）・孫（押坂彦人皇子・竹田皇子・厩戸《うまやど》皇子）・曾孫（舒明《じょめい》天皇・山背大兄王・茅渟王）が終わり、四世の世代に入っていた。したがって、皇極天皇・軽皇子は第四世代として有力後継候補たりえた。第二に、蘇我氏の全盛期なので、これを分裂させて味方にする方策《ほうさく》が採《と》られた。そこで中大兄皇子は蘇我倉山田石川《そがのくらやまだのいしかわ》麻呂《まろ》の娘・遠智娘《おちのいらつめ》と姪娘《めいのいらつめ》の婿となって彼らを味方につけるのだが、軽皇子も石川麻呂の娘・乳《ちの》娘《いらつめ》を娶《めと》って姻戚となっている。軽皇子も、つとに政変後の政治の安定を図る策を講《こう》じている。第三に、入鹿殺害のあと、入鹿の父・蝦夷を討つために甘檮丘《あまかしのおか》に軍を派遣するが、そのときの将軍・巨勢徳《こせのとこ》陀《だ》は軽皇子とともに山背大兄王を討った人である。徳陀は軽皇子と親しく、おそらく軽皇子の部下であった。ほかにも入鹿殺害の実行を委《ゆだ》ねられた佐伯子麻呂《こまろ》などは宮廷内でのかねての知り合いで、改新政府の重鎮《じゅうちん》とされた大伴長徳《おおとものながとこ》とも親近関係がある。中臣鎌足は、のちに孝徳天皇を難波宮に置き去りにする側《がわ》となって旧主を裏切るので早くに見棄てたように書かれているが、じつは軽皇子の手足となって働いていたと考えられる。第四に、軽皇子の姻戚・側近らだけで行われているのだから、乙巳の変の首謀者は軽皇子であり、中大兄皇子は戦闘集団の現場責任者以上でない。第五に、推古《すいこ》女帝の長期政権の弊害《へいがい》に鑑《かんが》みて、皇極天皇がいつ退位するのかが課題となっていた。これを主体的に推進した者が次期大王の資格を得るので、軽皇子は朝貢《ちょうこう》という国家儀式を失敗させることで退位すべき場面を造り出した。軽皇子黒幕説は、おおむねこのような事柄をもとに導かれた推論《すいろん》である。

以下、検討してみよう。

第一にあげた世代間継承は、たしかに仁徳《にんとく》天皇の子世代として履中《りちゅう》天皇・反正《はんぜい》天皇・允恭《いんぎょう》天皇が尽くされ、欽明《きんめい》天皇のあとも上記のように敏達《びだつ》天皇以下崇峻《すしゅん》天皇までが尽くされてから次世代の皇子が大王になる。しかしこれを欽明天皇や敏達天皇から何世代と数えてよいかは、いささか疑問だ。欽明天皇の孫世代は推古《すいこ》女帝の在位期間中に死没してしまい、つまり大王の子がいずれも大王にならなかった。そこで敏達天皇の孫（田村皇子）と用明《ようめい》天皇の孫（山背大兄王）が、同じく大王の孫という資格となって大王位を争うこととなった。だがここで田村皇子が舒明《じょめい》天皇となった以上、次期大王の最有力候補は、欽明天皇を起点とした曾孫《ひまご》・玄孫《やしやご》などでなく、大王たる舒明天皇の一世の子たちである。軽皇子が大王継承者となれたのは、姉・宝《たから》皇女が皇極《こうぎょく》天皇となったからである。つまり皇極天皇元年（六四二）になって、はじめて大王の弟として注目をあびたにすぎない。宝皇女が舒明天皇の大后《たいこう》となった時点でも、軽皇子は大后の弟だからといって大王候補と目されることなどなかったろう。

第二に、蘇我石川麻呂の娘・乳娘《ちのいらつめ》との結婚は、いつなのか。それが問題である。子がいないので、その時期を直接算出できないものの、おそらくは即位後になされた婚姻である。『日本書紀』皇極天皇三年正月条によると、中大兄皇子は「蘇我倉山田麻呂《そがのくらやまだのまろ》の長女《えひめ》を納《い》れて妃として、婚姻の昵《むつび》を成《な》さむ」つまり石川麻呂の娘と婚姻関係を結ぼうとしていたが、妃に予定していた長女が一族の蘇我日向《ひむか》に奪われてしまった。そのとき少女（妹の意味）が父・石川麻呂の心配しているのを不思議がり、事情を聞いたのち「願はくはな憂《うれ》へたまひそ。我を以て奉進《たてまつ》りたまふとも、亦復《また》晩《おそ》からじ」といって妃となった、とある。すなわち石川麻呂の長女が皇極天皇三年に中大兄皇子と結婚しようとしていたのなら、孝徳天皇と石川麻呂の次女以下の娘が結婚するのはこれよりあとであろう。おそらくは乙巳《いっし》の変ののち、軽皇子が即位したので大王の妃に付《つ》けたのである。もちろん石川麻呂の次女以下の娘のだれかが中大兄皇子との婚姻以前に先んじて軽皇子と結婚してはならない、長幼《ちょうよう》の序《じょ》とかの決まりなどない。だが適齢期を迎える長女から順番に結婚させていくと考えるのが穏当《おんとう》である。すなわち中大兄皇子が石川麻呂にいち早く婚姻話を持ちかけたのであって、軽皇子と石川麻呂の間には乙巳の変前に特殊な提携《ていけい》関係などなかった。そう見ておくのが自然である。

第三は廷臣《ていしん》たちと軽皇子との関係だが、その前に、筆者はそもそも乙巳の変の成功には皇極天皇の協力が欠かせないと考えている。かいつまんでいえば、三韓朝貢は偽装《ぎそう》の舞台であり、偽装だからこそ佐伯《さえきの》 子麻呂《こまろ》・葛城縣《かづらきのあがた》 犬養《いぬかいの》 網田《あみた》は朝貢使《ちょうこうし》の一行に紛《まぎ》れていられた。それを勘違《かんちが》いした古人大兄《ふるひとのおおえ》皇子は三韓の使節が入鹿《いるか》を手に掛けたと思って、「韓人《からひと》、鞍作《くらつくり》（入鹿）を殺しつ」と口走《くちばし》った。三韓朝貢が偽装であることは、明らかだ。まずは高句麗《こうくり》・百済《くだら》と新羅《しらぎ》は別の道を歩んでおり、この三ヶ国が揃って朝貢する政治情勢になかった。この場面設定はありえないが、ありえないからこそ入鹿が朝廷に出向いてきた、と考えられる（拙稿「闘う母・皇極女帝」『古代の王朝と人物』所収）。ついで上表文が最後まで読み上げられておらず、したがって朝貢品の奉呈《ほうてい》もなされていない。そこに惨劇《さんげき》があったため、皇極天皇は退出してしまった。つまり儀式は完結《かんけつ》せずに、中止されてしまっている。ならば、これ以降の近い日程で、三韓朝貢が行われるべきである。しかし中止された三韓朝貢の儀式は、結局その後行われていない。これは、もともと朝貢使来日という事実がなかったことを意味する。三韓朝貢が偽装だったとすると、廷臣全体を欺《あざむ》くような偽装など二十歳《はたち》そこその中大兄皇子ふぜいにできようはずもない。「これは機密だ」として呼び出そうにも、中大兄皇子からの呼び出しなど信憑性《しんぴょうせい》も強制力もない。すると皇極女帝が一枚かんでいたわけで、彼女が協力していなければ場所の設定ができず、入鹿を殺戮《さつりく》の舞台に呼び出せるはずがない。皇極女帝がこの場の設定に協力しているのなら、皇極女帝の命令によって廷臣の巨勢徳陀《こせのとこだ》や大伴長徳《おおとものながとこ》らは甘檮丘でもどこにでも行くであろう。主人と部下などという特殊で個人的な関係の推定などそもそも不要で、上意下達《じょういかたつ》で実行されたとすればいい。佐伯子麻呂の暗殺者抜擢《ばってき》も、王族・廷臣の関係を推測するより、大王の親衛隊という位置づけでの人選と考えれば済む。

第四・第五については、纏《まと》めて述べる。「推古《すいこ》天皇の統治期間が長すぎて欽明天皇の孫世代が即位できなかったことが、廷臣内で共通の課題となっていた」という事実が確認できない。朝貢儀礼という国際外交の場での失敗で退位に追い込んだというが、軽皇子は同母弟である。同母姉の位《くらい》を奪うために、弟がそこまで謀《はか》るものか。いや兄弟（姉妹）は他人のはじまりというから、私はそのように思っていないが、弟なら姉を引きずり下《お》ろすために謀略を巡《めぐ》らすことがあるかもしれない。しかし中大兄皇子にとって、皇極天皇は母である。産《う》みの母を陥れて退位させようとする謀略を聞いて、その実行隊長・現場責任者を買って出るものか。母よりも叔父の方を選ぶだろうか。叔父は甥が母を裏切ることを信じて、表舞台を任せるか。しかも叔父には、すでに六歳の有間《ありま》皇子がいて、実子同然に可愛《かわい》がられる見込みなどないのに。またそうして陥れられた皇極上皇が、白雉五年に子・中大兄皇子とともに飛鳥《あすか》川原宮《かわらのみや》に戻り、そののち斉明《さいめい》天皇として中大兄皇子とともに政界を領《りよう》導《どう》するだろうか。とても母を陥《おとし》いれた子、子に陥れられた母、という関係にあるように思えない。一心同体のように見えるのは、私が贔屓目《ひいきめ》なのだろうか。

さて軽皇子黒幕説でもっとも説得力があるのは、大化改新《たいかのかいしん》の執政内容の独自性である。孝徳天皇の執政には、彼らしい独自性があった。だからこそ天皇制的中央集権国家の実現を急ぐあまり、中大兄皇子らと激しく対立し、ついに中大兄皇子らは難波宮《なにわのみや》から退去してしまった。その事実を念頭に置けば、孝徳天皇には彼なりの強い信念・明瞭な企画性を持って執政していたと認めてよい。だが、「だから、軽皇子が思ったように執政しようとして乙巳《いつし》の変を企てたのだ」という証拠とはなるまい。執政の場に立ったから、自分のかねて懐《いだ》いてきた信念に基づいて執政した。しかしそのために離反《りはん》されたのである。容易《ようい》に離反されるという事実を見ただけでも、ぎゃくに彼が乙巳の変の首謀者でなかったことが窺えよう。もし首謀者たる孝徳天皇が政権の座に就《つ》いて強力に国政を導いていたのなら、巨勢徳陀や大伴長徳らを派遣して、離反する皇極上皇や中大兄皇子をその軍事力で討滅《とうめつ》してしまえばよい。軽皇子の個人的な部下だったという徳陀《とこだ》を遣わし、難波宮のなかでつとに国家顚覆《てんぷく》・謀反《むほん》の容疑とか違勅《いちよく》の罪で拘束《こうそく》できたろう。とくにこの時点ではすでに軽皇子ではなく、国家主権者である。その大王が、しかも宮廷を覆《くつがえ》す力を持てていたという政界の黒幕が、わずか七年間でどうしてこれほどまでに力をなくしているのだ。いや、もともと軽皇子は担《かつ》ぎ上げられただけの大王だったから、難波宮に背を向けられて去られても、それを追討して殲滅《せんめつ》する力などなかった。そういうことだろう。

政変の直後に政権の座に就《つ》いた人、いちばん得《とく》をした人が犯人。そういう図式がいつでも成り立つというのなら、用明《ようめい》天皇二年（五八七）の丁未《ていび》の変のあとに即位した崇峻《すしゅん》天皇（泊瀬部《はつせべ》皇子）がおり、井上《いのえ》内親王（光仁《こうにん》天皇の皇后）・他戸《おさべ》親王の謀反事件のあとに立太子した桓武天皇（山部《やまべ》王）がいる。ともにいちばん得をした見える人たちだ。では丁未の変は、泊瀬部皇子が黒幕となって起こしたものか。兄・穴穂部皇子に大王位奪取を唆《そそのか》してかつ大連《おおむらじ》・物部守屋《もののべのもりや》に支持させ、自分は額田部《ぬかたべ》皇女（推《すい》古《こ》女帝）や大臣《おおおみ》・蘇我馬子《そがのうまこ》に入れ知恵して兄を討伐する軍を組織させ、大王位の候補者をすべて始末させてから即位した。そうなのか。崇峻天皇は独自性を発揮するほど治世が長くなかったが、桓武天皇の治世は長くまた交野《かたの》で郊祀《こうし》を行なって朝鮮半島に跨《また》がる新中華帝国皇帝を装《よそお》うなど独自性も明瞭だ（拙稿「桓武天皇の基礎知識」「歴史研究」六五六号）。では、山部王は井上皇后や他戸親王が失脚してもっとも得をしたから、彼らを陥《おとしい》れる画策をした黒幕だったのか。桓武天皇が独自性を発揮《はっき》し得たのは、この画策を黒幕としてしたからだったのか。そうでなかろう。その地位に就いたから・就けたから、地位に就いた者の権限のなかで、かねて懐《いだ》いてきた理念に基づいて執政《しっせい》した。独自性は、その地位についたから発揮できた。予定されていたわけではない。孝徳《こうとく》天皇も、たまたま大王になったので、かねての信念をもとに懐いてきた政策を実施させた。しかし彼を擁立してきた実権者と対立し、孤立してついには見捨てられた。そう考えて、穏当でないか。乙巳《いっし》の変の黒幕の落ちぶれた姿、と描く必要はないと思う。

そもそも軽皇子が黒幕で、執政するなかで見限られたとするなら、なぜ『日本書紀』は乙巳の変は軽皇子が黒幕として指示したものだったと記さないのか。すでに見限《みかぎ》られているのだから、見限った側がすべてを明かしたとしても、問題ない。それだけでなく、中大兄皇子側からすればむしろたいへん好都合《こうつごう》である。というのも、乙巳の変はその当時「たいへんな功績」ではなく、実行犯の仲間内ではともかく、廷臣たちからすれば「たいへんな汚点《おてん》」だったからである。入鹿《いるか》は謀反の嫌疑で手配中であったとか明らかに断罪されるべき状態にあったのではなく、国家の重鎮である大臣《おおおみ》の地位にあった。問責《もんせき》もされていない国家最高の執政官《しっせいかん》を大王の許可も命令もなく殺せば、ふつう国家的な大罪人である。軍事クーデタであるから、軍事力で勝てないのなら、その罪を問えない。だから不問《ふもん》に付しているが、それは結果として問えないだけで、罪がないわけじゃない。そういうなかでは、軽皇子が大臣暗殺の首謀者であり、巨勢徳陀《こせのとこだ》軍が実行の中核的な戦力だった、と真相を暴露《ばくろ》して構わないはずだ。中大兄皇子は、欺瞞《ぎまん》に満ちた叔父に唆《そそのか》されて参加した軽はずみな若者とでも描けばいい。少なくとも、いま書かれている首謀者説よりはよい。首謀者であった軽皇子を庇《かば》って、その罪を秘匿《ひとく》してやる必要など、すくなくとも『日本書紀』編纂時点ではどこにもなかったはずである。そう考えると、『日本書紀』から読み取れるように「軽皇子の即位は、瓢簞《ひょうたん》から駒だった」と捉《とら》えてよいと思う。

あとは感想だが、乙巳の変は唐帝国が高句麗遠征をはじめるという東アジア世界の軍事的緊張のなかで行われたもので、そのことが政変の本質に関わっているものと思う。それがまたぞろ王室内の後継者争いとして語られるのは、どうだろうか。また皇極天皇が即位したことで後継争いに加われるようになった軽皇子が、わずか三年半で大王を排除するまでに廷内を固められるものか、疑問もある。

ハンドはサッカーの反則だが、犯土《ハンド》ってのは何だ

現代では行われていなくとも、過去の時代には禁忌《きんき》として避《さ》けられていたり、あるいはとうぜんすべきとされていた約束事などが多々《たた》ある。筆者も母・八洲子《やすこ》から「夜、爪を切ると、親の死に目に会えなくなる」といわれたが、そのもとは「夜詰《よづ》め」つまり交代要員のいない夜間勤務では親が危篤《きとく》でも帰れないことの連想とか、「世詰め」の意味で寿命を短くするという言葉の連想とかいわれている。あるいは「繕《つくろ》った着物は、一度畳《たた》んでから着なさい」とも。死に装束《しょうぞく》は急いで用意するため、縫《ぬ》ったらすぐ着せる。その不吉《ふきつ》な連想から一度畳むことで仕舞《しま》っておいたものから使う形をとれ、というのだ。これが「干《ほ》した洗濯物は一度畳め」との話へと発展する。これらは日ごろの生活の段取《だんど》り・準備の悪さを戒《いまし》める教訓話で、気持ちに余裕をもって生活しなさいという意味でもあろうか。ほかにも「家の敷居《しきい》は踏むな」「畳の縁《へり》を踏むな」とか、あれこれいわれたものだ。映画やドラマにはそうした作法に則《のっと》って動いていると分かるシーンがあるが、そんなことに頓着《とんちゃく》しない世代の人たちには、ただ見過ごされるか、あるいは不自然な動きをするものとしか映《うつ》るまい。

さて古代史の話だが、中臣鎌足《なかとみのかまたり》が中大兄《なかのおおえ》皇子と顔見知りとなり、やがて国内改革を推進する同志となっていくきっかけとなった出来事がある。よく知られた、俗にいう「蹴鞠《けまり》の沓《くつ》」事件である。

『日本書紀』によれば、鎌足は大臣《おおおみ》・蘇我入鹿《そがのいるか》が行なっている専制政治の内容が気に入らなかった。何が気に入らなかったのかは、じつのところいまだ明瞭でない。鎌足は中国・唐の国制に倣《なら》った中央

集権体制を導入しようと考えていたのに、その速度が遅いと思ったか、その中央集権の頂点を大王だけにするのか蘇我氏をふくむ大夫《まえつぎみ》層が集団指導するのかについての思惑《おもわく》が違ったか。遣隋使《けんずいし》に同行して中国の隋から唐への変遷を目《ま》の当《あ》たりにしさらに唐の集権的な国造《くにづく》りを見てきた留《る》学生《がくしょう》・留学僧が、日本に帰国してつぎつぎ私塾を開いてその知識を披瀝《ひれき》していた。南淵請安《みなみぶちのしょうあん》の塾には中大兄皇子が、僧旻《みん》の塾には蘇我入鹿が、そしてその両塾に鎌足が通《かよ》っていた、という。だが、同じ話を聞いたとしても、受け取る立場が違えば発想され描き出される国家像も異なってくる。あるいは外交感覚に違和感があったのかもしれない。日本は長いこと親百済《しんくだら》路線をとり、そのために高句麗《こうくり》との三国同盟を結ぶこととなった。しかし百済・新羅《しらぎ》との三国同盟または高句麗を加えた四ヶ国同盟という外交路線もありえた。六四四年には唐の高句麗遠征が現実のものとなっていたし、唐の侵攻を見越してその二年前に起こされた泉蓋蘇文《せんがいそぶん》のクーデタ事件をきっかけとして高句麗では中央集権化策が進められていた。日本でも、唐の遠征軍を邀《むか》え撃《う》つため、中央集権国家・軍国体制の創出は、まさに焦眉《しょうび》の急《きゅう》であった。そうした国家の前途を語りともに遂行する同志を、鎌足は中大兄皇子と見定《みさだ》めた。

皇極《こうぎょく》天皇三年（六四四）一月、鎌足は中臣氏の家職《かしょく》である神祇伯《じんぎはく》への就任を辞退した。朝廷の職務を外《はず》れた鎌足には、中大兄皇子と廷内ですれ違う機会すらない。どうやって接点を持ち、談《かた》り合える関係に持って行くか。男女の関係ならば、ハンカチを眼の前に落として拾《ひろ》わせてみたり、学生証の入った定期券を気に入った人の横にわざと置き忘れておくとか……いまどきそんなことしないか。それはともあれ、そのチャンスが蹴鞠《けまり》の庭でめぐってきた。

あるとき飛鳥寺《あすかでら》の槻《つき》（欅《けやき》の古名）の木の下で、蹴鞠の会が開かれることとなった。中大兄皇子がそ

法興寺蹴鞠図（岡本監輔編『国史紀要』巻上、成美堂出版より転載）

の会に加わって蹴っていたとき、履《は》いていた沓《くつ》が脱《ぬ》げて遠くに飛んでいってしまった。それを拾《ひろ》い上げ、跪《ひざまづ》いてうやうやしく両手で捧げ奉った。それで顔見知りとなって、以降親しくなっていった、という話である。

著名な話なのだが、この話をめぐっては場面の想定に疑問がある。

右には「蹴鞠の会」での出来事としたが、『日本書紀』皇極天皇三年正月乙亥《いつがい》条には「法興寺《ほうこうじ》の槻の樹の下に打毬《まりく》うる侶《ともがら》に預《くわわ》りて、皮鞋《みくつ》の毬の随《まま》脱け落つるを候《まも》りて、掌中《たなうら》に取り置《も》ちて、前《すす》みて跪き恭《つつし》みて奉る」とあり、そこで行われていたのは打毬《うちまり》である。打毬はポロやホッケーに近い競技で、まずは敵味方の二手に分かれ、ステッキ状に先端が曲がった棒で毬を打ったり拾ったりして定められた場所に持ち込む。毬の投入数の多い方が勝ちである。この競技では、毬を追って走り回るから沓の脱げることもあろうが、それでも走り回っている競技の場に置きっ放しにされるていどで、場外にまで沓が抛《ほう》り出されたりしない。競技中に敵方が相手チームの沓を拾ってくれるはずはなく、招待客や見物人が場内に入り込み競技を中断させてまで沓を拾う場面も想像しがたい。味方が中大兄皇子の沓を拾うのなら仲間内のこととしてありうるが、もしそうなら鎌足はすでにチームメイトだったわけで、拾った沓を媒介として知り合う話などいまさら作る必要がない。そこで打毬と記されてはいるが、蹴鞠のことだったと読み替えてきた。蹴鞠ならば、勢いをつけて蹴ろうとするから、とくに空振《からぶ》りをすれば、脱げた沓はかなり遠くに飛んでいくだろう。それをたまたま見物中だった鎌足が拾い上げても、さして不自然でない。そうではあるが『日本書紀』にはともかく打毬とあって、蹴鞠と書かれていない。筆者はかねて中臣鎌足の事績を疑ってきているが（拙稿「我はもや安見児得たり—鎌足の実像」『古代史の異説と懐疑』所収、「藤原鎌足像はどのようにして作られたのか」『万葉集とその時代』所収など）、この場面も打毬・蹴鞠についての知識が不十分な人が出会《であ》いのさまを空想・捏造《ねつぞう》して書記《しょき》させられたことによる誤りであり、じっさいにあった出来事ではないと思う。

ところが、この話には尾鰭《おひれ》、いや尾鰭ではなく、特異な話の読み替え・読み込みがはじまったというべきだろう。それが犯土《はんど》である。

打毬から蹴鞠への読み替えは、十三世紀に確認できる。以下、黒田智《さとし》氏著（『藤原鎌足、時空をかける』吉川弘文館）によるが、弘安九年（一二八六）成立の『革匊要略集《まりようりやくしゅう》』では法興寺の槻の木の下での会が日本での蹴鞠会の起こりとされている。そのさい、沓は大臣・蘇我入鹿に蹴り飛ばされてしまい、中大兄皇子は右足を鎌足の肩に載《の》せて待機していたとする。南北朝期成立の『神明鏡《しんめいきょう》』では、中大兄皇子は桂《かつら》の木に取り縋《すが》って、片足を内側に垂《た》らしていたとされる。中大兄皇子はなぜことさらに片足を垂らしていると表現されたのか。その理由は、永享《えいきょう》九年（一四三七）の奥書《おくがき》を持つ『春夜《しゅんや》神記《しんき》』に解説されている。襪《しとうず》（靴下のこと）や足が汚れるのを、ただ嫌ったわけじゃない。入鹿は当時大王の最有力候補だった中大兄皇子を失脚させ、代わって自分が帝位《ていい》に即《つ》こうと考えていた。そこで蹴鞠の開始に先立って、中大兄皇子の右足の沓紐《くつひも》をわざと結ばず、脱げるようにしておいた。そして競技中に沓が脱げると、その沓をさらに二・三度蹴り飛ばして遠くにやってしまった。これにより沓を失った中大兄皇子は土を踏む。まさに地を踏もうとしたとき、塵取《ちりと》りをしていた男が走り込み、皇子はその背中を踏んだ。しばらくして中大兄皇子はその男を呼び出し「私が落位《らくい》しないで済んだのは、あなたのおかげだ」といって出仕《しゅっし》を求めた。この男が中臣鎌足だった、という話に膨《ふく》らんでいる。

もちろん『日本書紀』の話には入鹿が同席していたと書かれていないし、推古女帝が遣隋使を送って倭王《わおう》に冊封《さくほう》されてしまったのだから、大王家の血筋でない入鹿がいまさら帝位に即《つ》こうと夢想《むそう》するはずもない。それでも、ここに示されている感覚は興味深い。すなわち「足を（襪《しとうず》ごしでも）じかに地面に着けたら、王族としての資格（大王位継承権）を剝奪《はくだつ》され、帝王になれない」という感覚が七世紀半ばの当時にあった、と読み込んでいた時代があった。これが犯土《はんど》と呼ばれた禁忌《きんき》である。

この感覚は溯《さかのぼ》れば鎌倉末期成立の『聖法輪蔵《しょうほうりんぞう》』や醍醐寺《だいごじ》本『聖徳太子《しょうとくたいし》伝記』にも見られ、そこでは聖徳太子（厩戸《うまやど》皇子）が当事者となっている。五歳のとき、太子は敏達《びだつ》天皇の后を拝謁するため、庭に下《お》りて地に足を着けた。王位に登る資格を持つ皇子は足を地に着けてはならないという禁忌があったため、乳母《うば》はこれを見て前途を悲観した。しかし太子はこれに諭《さと》して「私は民衆に恩恵を授けるために日本の王宮に生まれたが、小国辺土《しょうこくへんど》の王位など望んでいない」と言い放ったという。またルイス・フロイスは永禄《えいろく》八年（一五六五）の書簡に「この君は大いなる威厳を持っているため足を地に着いてはならない。もしこれをなせば追放されてしまう」と記し、エンゲルベルト・ケンペル著『日本誌』（一七二七年刊）にも「神聖視されている天皇が自《みずか》らの足を地面にふれることはその神聖と威厳を著《いちじる》しく損《そこ》なうことになるわけで、天皇はどこへ行くにも人の肩車《かたぐるま》にのせられて運ばれる」とある。ジェイムス・G・フレイザー（『金枝篇《きんしへん》』岩波文庫）は「聖《せい》なる人間は大地に足をふれてはならない、というものである。これは日本のミカドとメキシコのサポテク族の大神官《だいしんかん》が守った掟《おきて》であった。……ミカドの足が大地にふれることは、不面目《ふめんもく》きわまる零落《れいらく》であった。実際《じっさい》十六世紀には、それだけで十分廃位《はいい》の理由となった」と記し、王がその存在を維持するためには天にも昇らず地にも着かず、安全かつ無害である天地の間に宙吊《ちゅうづ》りとなっているのが好《この》ましいと考えられていた、とする。

こうした読み込みが『日本書紀』の当該記事の解釈として妥当《だとう》かとなれば、蹴鞠の会での中大兄皇子と鎌足の出会いの話からそこまで進むべきでない。同席していたと書かれてもいない入鹿《いるか》の、言葉にもしていない願望まで詮索《せんさく》して読み取れるとすれば、そうとうな空想家である。犯土が『日本書紀』編纂時の感覚で、右のような意味を込めて書かれていたなどとは、まったく思わない。

そうではあるが、中世には犯土という禁忌が厳然《げんぜん》としてあり、天皇となろうという王族たちには周囲からそうした視線が注《そそ》がれていた。諸書の記載からすれば、それもまた事実である。

私たちがいまは忘れてしまった感覚を、前近代の人たちは持っていた。近代以前の感覚で読めば、あたらしい事実が読み取れる。そういうものの一つとして、あるいはそうしたものとして読もうとしないことへの警鐘《けいしょう》として、この「犯土」という感覚・思想の存在はおもしろい。冒頭に記したように、私たちがいまの感覚でしていることも、このさきの人たちからはなぜこんなことをしていたのか理解できないといわれるかも。そしてその時代の「現代感覚」で読み取られてしまう。それがいけないと思うなら、私たちもいまの「現代感覚」に則《のっと》った合理性だけで読もうとしないことだ。

蛇足《だそく》を加えておけば、蹴鞠は法興寺の槻の木の下で行われている。この大きな槻の木はたんなる風景描写でも集合のさいの目印でもなく、神の宿《やど》る聖樹《せいじゅ》のつもりである。その下で、神のもとで行うことに意味がある。乙巳《いつし》の変のあとで孝徳《こうとく》天皇が王族・群臣を集めて誓盟《せいめい》したのも、壬申《じんしん》の乱のさなかに穂積百足《ほつみのももたり》が軍営《ぐんえい》をおいたのも、天武天皇・持統《じとう》天皇が多褹嶋《たねがしま》人・蝦夷《えみし》を饗応《きょうおう》したのも、みなここでだった。大樹《たいじゅ》の下《もと》は、神が見守る場所と見られていたからである。ボーッと読んでいてはわからない。私たちに読み取る力が備わっていなければ、書物は自分からはどれほども語ってくれないのだ。

白村江の戦いは裁兵の処理が目的だったのか

早稲田大学エクステンションの講義室で、質問を受けた。その内容は、「白村江《はくすきのえ》の戦いは大敗北に終わったというが、もともと中大兄皇子が中央集権化をはかるために対外危機を煽《あお》り国内豪族の力を殺《そ》ぎたかったのではないのか。損害とされている兵は、裁兵《さいへい》であったと思えないか」というものだった。おりしも朝鮮人民民主主義共和国（北朝鮮）は核実験とミサイル発射実験を繰り返して「アメリカ合衆国までのどの地点にでも核弾頭《かくだんとう》を付《つ》けたミサイルを撃《う》ち込《こ》める」と豪語《ごうご》していた。また「沖縄県の尖閣《せんかく》諸島は中国領土だ」と主張して、中国公安部に指示され率《ひき》いられた民間漁船が領海侵入を繰り返してもいた。新聞報道などを通じてそうした対外的危機感を煽りながら、国内の反撥《はんぱつ》を巧《たく》みに抑《おさ》え込《こ》み、政治支配力を強化していく。そういうことは昔も今も変わらないのだなぁ、という思いからの質問だったようだ。

裁兵とは不要なまたは処分すべき兵力という意味であるが、文禄《ぶんろく》元年（一五九二）に豊臣秀吉《とよとみひでよし》が起こした文禄・慶長《けいちょう》の役《えき》（壬辰《じんしん》・丁酉《ていゆう》の倭乱《わらん》）には、裁兵としての処理という色あいがたしかに感じられる。明国《みんこく》を制圧するために李氏朝鮮《りしちょうせん》に先導役《せんどうやく》を求めるという大局的《たいきょくてき》には無謀《むぼう》・無益《むえき》な戦いで、この命令に応じるために大名の人民支配力が全国的に平均化したともいうが、多くの武力を無駄に消耗させられた。征明計画は織田信長《おだのぶなが》に発したものといわれ、戦国時代の終焉《しゅうえん》時に武力を損亡《そんもう》させるために対外戦争をするとの計画は、全国支配者にとって既定《きてい》路線だったのかもしれない。元禄七年（一六三〇）島原藩主・松倉重政は、幕府の許可を得た上で、スペイン領でキリシタンの根拠地と見なされていた呂宋《ルソン》（フィリピン）攻撃をすべく出航している。頓挫したものの、江戸幕府にも継続した海外遠征の企てがあったと見なせる。また明治六年（一八七三）の征韓論《せいかんろん》も、軍事力を有する士族《しぞく》が復権《ふっけん》をかけて巻き返しを策《さく》したものというが、国内でもはや無用になっていた士族を対外戦争で消耗させる国家施策《せさく》だったとも理解できる。

もっとも露骨《ろこつ》だったのは、蒙古《もうこ》襲来《しゅうらい》における旧南宋《なんそう》軍の処遇《しょぐう》だろう。一二〇六年にテムジンがチンギス・ハーンと称して蒙古《もうこ》を統一し、一二〇九年には西夏《せいか》へ侵入。蒙古は一二三四年に金《きん》を滅ぼし

百済滅亡の地となった落花岩・白馬江

落花岩の碑

て、中華帝国を標榜《ひょうぼう》する南宋と直接国境を接した。一二六八年から南宋攻撃を強め、蒙古族の中国王朝を率《ひき》いるフビライは国号を元《げん》と改めた。そして一二五九年に服属させた高麗《こうらい》軍を軸に文永十一年（一二七四）二万五〇〇〇で日本遠征を試みた。それが失敗に終わると、弘安四年（一二八一）には元・高麗軍四万とともに、一二七九年に滅ぼした旧南宋の兵士一〇万を日本遠征に投入した。この旧南宋軍の派兵《はへい》こそ裁兵《さいへい》である。つい二年前まで元軍《げんぐん》と戦っていた兵士がにわかに信用できるはずもなく、一人残らず滅びても構わない、敵軍に始末《しまつ》してもらいたい兵士だった。捕虜《ほりょ》から転向《てんこう》した兵士や寝返《ねがえ》ったばかりの武将《ぶしょう》をよく戦いの最前線《さいぜんせん》に配置するのも、滅びてよいからであり、まさに裁兵である。

さて、中大兄皇子が推進する国家体制の劇的《げきてき》な中央集権化にさいして、抵抗しそうなのは地方で半独立的な権力を持ち、権力基盤を根こそぎ崩されそうな国造《くにのみやつこ》たちである。白村江《はくすきのえ》の戦いに国造が養《やしな》っている私兵《しへい》を投入させて彼らの保有兵力が減れば、中大兄皇子にとってはたしかに有益である。では、白村江の戦いは裁兵の始末のための戦いであったのかと問われれば、否《いな》と答えざるをえない。

というのは眼の前にしていた軍事・政治情勢が、差《さ》し迫《せま》っていたからである。白村江の戦いは天智《てんじ》天皇二年（六六三）八月に起きているが、この事態は五九八年から予想されていたことだった。この年、隋《ずい》の文帝《ぶんてい》は高句麗《こうくり》の遠征を開始したのだ。高句麗が北朝・南朝に二股《ふたまた》外交をしていたことが不信《ふしん》を買ったといい、無礼な国として討伐の対象とされた。五八一年に建国した隋は、二〇〇年近く敵対してきた南朝（このときは陳）をわずか八年で滅ぼした軍事強国である。そんな隋だったのに、五九八年高句麗相手にまさかの敗退。それ以降、煬帝《ようだい》のもとで六一二年・六一三年・六一四年と立て続けに遠征を強行したが敗退を繰り返し、かえって国内の反乱を招いて六一八年に滅亡した。隋にかわって興

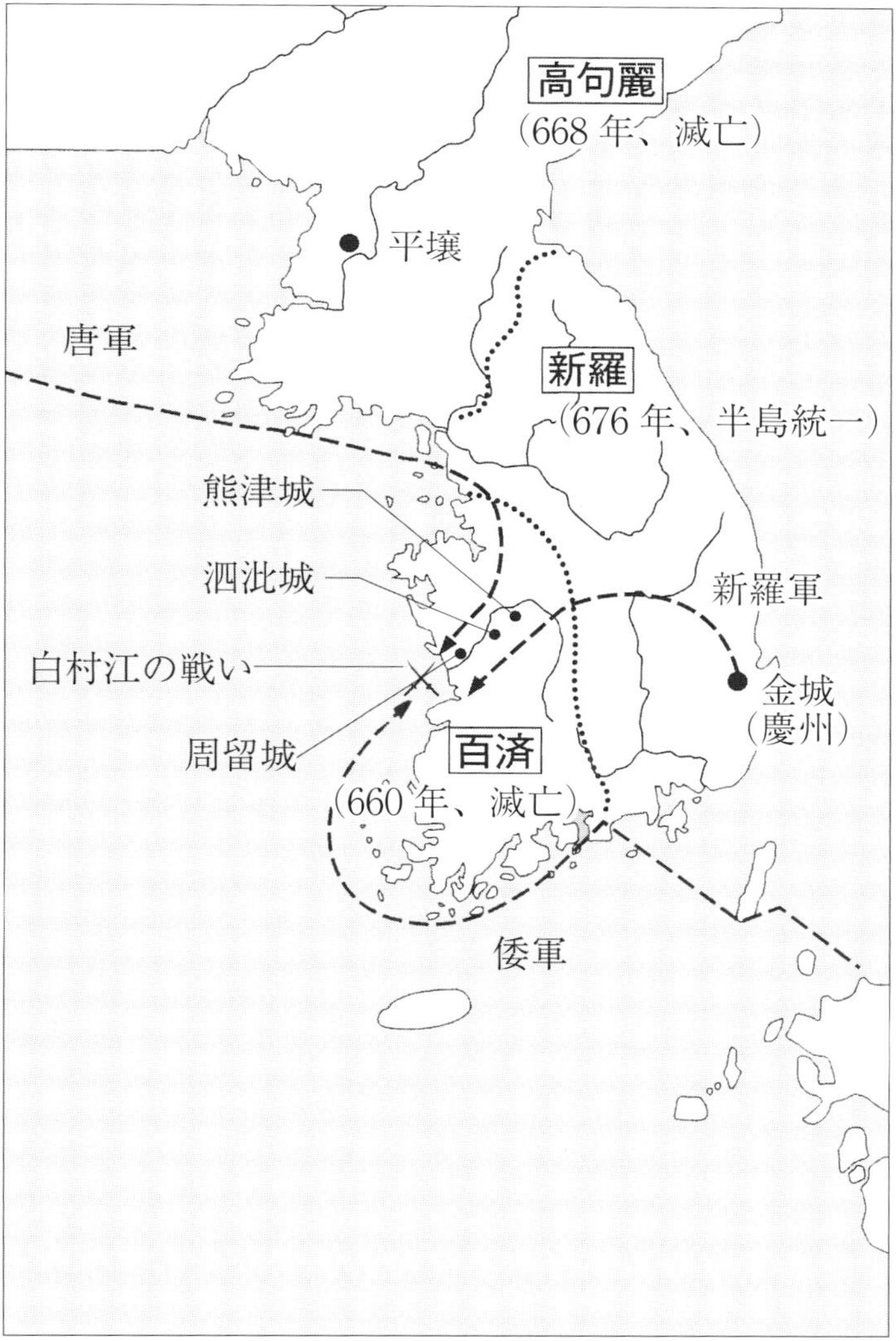
高句麗
（668 年、滅亡）
平壌
唐軍
新羅
（676 年、半島統一）
熊津城
泗沘城
新羅軍
白村江の戦い
金城
（慶州）
周留城
百済
（660 年、滅亡）
倭軍

白村江の戦い行軍図

った唐朝には高句麗に対する恨みなどなかったはずだが、中華の天子《てんし》に逆らったものが罪を問われないままでいることは天子の面子《めんつ》を潰すこととなる。放置できない。つまり中華の天子として戦いをはじめた以上、高句麗は滅びなければならない存在だった。だから、五九八年以降、高句麗遠征が終了する六六八年まで、東アジア世界では七十年にわたって中国軍の出方を見守りつつ戦闘態勢をまったく解けない軍事的緊張が続いていたのである。

こうした事態を百済《くだら》や日本側から眺めたとき、どう対処したらよいのか。百済としては中国と結んで高句麗を挟撃《きょうげき》する手があり、当事国《とうじこく》ではない新羅・日本も中国の指示にしたがうことで国の安寧・存続を図るという途《みち》があった。しかし高句麗が南朝と通じていたことを咎《とが》められたのであれば、百済・新羅・日本も南朝に朝貢していた。もちろん高句麗としては百済などが北朝方と結ぶと挟撃される恐れがあるので、北朝への朝貢使の派遣を妨害した。そのせいもあって、ともあれ南朝側であった。それにのちに公然となるが、唐は朝鮮半島を直轄領《ちょっかつりょう》とするつもりで、譲っても自治州とするくらいの考えであった。独立国家としての存続を認める意思はなかった。そうだと知っていたとすれば、どの国も戦わなければ国の独立が保てないわけである。ともあれ直面している高句麗は悠長《ゆうちょう》なことはいっておられず、国内で六四二年に泉蓋蘇文《せんがいそぶん》が軍事政変を起こして国王・貴族を殺害し、国政を掌握して一気に全力動員をするための中央集権化に成功した。そして差し迫る対中戦争を前にして、中国との挟撃を避けるために従来の南下政策を強めて百済《くだら》を滅ぼすか、それとも同盟できるかの見極《みきわ》めを急いでいた。唐も、朝鮮半島諸国と日本をすべて敵に回すと決めていたわけではない。六三二年には唐使・高表仁《こうひょうじん》が来日し、日本の協力を求めながら、その去就を探ってきた。丁々発止の駆け引きのなかで、どの国がどう動くのかがまったく摑《つか》めない状況だった。腹の探り合いを続けていても埒《らち》はあかず、百済は結局高句麗との同盟を選択し、日本はかねての百済との連携を重視したため、結果として高句麗・百済・日本の三ヶ国連合が出来上がった。ひとり取り残されたのが新羅《しらぎ》で、高句麗は挟撃を避けるために百済とともに新羅に猛攻を加えた。その一方で、国力を十分に蓄えて満《まん》を持《じ》していた唐軍は六四四年に高句麗遠征を開始したのだが、隋に続いて敗退した。これを見た新羅国内では六四七年に内紛が起こり、親唐独立派の善徳《ソンドク》女王に対し親唐依存派の毗曇《ピダム》が挑んで制圧されている。新羅は人質として金春秋《こんしゅんじゅう》（のちの武烈《ぶれつ》王）を送って日本との連携をなお模索したが、六四八年には見切りをつけて唐軍に軍事援助を求めることとした。

以上の動きのなかで、日本は対中戦争を目前にして、国としての帰趨を問われていた。かねて朝鮮半島とくに任那《にんな》加羅《から》諸国で得ていた権益を守るため、これを冒《おか》す新羅との対決を重ねていた。こうした朝鮮半島への侵出のためにも中央集権化は必要だったが、六世紀末からは右の事情で中国との軍事衝突に堪えうる軍事力を創出しなければならなくなった。一兵でも多く徴発でき、それを長期間維持できる国家作りにはどうしたらよいのか。その答えが、遣隋使に同道して留学し、中国の国家体制造りを間近《まぢか》で見てきた人たちの頭のなかにあった。つまり敵となる唐の中央集権体制を手本にして、日本国内の中央集権体制作りを加速・充実させることだった。

具体的にいえば、日本でそれまで海外派兵できた人数は、六世紀初めの継体《けいたい》朝に近江毛野《おうみのけの》が率いた六万人が最大値だった。これに対して、中央集権化した律令体制下の徴兵ならばこうなるはずだ。七世紀半ばの人民の数を五〇〇万人とした場合、男女比は男十・女十二。男子は二二七万二七〇〇人となり、そのうち成人男子（正丁《せいてい》）の比率を四割とすると、正丁は九〇万九〇〇〇人となる。大宝令《たいほうりょう》の規定を適用して正丁三人に一人の徴兵で、三〇万三〇〇〇人の兵士が得られる。国内治安のために六割を残すと、海外派兵できる兵力は一二万人となり、近江毛野の六万に倍する兵士を送り込める、というわけだ。唐軍は三〇万だが、日本への上陸戦では土地勘《とちかん》のない遠征軍に対して一八万の士卒《しそつ》がいればすくなくとも互角《ごかく》に戦えよう。

ということで分かるように、日本古代の大化の改新といわれる国政改革は、もともと対外戦争・対中戦争を乗り切るために国内から安定して兵士を供給させるための制度改革だった。改新の詔で柱とされている班田収授法《はんでんしゅうじゅほう》は全員に田地を配布する規定となっているが、それは決して万民の生活を平等にしてあげようとか社会福祉精神や善意に発したものでない。支給された口分田《くぶんでん》をもとに兵士の家族生活を支えさせ、あらたな兵士を産ませて育てさせることを目的とした経済支援なのだ。

一兵でもほしい状況下で、中央集権化のためまた抵抗勢力となるからといって国造《くにのみやっこ》の配下をむざと死なせるだろうか。国造配下の兵こそ、政府軍の中核にしたい人たちである。それらを死なせたら、「中央集権化はなったが、すでに屈強《くっきょう》な兵士はどこにもいない」とならないか。

筆者は、彼らは裁兵でなかった、と思う。それに裁兵といわれる文禄・慶長の役・征韓論また蒙古襲来は、裁兵を始末しようと思う側が仕掛《しか》けた戦争である。だから始末《しまつ》できる。それに対し、白村江《はくすきのえ》の戦いは受けて立った戦いであり、受け身の戦いのなかで裁兵を始末するというのはいささか難しくないだろうか。

天智天皇は、皇后がいなかったから即位できなかったのか

森公章《きみゆき》氏は『天智天皇』（吉川弘文館）で、中大兄《なかのおおえ》皇子がなかなか即位しなかったことを問題として取り上げ、中大兄皇子に見合う大后《たいこう》（皇后）となりうるしかるべき皇女がいなかった。そのために即位できずにときを過ごした、とのあたらしい解釈を示された。

中大兄皇子は、大化元年（六四五）みずから主導した乙巳《いつし》の変の直後はさすがに周囲の目も厳しく反撥《はんぱつ》も強かったろうし、年齢もまだ二十歳になったばかりだった。だから、皇極《こうぎょく》天皇の譲位のあとを承《う》けて大王となるのには、総合的に見て無理があった。だが、白雉《はくち》五年（六五四）孝徳《こうとく》天皇の没後なら二十九歳である。これもまだ若いからとしても、斉明《さいめい》天皇七年（六六一）に斉明女帝が没したあとなら三十六歳になっている。国政改革と外交の両方で政治経験も十分豊かに積んでおり、しかもこの時点で対立する大王候補者はまったく見当《みあ》たらない。それなのに、即位までさらに六年の空位《くうい》・称制《しょうせい》期間をおいた。なぜいつまでも即位しなかったのか。対唐・新羅《しらぎ》の戦争（白村江《はくすきのえ》の戦いなど）を前にして、またはその後始末《あとしまつ》で、即位式を挙行する余裕がなかった。目先のことだけを連ねてあれこれと解釈もできようが、それでも即位の機会を逃《のが》しすぎている。なにか避けているのか、と思えてしまう。そこでかつて筆者は、つねに恨みを買い、暗殺される危険性があった。その自覚に基づき、「有力皇族のままで政治を執《と》り、それで反撥を買って暗殺されても、大王として暗殺されるよりはいい」と考えたのではないか、と解《と》いた（「天智天皇の称制について」『白鳳天平時代の研究』所収）。蘇我馬子《そがのうまこ》

による崇峻《すしゅん》天皇の暗殺で、大王家の権威は地に堕《お》ちた。そこで大王としての地位保全のために隋《ずい》に遣隋使《けんずいし》を送り、倭国王《わこくおう》としての地位をかろうじて確保した。自力で立てず、中国皇帝による権威の支えを受けて倭国王の地位を保全するほかなくなっていた。そうした事態の二の舞になりたくない。井《い》伊直弼《いなおすけ》の暗殺で、江戸幕府は独裁から公武合体《こうぶがったい》へと転換した。犬養毅《いぬかいつよし》首相の暗殺で、慣例化していた政党内閣が強制終了となり、軍人が首相となって軍国主義化に拍車《はくしゃ》がかかった。先頭にあるものの死に方は、次の政治を変えてしまう。そうした歴史的現実を勘案《かんあん》しての結論だった。

しかし森氏は、皇后を探していたのだ、とする。

代々の大王《おおきみ》（天皇）には、皇族の大后《おおきさき》（皇后）が配されてきた。六世紀はじめからの例をあげれば、継体《けいたい》天皇には仁賢《にんけん》天皇の娘・手白髪《たしらか》皇女、安閑《あんかん》天皇には仁賢《にんけん》天皇の娘・春日山田《かすがのやまだ》皇女、宣化《せんか》天皇にも仁賢天皇の娘・橘仲《たちばなのなかつ》皇女が大后として並んでいる。続いて欽明《きんめい》天皇の大后は宣化天皇の娘・石姫《いしひめ》、敏達《びだつ》天皇の大后は息長真手《おきながまて》王の娘・広姫《ひろひめ》と異母妹・額田部《ぬかたべ》皇女（推古《すいこ》天皇）、用明《ようめい》天皇の大后は異母妹・泥部穴穂部《はしひとのあなほべ》皇女、舒明《じょめい》天皇の大后は敏達天皇の曾孫で茅渟《ちぬ》王の娘・宝《たから》皇女（皇極《こうぎょく》・斉明《さいめい》天皇）、孝徳天皇の大后は舒明天皇の娘・間人《はしひと》皇女であった。いずれの大王も皇族出身の大后を伴《ともな》っており、これが大王になる上での必要条件だったのではないか。舒明天皇には蘇我法提郎女《ほてのいらつめ》との間に古人大兄《ふるひとのおおえ》皇子がいたのに、わざわざすでに一子の母であった宝皇女を大后としている。即位するなら皇族の大后を伴う必要があった、という事例をこまかく掲げて説明した解釈には説得力がある。それなのに、中大兄皇子の年齢に見合《みあ》う皇女が大王家とその周辺に見当たらなかった。そのために、古人大兄皇子の遺児である倭姫王《やまとのひめみこ》が結婚できるほどに成長するまで、待たなければならなかった。そういう事情を推測されたのである。

　これが事実とすれば、つまり中大兄皇子本人の事情・不都合《ふつごう》ではなく、適齢の皇后候補が不在のために大王が空位《くうい》とされたことになる。ということは、いかに有力な大王候補者といえども大后候補がいなければ王位に即《つ》けないという宮廷慣習があったことになる。そんなことがあったとすれば、従来にない古代王権における特異な例を発見したことになろう。

　しかし、こうした事情が本当に当時あったのだろうか。

たとえば古人大兄皇子は、権臣《けんしん》・蘇我馬子《うまこ》の娘・法提郎女《ほてのいらつめ》を母としていて、大臣《おおおみ》・蝦夷《えみし》にとっては甥、大臣・入鹿《いるか》には従兄弟《いとこ》にあたる。蘇我氏からすれば、大王家を操《あやつ》る上での掌中《しょうちゅう》の珠《たま》である。筆者の推測（「古人大兄皇子の年齢」『古代の社会と人物』所収）によれば舒明天皇の没時に三十二歳前後であり、蘇我氏の他《た》を圧《あつ》する権勢を勘案《かんあん》すれば、二世王の山背《やましろ》大兄王の登極《とうぎょく》など論外であり、一世王の古人大兄皇子の即位はたやすいことであったろう。それが即位できず、舒明天皇の大后である皇極天皇を即位させたのは、じつは古人大兄皇子の大后となれるような皇女がいなかったからだ、ということになるのか。しかし、「大王として即位するには、皇族の大后がいなければならない」というような強制力のある内規《ないき》などなかった。そういえる。というのも、崇峻《すしゅん》天皇には即位前から大伴小《おおとものこ》手子《てこ》が伴侶《はんりょ》としており、即位のあとで蘇我馬子が娘・河上娘《かわかみのいらつめ》を入内《じゅだい》させた。ということは即位前に皇族の妻はおらず、即位後にも皇族の妻などいない。五年も大王として在位していたのに、その間に皇族から大后を立てようとする気配《けはい》すら見られず、だからといって大王としての欠格を指弾《しだん》する動きも見えない。ついでにいえば、文武《もんむ》天皇にも夫人《ぶにん》・藤原宮子はいるが、皇后はいない。聖武《しょうむ》天皇も、即位時には皇后がいなかった。六世紀から七世紀にかけて「大王の即位に皇族の大后は必須事項」という例が確立していたのならば、それが必要条件だったので中大兄皇子の即位が縛《しば》り阻《はば》まれていたのならば、文武天皇・聖武天皇はともかくも、すくなくとも崇峻天皇は即位してはならず、即位できなかったろう。「いや、崇峻天皇は同世代に即位できる皇子がいないなかでの非常時の例外だった」というのなら、中大兄皇子だとて他《ほか》に候補者などいないなかでの「非常時の例外」で済まされたはず。つまり、そんな束縛《そくばく》性の高い内規・鉄則《てっそく》の類《たぐ》いなどもともとなかったのだ。

　そしてその事情を疑ういま一つの理由は、こうだ。もともと森氏は、倭姫王が天智天皇の即位時に伴侶《はんりょ》となったと推測されている。父・古人大兄皇子が謀反《むほん》の嫌疑で討滅《とうめつ》されたが、そのときに母の胎内にいたか、または幼児であったため、倭姫王は命を救われた。胎内にいたとすれば、大化元年生まれとして、斉明天皇没時に十六歳。森氏はそのころ二十歳前後とされているので、皇極《こうぎょく》天皇元年（六四二）ごろの生まれで、父の死没時には四歳くらいだったとみなされている。しかし筆者はかねて述べたところだが、古人大兄皇子が吉野で討滅されたとき、『日本書紀』は「十一月の甲午の三十日に、中大兄、阿倍渠曽倍《こそべ》臣・佐伯部《さえきべ》子麻呂、二人をして、兵四十を将《い》て、古人大兄を攻めて、古人大兄と子を斬《ころ》さしむ。其の妃妾《みめ》、自経きて死すといふ」（大化元年九月戊辰条）とする。縁座《えんざ》として子は殺され、妻妾もまとめて死没している。この死没者のなかに倭姫王が入らないですむ理由がない。子であれば古人大兄皇子に付《つ》き随《したが》ったろうし、身籠《みご》もっていたとしてもその妃妾たちは自殺したというのだから。そこでの死を免《まぬが》れえたのは、大化元年以前にすでに中大兄皇子の妃であったから、とみなすほかあるまい。中大兄皇子は即位する直前に倭姫王を后に迎えたとするが、縁座となるべき倭姫王がすでに中大兄皇子妃になっている以外生きのびられる方法は見当たらず、仮に独身のまま生きのびていたとしても（すでに妃となっていたのならやむをえないが）謀反人《むほんにん》の娘をわざわざ見つけ出して敬《けい》すべき大后に据えるというのでは大王家・臣下として抵抗感がありすぎる。

それに、謀反人の隠《かく》し子を探し出さねばならぬほどに大后となれる王族の娘が見当たらなかったというが、それくらいならなぜ額田姫王《ぬかたのひめみこ》ではまずいのか。あるいは額田姫王の近くには舒明天皇の皇女か（日本古典文学全集本『万葉集』四三四頁、「鏡王女」項）という鏡王女《かがみのひめみこ》（『万葉集』巻四―四八九題詞）がいたし、井戸王《いどのひめみこ》（巻一―一七題詞）もいる。仮に彼女たちが既婚者であったとしても、それを離別させればいい。宝皇女について森氏は、高向王《たかむこ》と死別していたかまたは離縁させたものと想定されている。そうした強硬措置も辞さないのならば、鏡女王・井戸女王らも離縁させれば大后に迎えうる。もっとも鏡女王・井戸王は何世王かも年齢も不詳だからその適格性を検討しようがないが、その点では額田姫王なら適格である。大海人皇子との間に娘・十市皇女《とおち》がいるが、のちの天武天皇の后妃欄に見えないから、早い時期に離別していたのであろう。疎遠《そえん》になっていたのならば、天智天皇の皇后としても醜聞《スキャンダル》とはなるまい。同母弟との間に娘がいるのに、あらたにその同母兄と婚姻するのはいささか不都合《ふつごう》にも見えるが、武則天《ぶそくてん》のように父（太宗《たいそう》）・子（高宗《こうそう》、太宗の第九子）の両者の寵姫《ちょうき》となるのは世代を跨《また》いでいるために非難を浴びる要素があるとしても、同世代の兄弟間ならば指弾《しだん》もされまい。もとより特定の皇女を大后にするときにその本人がそれに妥当かどうかは分かりようがないが、十市皇女が大友皇子の正妻となっているのだから、その母は大后候補から厳しく排除されるほど不適格なはずもあるまい。しかも年齢的には、大海人皇子と釣り合ったのなら、数年の年長であろう中大兄皇子とも釣り合うはずである。筆者の推定による額田姫王の生年は舒明天皇三年（六三一）前後で、天智天皇元年には三十一歳である。すくなくとも、森氏の推定で天智天皇元年に三十七歳の中大兄皇子に対して、倭姫王は十六歳か二十歳となる。それよりは、はるかに人生経験もまた年齢的な釣り合いもよかろう。

筆者は、巷間《こうかん》になおも根強く流布している中大兄皇子・大海人皇子兄弟と額田姫王の三角関係などおよそ考えてないし、一三五〇年も経ていまさら中大兄皇子と額田姫王との仲を取り持ってやろうというつもりなど欠片《かけら》もない。ただ、たとえばどうしてもというのなら額田姫王が眼前にいたように、この当時即位を何年も何回も延期しなければならないほど、天智天皇の大后になれる皇女が見当たらなかったとまでは思えない。だから、大后の相応《ふさわ》しい候補がいなかったために即位できなかった、という推定は納得しがたい。大后の候補探しはあとでも、あるいはしなくとも、即位すべきときには自分の都合で自分の判断で即位できると思う。そこまで大后の存在が不可欠だったとは思わない、ということである。

大友皇子は、天智天皇没後に即位していたか

大友《おおとも》皇子（伊賀《いが》皇子）は、天智天皇と采女《うねめ》・伊賀宅子娘《やかこのいらつめ》との間の子である。七世紀に大王（天皇）候補と見なされるには大王の子であることが必要だが、その世代の該当者《がいとうしゃ》がいなければ孫でも候補になった。たとえば用明《ようめい》天皇の孫・山背大兄《やましろのおおえ》王と敏達《びだつ》天皇の孫・田村皇子（舒明《じょめい》天皇）が争えたのは、用明天皇の子の厩戸《うまやど》皇子、敏達天皇の子の竹田皇子・押坂彦人大兄《おしさかのひこひとのおおえ》皇子がいずれも病没していたからである。母の方は皇女ならば最善で、ついで中央有力豪族出身の后妃に、即位の可能性があった。ただし中央豪族出身者でも、たとえば春日《かすが》氏出身者は大王の后妃までなれるが、その子は即位したことがない。偶然の結果なのか不文律《ふぶんりつ》だったかは不明だが、中央豪族出身者でも大王の母（国母《こくも》）となるには家の格付けがあったらしい。

右の視点でみると、大友皇子は大王位になる条件を満たしていない。推古天皇以降の大王では、舒明天皇・皇極《こうぎょく》（斉明《さいめい》）天皇には天智《てんじ》天皇・大海人《おおあま》皇子の二子がおり、舒明天皇には別に古人大兄皇子がいた。孝徳《こうとく》天皇には有間《ありま》皇子、天智天皇には大友皇子のほかに建《たける》皇子がいる。天智天皇没時には、このうち古人大兄皇子・有間皇子・建皇子は死没していたが、大海人皇子は生きていた。また大友皇子の母は地方国造が貢上してきた采女であって、中央豪族ですらない。前代までの感覚ならば、大友皇子はとても大王候補に挙《あ》がらなかったろう。

しかし天智天皇は、大海人皇子の頭をあえて抑え、大友皇子を大王の補弼《ほひつ》を職務とする太政大臣《だいじょうだいじん》

につけて、彼への皇位継承を強引《ごういん》に策《さく》した。筆者は、天智天皇は大王を頂点とする律令制的中央集権国家の樹立に当たり、頂点の大王位を巡《めぐ》って政治中枢が分裂すれば諸《もろもろ》の軍事組織を巻き込んだ大乱になると恐れ、王位の相続については王族も臣下も容喙《ようかい》できない不動の鉄則《てっそく》を確立しておきたいと考えた。それが長子《ちょうし》直系《ちょっけい》相続の原則で、傍流《ぼうりゅう》の大海人《おおあま》皇子に大王位を渡さずに大友皇子へじかに伝える。この考えは天智天皇から娘・元明《げんめい》女帝へと伝わり、天智天皇の立てた「改《かわ》るまじき常《つね》の典《のり》」と認識されたのだと思っている（拙著『古代史の謎を攻略する　古代・飛鳥時代篇』第二章45）。

だが、大海人皇子は同意しなかった。大友皇子は大海人皇子の反乱にあい、近江《おうみ》宮を東西から挟撃《きょうげき》されて敗北。近江を脱出したものの、行《ゆ》く手《て》を遮《さえぎ》られて山背《やましろ》国の山前《やまさき》で自殺した。

さて、大友皇子は天智天皇のあとを襲《おそ》って、大王位を継げたのか。それとも、即位する前に滅ぼされたのか（即位してなかったのなら、壬申の乱は謀反・大逆でないことになる）。明治政府は明治三年（一八七〇）大王位を継いだとして弘文《こうぶん》天皇の諡《おくりな》を奉ったが、『日本書紀』は天智天皇十年（六七一）のあとを天武天皇元年（六七二）とし、大友皇子の治世《ちせい》期間を記さない。また『懐風藻《かいふうそう》』でも「淡海《おうみ》朝大友皇子　二首」とあり「皇太子は淡海帝の長子なり。……年二十三にして立ちて皇太子となる」とはあるが、「壬申の年の乱に会《あ》ひて天命遂《てんめいと》げず」とあって即位を認めていない。

登極《とうぎょく》が承認されるのは、平安後期から鎌倉初期の著作である『扶桑略記《ふそうりゃくき》』『大鏡』『水鏡《みずかがみ》』『年中行事秘抄《ひしょう》』などが早い。『扶桑略記』（新訂増補国史大系本）では、天智天皇十年十二月三日条に「（天智）天皇崩ず。同十二月五日、大友皇太子、即《つ》きて帝位と為《な》る（生年廿五）」（六十二頁）とあり、先帝崩《ほう》御《ぎょ》の二日後に即位したとする。『大鏡』（日本古典文学大系本）は「卅九代にあたり給《たまう》みかど天智天皇こそは、はじめて太政大臣をばなしたまけれ。それは、やがてわが御をとゝの皇子におはします大友皇子なり。正月に太政大臣になり、同年十二月廾五日にくらゐにつかせ給」うとあり、日は二十日ほど異なるが、位に即《つ》いたとしている。『扶桑略記』は皇円《こうえん》の著作で、平安末期の成立。『大鏡』は平安後期の、『水鏡』は十二世紀末の、『年中行事秘抄』は鎌倉初期の成立といわれている。

この認識の変化には、桓武《かんむ》朝の成立で天武天皇の皇統から天智天皇の皇統に血筋がかわり、天武天皇が承認しようとしなかった大友皇子の存在を自然なものと認知できるようになっていたことがあろう。だが、それだけではない。大友皇子復権《ふっけん》の背景には、天皇の交替《こうたい》にさいして空位《くうい》があることを認めたくない、空位などあってはならないという理念があったのだ。

もともとこの理念は『三国志《さんごくし》』魏書《ぎしょ》・文帝《ぶんてい》紀注所引献帝《けんてい》伝に「四海《しかい》、以て一日も主を曠《むな》しくある可《べ》からず」とあるのが初見で、『日本書紀』（日本古典文学大系本）允恭《いんぎょう》天皇即位前紀でもつとに見られる。だが『日本書紀』では、文にそういいながら、空位がしばしば見られる。継体《けいたい》天皇二十五年（五三一）は辛亥《しんがい》年で、「男大迹《おおど》天皇、大兄を立てて天皇としたまふ。即日、男大迹天皇崩りましぬ」とあって空位などないように記されているが、安閑《あんかん》天皇元年（五三四）は甲寅《こういん》年である。つまり壬子《じんし》・癸丑《きちゅう》の二年間は空位であった（じっさいは、直後に欽明天皇が即位していた）。また仁徳《にんとく》天皇即位前紀には大鷦鷯《おおさざき》皇子と菟道稚郎子《うじのわきいらつこ》が皇位を譲り合っているうちに「久しく即皇位さず。爰《ここ》に皇位空《むな》しくして、既に三載《みとせ》を経《へ》ぬ」とあり、応神天皇の死没した応神《おうじん》天皇四十一年（庚午《こうご》年）と仁徳天皇元年（癸酉《きゆう》年）との間にはたしかに中二年の空位がある。清寧《せいねい》天皇が清寧天皇五年正月に死没してから、億計《おけ》王（仁賢《にんけん》天皇）・弘計《をけ》王（顕宗《けんぞう》天皇）兄弟が登極を譲り合っていた約一年間も、もちろん空位である。『日本書紀』にとって空位の存在は隠したり忌避《きひ》すべきものでなく、ありうるものとされていた。古代において「空位あるべからず」は外来の理想的な論理的帰結であり、日本の現実から立てられた固有《こゆう》の持論《じろん》でなかった。

しかしその後『日本三代実録』元慶《げんぎょう》八年（八八四）二月乙未《いつび》条の即位の宣命《せんみょう》には「皇位は一日も曠《むな》しくすべからず」、『玉葉《ぎょくよう》』寿永《じゅえい》二年（一一八三）八月六日条には「凡《およ》そ天子之位、一日も曠しくすべからず」、『満済准后《まんさいじゅごう》日記』応永三十五年（一四二八）七月二十一日条にも「一日為《た》りと雖《いえど》も、空主の儀、然《しか》るべからず」とあり、公家《くげ》社会には平安時代以降、空位不可の観念が培《つちか》われていった。そしてこの観念を引いた水戸藩の『大日本史』が大友皇子の即位を認めたことで、江戸幕末の尊王攘夷《そんのうじょうい》派の歴史認識が確定した。これらの流れに沿《そ》って明治政府は大友皇子を弘文天皇と名付け、手がかりのない陵墓も長等《ながら》山前《やまさき》陵に指定。旧『皇室典範』第十条本文で「天皇崩ずるときは、皇嗣《こうし》即ち践祚《せんそ》し祖宗《そそう》の神器を承《う》く」とし、義解《ぎげ》（伊藤博文著）は「本条の皇位の一日も曠闕すべからざるを示し」としている。したがって「空位あるべからず」の理念を溯《そ》上《じょう》させて、大友皇子の登極を認めたのである。

こうした観念的な政治論議であって、学問的検討を要する問題でない。実質からいえば、天智天皇没後の政界では、大海人皇子も逼塞《ひっそく》していた以上、大友皇子が唯一の皇位継承者であった。女帝を立てて収拾すべき政治的混乱も起きていないから、天智天皇の后・倭姫王《やまとのひめみこ》が継ぐべき蓋然性《がいぜんせい》もない。実質的に近江《おうみ》宮で大王として執務しており、皇位の継承と即位を否定する必要などない。とはいえ十二月に先帝が死没して、六月に本人が死没したのでは、即位後に稔った初穂《はつほ》の献上を受けられない。したがって大嘗祭《だいじょうさい》は催《もよお》せない。天皇となるための儀式を通過していないから天皇でない、という論議もありうる。だが形式にこだわりすぎる議論を続けることに、どんな意味があるのだろう。

壬申の乱は、どうしてあのタイミングではじまったのか

『日本書紀』天武《てんむ》天皇元年（六七二）五月条によれば、大海人皇子の舎人《とねり》である朴井雄君《えのいのおぎみ》が「私用で美濃に行ったところ、近江《おうみ》朝廷から美濃と尾張《おわり》の国司《こくし》に『天智《てんじ》天皇の山陵《さんりょう》を造るので、いつでも応じられるように人夫《にんぷ》を徴発《ちょうはつ》しておくように』との指示があった。ところがその表向きの指示内容とは異なり、じっさいには人夫のそれぞれに武器を持たせている。おそらくは山陵を造るためではなく、事変があるのだろう。大海人皇子の身に危険が及《およ》ぶのではないか」と、旅先での見聞《けんぶん》に彼なりの注釈を加えて注進《ちゅうしん》した。さらに某人《ぼうじん》からは「近江朝廷は、近江から倭京《わきょう》までの道のあちこちに監視人《かんしにん》を置いているし、大海人皇子の舎人が私用の食料を持ち込まないよう宇治橋の橋守《はしもり》に命じている」とも報告があった。大海人皇子はそれらが事実かどうか確かめさせて、事実と確認できた、という。そこで、自分は皇位を辞《じ》してただ天命《てんめい》を全《まっと》うしようと思っていたのに「已《や》むこと獲《え》ずして、禍《わざわい》を承《う》けむ。何《いかに》ぞ黙《もだ》して身を亡ぼさむや」つまり黙って身を亡ぼしてたまるものか、と述べた。そして、いよいよ挙兵を決意することとなる。

この記事を信ずれば、重包囲下《じゅうほういか》にあっていわば「干殺《ほしごろ》し」をうけ、いまにも戦闘部隊が大挙《たいきょ》して押し寄せてくるような緊張感が漂《ただよ》っていたことになる。しかし現実には、六月二十四日に吉野脱出後すぐに隠《なばりの》（名張）郡家《ぐうけ》を焼き払うという目立《めだ》つことをしたのに、二十七日に美濃に辿《たど》り着《つ》く前には一度も近江方からの攻撃を受けたことがなく、その間に近江軍の影すらちらついていない。近江方

が挙兵《きょへい》の情報を入手《にゅうしゅ》したのは二十六日で、近江方の討伐軍が姿を現したのは琵琶湖東で山部《やまべ》王が七月二日、倭京《わきょう》で大野果安《おおののはたやす》が七月三日、倉歴《くらふ》・莿萩野《たらの》で田中小隅《たなかのおすみ》が七月五日である（壬申の乱図参照）。いちばん早い戦場への登場ですら挙兵から八日目であり、その直前に重包囲下に置いて監視していていまにも襲撃する態勢を取っていたとは、とても思えない緩慢《かんまん》さだ。しかも、「大海人皇子を攻撃するために徴発されている」と解釈されていた尾張国守《おわりのこくしゅ》・小子部鉏鉤《ちいさこべのさひち》のもとにある二万人もの人夫《にんぷ》は、攻撃を試みるどころか、国守に率《ひき》いられて大海人《おおあま》皇子にすなおに帰順《きじゅん》した。大海人皇子は報告を受けたあと、攻撃命令を受けているのを「確認させた」はずだったのでは。

もはやあれこれ述べるまでもなく、大海人皇子は干殺《ほしごろ》しの怖《おそ》れも重包囲下にもなく、攻撃を受ける

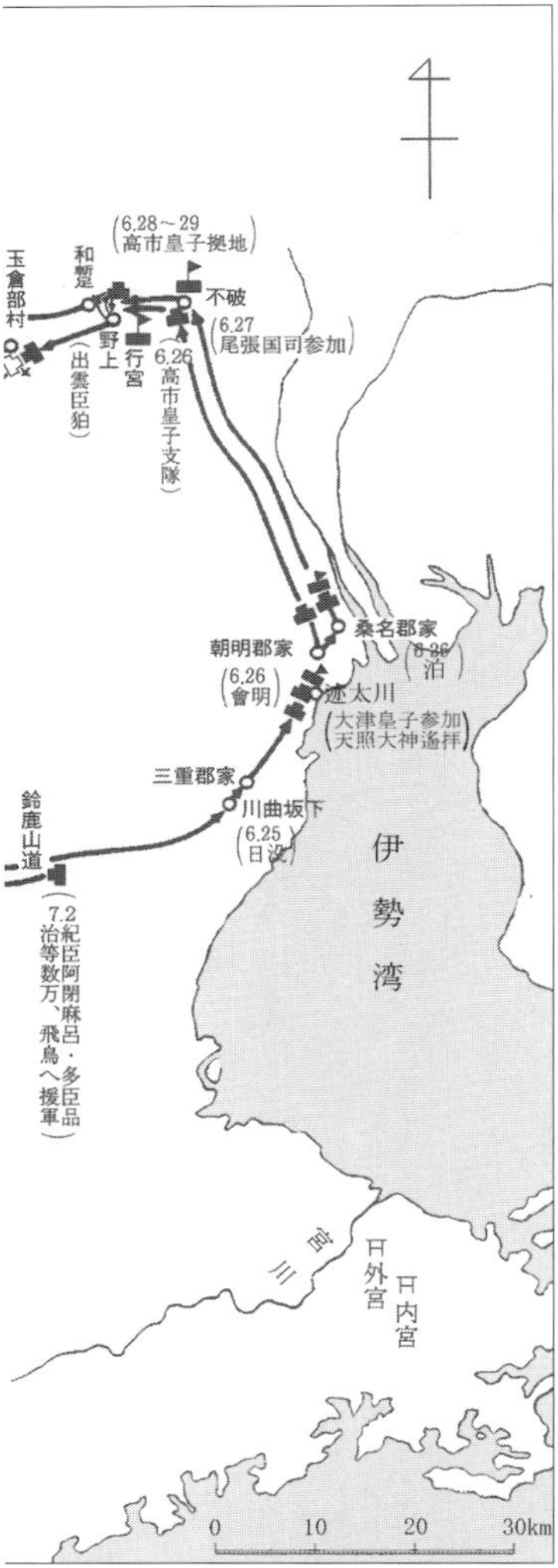

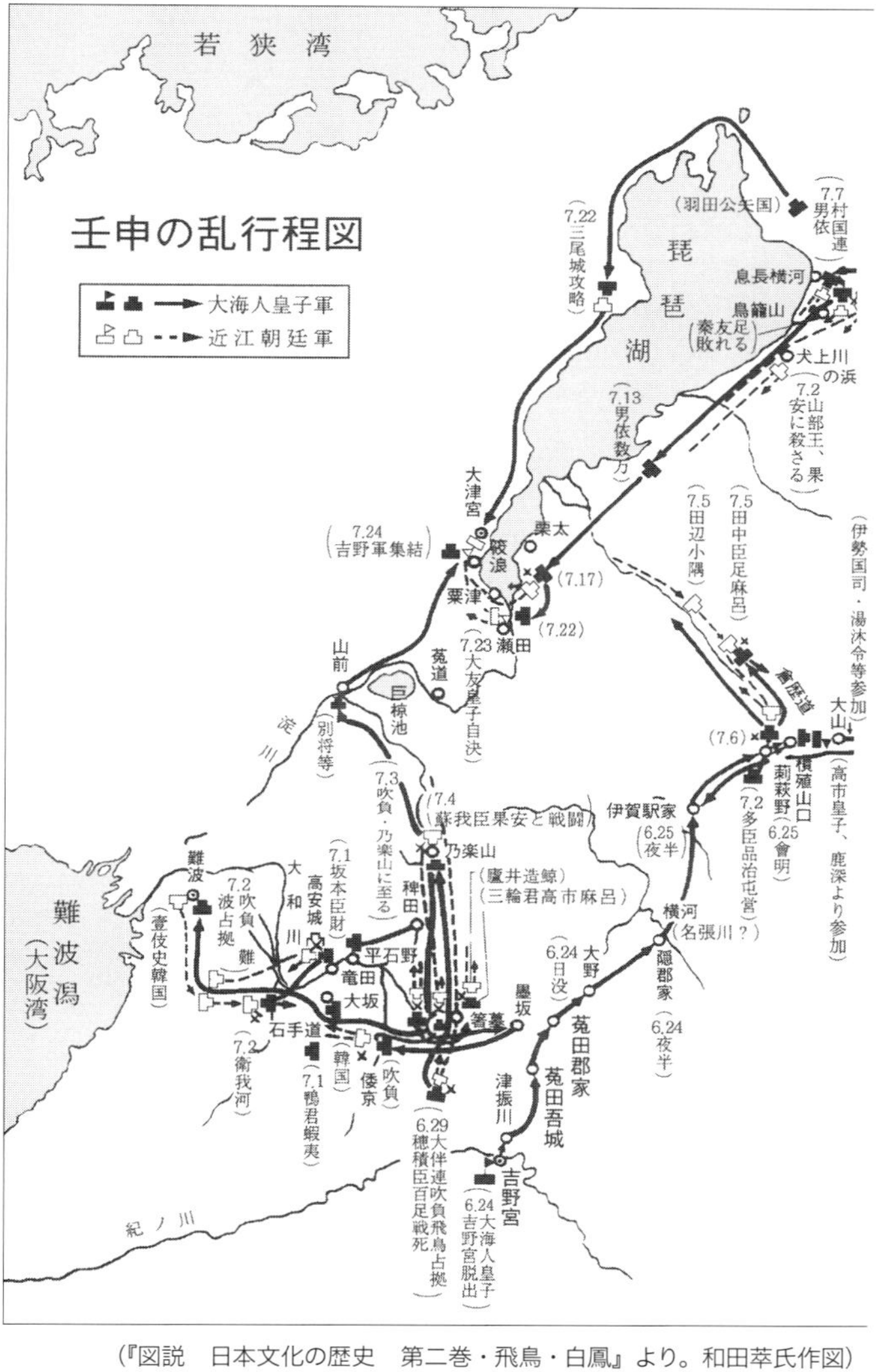

(『図説　日本文化の歴史　第二巻・飛鳥・白鳳』より。和田萃氏作図)

寸前《すんぜん》でなどなかった。重苦《おもくる》しい状況の記述は、大海人皇子側の怯《おび》えによる妄想《もうそう》か、装《よそお》われた正当防衛の物語である。

つまり吉野宮に蟄居《ちっきょ》していてもだれも構《かま》ってくれず、近江方が襲ってくる雰囲気などまったくなかった。だから大海人皇子側は、挙兵の日をいくらでも自由に選べたわけである。それなら、なぜこのときを選んで挙兵することとしたのか。その日時設定の理由の説明が必要となろう。

下限《かげん》としては、大友皇子が即位式を執行して正式な大王となる前、王座《おうざ》につく前に倒したかった。そう理解できよう。大友皇子が大王となることは決定していて、誰もが大王と見做《みな》して対応しているとしても、前大王の没後はしばらく大王がいない。実質上はともかく、認証の儀式前は形式的には空《くう》位《い》である。大海人皇子として、衆人《しゅうじん》の前で正式な手続きで即位してしまった大王を倒すのは、いささか聞《き》こえが悪い。大友皇子が正式に即位したと見られるためには、大嘗祭《だいじょうさい》を執行して穀霊《こくれい》を身につけなければならない。前大王の天智天皇の死没は、前年の天智天皇十年（六七一）十二月三日だった。大嘗祭に用いる新穀《しんこく》は今年の五月末以前に田植えして今秋収穫となる稲だから、六月・七月に決起すればまだ収穫までに日数がある。戦闘終結までに数ヶ月かかるとしても、大友皇子が大嘗祭を挙行する前には倒せる。大嘗祭を阻《はば》み、自分の即位式を可能とするには、たしかに六月が挙兵すべきころあいだったろう。それでも農作業の繁忙時に農村を戦闘に巻き込むことを避けることにしたって、五月末にはどこでも田植えが終わっているはずだから、挙兵は六月末でなく五月下旬か末ごろでよかったんじゃないか。

できれば一刻《いっこく》も早く戦闘を開始し、大友皇子を葬《ほうむ》りたい。そう思っていたはずだが、それができなかった理由があった。それが唐使《とうし》・唐軍の滞留《たいりゅう》であった。

唐使はかなり長い期間、日本に留まっていた。壬申《じんしん》の乱が起こされる前の天武天皇元年三月十八日に、近江朝廷は安曇稲敷《あずみのいなしき》を筑紫《つくし》に遣わし、天智天皇の喪《も》を唐使・郭務悰《かくむそう》に告知《こくち》している。ということは、郭務悰はすでに筑紫にいたのであり、二十一日には唐から皇帝の国書《こくしょ》と信物《しんもつ》が上進《じょうしん》された。それから二ヶ月ほどの検討期間・折衝《せっしょう》があって、五月十二日に郭務悰らに対して甲冑・弓矢・絁《あしぎぬ》・布・綿などを賜与《しよ》した。遠来《えんらい》で長期滞在の使者へのねぎらいの品物であろうが、折衝の結果がどうだったのかは見方がわかれる。唐帝の要請《とうてい》（命令）は日本が高句麗《こうくり》征伐に参加・派兵《はへい》することだったろうが、日本は中立的立場を守ることに留《とど》めたともいう。だが、尾張で人夫に兵器を渡していたのが遠征軍兵士の徴兵だった。つまり高句麗遠征軍への参加を受諾《じゅだく》していた、とも推測されている。筆者としては、日本は百済《くだら》を軍事援助したことはあっても高句麗に直接援軍を送ったことはなく、高句麗の滅亡は黙過《もっか》するつもりだったろう。しかし滅亡に手を貸《か》すとなると、百済を介《かい》して三ヶ国同盟を結んでいたことからして、さすがに躊躇《ためら》われたろう。

ともあれ、郭務悰らは五月三十日に帰国した。この帰国が、決起の号砲《ごうほう》となったろう。しかし、「では翌日に」とはならなかった。それは、唐使と会合して合意《ごうい》した内容が大海人皇子方にただちには摑《つか》めなかったからである。この内容が何であったか。つまり唐の要請によって参加・出兵するのか、中立を守るのか。どちらにしたのかで、大海人皇子の対応が異《こと》なるからだ。大友皇子が唐軍の一員となっていた場合、その足下《あしもと》で反乱を起こせば、唐軍が大友《おおとも》皇子に味方して大海人《おおあま》皇子掃討戦《そうとうせん》に加わりかねない。中立ならば、唐軍が関与する理由はないが。また唐使が帰国したとはいうものの、郭務悰《かくむそう》が上司《じょうし》に報告しても納得されず、いま一度日本の説得に来るかもしれない。そのときに内乱中であれば、唐軍が近江《おうみ》方の救援要請で軍事介入してくることもありうる。ようするに唐使・唐軍が大友皇子と結びつかないと確認するための間合《まあ》いが必要だった。

「近江朝廷から美濃《みの》と尾張《おわり》の国司《こくし》に『天智《てんじ》天皇の山陵《さんりょう》を造るので、いつでも応じられるように人夫を徴発しておくように』との指示」があったといい、近江朝廷のこの徴兵は唐の要請を受諾して高句麗遠征に参加するためだったという理解もある。しかし近江朝廷が大海人皇子を討つつもりならともかく、高句麗《こうくり》遠征に参加するためだったのなら、日本国内だというのに天智天皇陵の造営のための徴発だと人民をなぜ騙《だま》さなければならないのか理解しがたい。本当の目的（高句麗遠征）を口にしたら、人民に徴兵拒否の反戦運動でも起こされると思ったのか。いや、近江朝廷は高句麗遠征軍のための徴発などしておらず、朝鮮半島の平定《へいてい》について日本は中立的立場をとると約束していたのである。

それからほぼ三週間が経《た》ち、唐軍がさらに唐使を送ってこないことを確認し、これから起こす内乱に唐軍が介入《かいにゅう》しないと確信できたので、大海人皇子は決起《けっき》した、ということだ。

宦官制度はなぜ日本に導入されなかったのか

宦官《かんがん》（閹人《えんじん》・寺人）とは去勢《きょせい》された男子のことで、著名なのはそのうちで宮廷に仕えた人たちである。紀元前八世紀ごろには確認でき、オリエントの新アッシリア時代（紀元前九三四〜紀元前六〇九）の王アダド・ニラリⅢの母で摂政《せっしょう》したサンムラマートが宦官（ルサグ）を連れており、彼らの存在が知られる。その後ペルシャ宮廷で盛行《せいこう》し、ヘロドトスによれば、ギリシャ人が小アジアの都市でペルシャ人に売りつけていたという。エジプト・ギリシャ・ローマ・トルコ・インドなどに広がり、キリスト教圏でもカソリック合唱隊や劇場などでソプラノ歌手確保のために去勢することがあった。

以下、三田村泰助《みたむらたいすけ》氏（『宦官』中公新書）に導かれて記述する。西洋・中東地域に比べ、中国はもっと歴史が古いらしい。捕らえたチベット（羌《きょう》）人の陽根《ようこん》を切断することの可否《かひ》を神に問うたときの甲《こう》骨文字《こつもじ》が発見されているから、紀元前十四世紀にはすでに宦官がいたと推測される。

当初は異民族に対し征服者の力を誇示《こじ》し絶対服従を求めるために行われたようで、征服者側を去勢することはなかった。それは征服者側の血統を絶《た》やさないためであり、また異民族の者ならば宮廷外からの陰謀に左右《さゆう》され憎《にく》く廷内の秘密が漏《も》れないと思われていたからだった。唐の時代の高力士《こうりきし》は広東南部の蛮獠《ばんりょうぞく》族の出身で、元《げん》の時代の朴不花《ぼくふか》は高麗《こうらい》国出身の后妃《こうひ》に付いて、明《みん》の時代には女眞人《じょしんじん》の后妃に付いてその出身地の宦官が多数入った。もう一つの供給源は宮刑《きゅうけい》（腐刑・淫刑）である。宮とは、男女性器の総称である。古代中国の刑罰として五刑があり、『書経』によれば入れ墨・鼻削《はなそ》ぎ・

足切《あしき》り・去勢・死刑の五つだった。死刑を除く四刑は漢の文帝《ぶんてい》によって廃止されたものの、あとをついだ景帝《けいてい》のときには死罪の者が希望すれば宮刑となった。その後、後漢《ごかん》の光武帝《こうぶてい》は死刑を廃止してすべて宮刑に処《しょ》することとし、以降の帝はこれに倣《なら》った。その後、隋代《ずいだい》に宮刑は廃止され、制度としての処刑法からは消えた。それでも明代の宣宗《せんそう》が命じた例もあり、無くなりはしなかった。

当初の宦官は右にみたように異民族か宮刑となった人たちだったが、唐代には地方官に人数を揃えて宦官を上進《じょうしん》する義務が負《お》わされ、宦官の出身・由来《ゆらい》は問われなくなった。このため貧民層《ひんみんそう》はみずから望んで去勢（自宮）し、宦官に志願《しがん》しはじめた。宦官は官僚でないので学問教養も行政能力も不要で、声が綺麗《きれい》で容姿が美しく物事《ものごと》の処理にさいして利発《りはつ》・賢明《けんめい》に振る舞うことしか求められなかったので、彼らで十分務《つと》まった。採用人数は王朝ごと・帝ごとに異なるが、数百人から数万人までさまざまだった。従って自宮した者がすべて登庸《とうよう》される保証などなく、明《みん》王朝の天啓《ていけい》三年（一六二三）三〇〇〇人の欠員補充の募集に対して志願者が二万人以上にもなり、つまり宮中に入れない人も多く出た。

さて、もともとなぜ宦官が宮廷に必要とされたのか。それは、本源《ほんげん》的には後宮《こうきゅう》の事情ではじまり、付随《ふずい》・派生《はせい》して帝《みかど》の事情が作用したようだ。

後宮の事情とは、帝のもとに参じた女性たちが集められた後宮に、男子を置くわけにいかないからだ。後宮は、皇帝の後継者を儲《もう》ける場所である。それなのに皇帝以外の男子と後宮内の女性が通《つう》じる状況にしておいたら、後宮内で妊娠《にんしん》した女性の子であっても皇帝の後継者の資格があるかどうかに疑念《ぎねん》が生《しょう》じうる。後宮には男子を置けないのなら女性のみ配置してもよいわけだが、女性に不向《ふむ》きな仕事もあろうから、そうなると男性でも女性でもない宦官を置くほかなかったのだ。

帝の后妃《こうひ》が数人ならば、もちろん多数の宦官は要《い》らない。だが後宮はしだいに膨《ふく》れあがる。『通典《つてん》』によると、帝座《ていざ》をめぐって存在する四つの后妃星《こうひせい》という理論に基づき、聖帝五帝の帝嚳《ていこく》が一人の正妃と三人の次妃を置いた、という。この五帝時代の説話が規準となり、夏《か》王朝の舜《しゅん》のときに崩れない形を意味する三を重ねた三×三の九を限りない数の子が授かるという意味にとって、三人の次妃に九人を加えた十二人の妃を定員とした。殷《いん》王朝では三×九の二十七人を足《た》して三十九人、周王朝では二十七人を一組として三倍の八十一人を足して一二〇人とし、さらに正妃を足した一二一人を定員とした。古代中国で重視された『周礼《しゅらい》』には后一人・夫人《ぶにん》三人・九嬪《ひん》九人・世婦《せいふ》二十七人・女御《にょご》八十一人とあり、じっさいに唐代には皇后一人・夫人（貴妃《きひ》・淑妃《しゅくひ》・徳妃《とくひ》・賢妃《けんひ》）四人・九嬪《ひん》（昭《しょう》儀《ぎ》・昭容《しょうよう》、昭媛《しょうえん》、修儀《しゅうぎ》、修容、修媛、充儀《じゅうぎ》、充容、充媛）九人・世婦（婕妤《しょうよ》・美人・才人各九人）二十七人・御妻《ぎょさい》（宝林・御女・采女《さいじょ》各二十七人）八十一人の合計一二二人となっている。後宮内には、これらの后妃に従う数十倍のお付きの女官《にょかん》がおり、それらに奉仕する多数の宦官が必要になった。

帝の事情は、漢の武帝からはじまった、という。武帝は内廷で宴会を開くことが多く、後宮の女をつねに宴席に侍《はべ》らせていた。宴会の最中《さいちゅう》でも思いついた命令をつぎつぎ発するので、指示内容を書き留め、外廷に伝える秘書《ひしょ》が必要となった。しかし内廷は男子禁制なので、宦官だった司馬遷《しばせん》を中書《ちゅうしょ》令《れい》（秘書長）に任命した。こうして帝が大臣を呼んでじかに命令せず、宦官が間《あいだ》に入って意向を伝える例が開かれた。こうした役職がいかに権力機構を変容させるか、日本でも院の近臣・御内人《みうちびと》・側用《そばよう》人《にん》などで実証されている。帝が宦官の意見に頷《うなづ》くようになり、大臣が宦官に相談を持ちかけるようになる。やがて宦官は帝と結んで官僚と対決したり、外戚《がいせき》と結んで帝を蔑《ないがし》ろにしたり、官僚と結んで外戚・帝を排除したりする。政界を牛耳《ぎゅうじ》る巨大で悪魔《あくま》的な力量を持った存在に成長し、しかも王宮に長く君臨することとなる。もちろん帝の信頼や寵愛という裏付・背景がなければ、彼らに力は生じない。宦官の力の源泉は、帝の権力である。では、帝はなぜ宦官の意見を重視し、寵用《ちょうよう》したのか。

宦官を信頼したのは、彼らが子孫を持たないからである。子孫がいるから、自分が使える以上の資産を求めて莫大《ばくだい》な相続財産を築き、高位高官の地位を引き継がせようと将来を見据《みす》えた画策《かくさく》をする。伝える子孫がなければ、無欲とまではいえないが、自分が使うくらいの財産しか求めないし、将来のための画策などしない。しかもすでに異界《いかい》の人となっていて宮廷外に生きる場所がないので、ひたすら帝に忠義を尽くす。もちろん個々にはいろいろな人がいるが、存在としてはそういえる。だから、帝は彼らを信頼する。莫大な権力を持つ帝には、多くの者が擦《す》り寄《よ》ってくる。一代の権力・財産・栄華だけなら知れているが、まだ見てもいない多様《たよう》で無限の可能性のある子孫にそれを確実に伝えようとすれば、欺瞞《ぎまん》・謀略・政変なども手がけるし、なかには帝に取《と》って代《かわ》ろうとする者すら出てこよう。忠義心・節操《せっそう》にまさる野心と思惑《おもわく》を持っている人に日常的に囲まれた帝は、孤独なのだ。専制権力を持っているほど、持とうとするほど、だれも信用できず、孤独になる。だから忠義心が強くて腹《ふく》蔵《ぞう》なく話せる宦官に心の安《やす》らぎを求め、最高機密までつい念入りに相談した。そして帝の立場としての見解案まで出させてしかも清書《せいしょ》を委《ゆだ》ね、帝そのものの行為を代行させる。そこまで行《い》ってしまった。

さて中国が右の理由で宦官を導入したのなら、その制度が日本に入らなかった理由は天皇が専制的な力をそもそも持てなかったからか。権力者としての座を子々孫々に到るまで守り抜こうとする貴族にとって、天皇側の立場で間に割《わ》り込《こ》んでくる宦官など不都合《ふつごう》。貴族側から導入を望むはずがない。

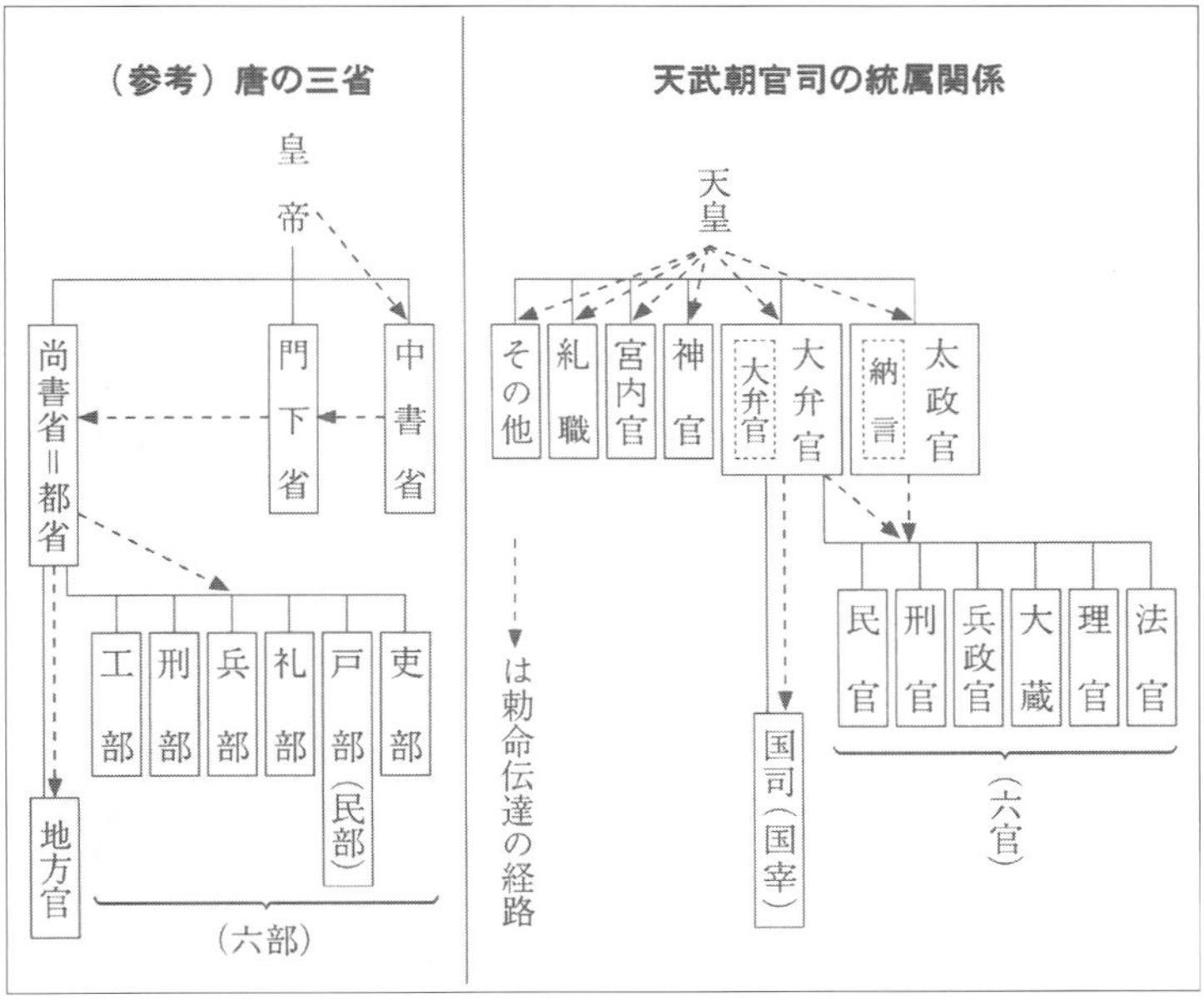

一方、天皇の力はそこまで懸《か》け離《はな》れて強くならず、また天皇自身も氏族《しぞく》の代表者という立場を自覚《じかく》していた。だから、氏族（貴族）との間をことさらに明けようとしなかった。宦官が天皇の周《まわ》りで取り入って貴族との間に割り込むような幅の隙間《すきま》は、生じていなかった。そういうことになる。

しかしそれならあるいはそれでも、天武朝は危ない状態にあったのではないか。

天武《てんむ》天皇は天武天皇元年（六七二）六月に近江《おうみ》朝を内乱によって倒し、大友皇子から天皇の座をもぎ取った。近江朝の重臣は戦死したり処刑されたりして、全員朝廷から消え去った。天武天皇は軍乱《ぐんらん》時に活躍した人たちに壬申《じんしん》の功臣《こうしん》という名誉を与えたが、だからといって側近として執政に関与させたり大豪族に取り立てたりしなかった。軍事の用と政事《まつりごと》の用とは別ものという考えだったらしい。従って、朝廷から重臣になるべき人たちが消え、天皇と執務にあたる廷臣たちとの間が空《あ》いた。天武天皇はその在位中、一人も大臣を置かなかった。また実務官司として法官《ほうかん》・理官《りかん》・大蔵《おおくら》・兵政官《へいせいかん》・刑官《けいかん》・民官《みんかん》の六官を置き、それを大弁官《だいべんかん》に束《たば》ねさせて天皇の直轄下に置いた。他方、貴族の代表者が集まる太政官《だいじょうかん》は、大弁官と切り離され、並列《へいれつ》にされて天皇の直下《ちょっか》に位置した。つまり天皇は、太政官（貴族）の諒解《りょうかい》なしに、大弁官を通じて人々に直接命令を下《くだ》せた。太政官（貴族）の掣肘《せいちゅう》を受けず、専制政治を行なえる状態にあった。この天皇専制を続けるために、宦官制度を導入して間を拡げようとすればそうできた。そうすれば貴族層の台頭を将来にわたり押さえ込むことが可能だったろう。しかし天武天皇は皇族を配置して、貴族との間に差し挟《はさ》んだ。天皇・皇后・皇太子らでの専制をはかり、持統天皇も太政大臣の任命で貴族層の頭を押さえるに留《とど》めた。氏族制度の上に、氏族制度を前提にして、その代表者として執政《しっせい》してきた。天武天皇には、代表者の立場を離れた専制政治を志《こころざ》す気も、専制政治を継続させようとする気もなかった、ということらしい。そのおかげで、宦官の導入を見ずに済んだのである。

『懐風藻』に見られた弓削皇子の言動に込められた憤激とは

『懐風藻《かいふうそう》』葛野王《かどののおう》伝には、長《なが》親王の弟・弓削《ゆげ》皇子が立ち上がって何か言おうとしたところを葛野王(大友皇子の子)が叱《しか》りつけ、止《や》めさせた。鸕野皇太后《うのこうたいごう》(持統《じとう》天皇)は「其の一言の国を定《さだ》めしことを嘉《よ》みしたま」い、葛野王を正四位・式部卿《しきぶきょう》に任じた、とある。式部卿は文官《ぶんかん》の人事《じんじ》を担当する役人で、文官の首根《くびね》っこを押《お》さえる役職だ。最重要な部署《ぶしょ》なので、こののち、奈良時代の藤原氏は一族を連《つら》ねてこの地位を独占しつづけた。律令官制のなかでもとりわけて重要な職務を、このたった一言で任《まか》されたのである。というのも、これは「持統天皇の走狗《そうく》になる」という意思表示《いしひょうじ》だったからだ。

どういうことだったのか。その理解のためには、この場の意味から説明する必要がある。

この会合は、持統天皇が「譲位したい」と言い出し、皇太子つまりは次の天皇を誰にするかを決めようということで集められた。「高市《たけち》皇子薨《みまか》りて後《のち》に」とあるから持統天皇十年(六九六)七月の高市皇子の死没後で、珂瑠《かる》皇子(文武《もんむ》天皇)が立太子《りったいし》した持統天皇十一年二月以前である。「皇太后王公《おうこう》卿士を禁中に引きて」とあるから、この会議には皇太子の候補となりうる皇族だけでなく、公卿《くぎょう》百官も出席していたことになる。

持統天皇の肚《はら》づもりは、子・草壁《くさかべ》皇子と天智天皇の娘・阿閇《あへ》皇女との間に生まれた孫・珂瑠皇子を皇太子にすること。皇族・群臣たちが揃って推挙《すいきょ》し、列席者に異論がないのを確認して閉会としたかった。ところが「群臣各私好《しこう》を挟《はさ》みて、衆議紛紜《ふんうん》なり」とあるから、推挙《すいきょ》・擁立《ようりつ》されるべき皇族は黙っていて、臣下に先立って発言させたのだろう。好《す》き勝手《かって》にあれこれと論議をはじめた。それを押《お》し潰《つぶ》し否定する形で、葛野王は「わが国のきまりでは、神代より子・孫と相承《あいう》けて天位《てんい》を繋《つな》いできた。もしその兄弟にまで及ぼせば争乱《そうらん》を引きおこすだろう」から「人間の関係からすれば、天皇の後嗣《こうし》はおのずと決まっている。それ以外にだれが余計《よけい》なことをいえようか」といい、それに対して弓削皇子が発言しようとしたのだった。

　葛野王の発言は、あきらかに間違っていた。弓削皇子ならずとも、訂正したくなって当然である。「わが国のきまりでは、神代より子・孫と相承けて天位を繋いできた」といい「その兄弟にまで及ぼせば争乱」になるというのなら、天武天皇の子から孫つまり子の草壁《くさかべ》皇子から孫へとなるので、珂瑠《かる》皇子で決まりとなる。しかし「本人↓子↓孫」という直系相続《ちょっけいそうぞく》は、「わが国のきまり」だったろうか。神武天皇から成務《せいむ》天皇までの十一代、続く仲哀《ちゅうあい》天皇から履中《りちゅう》天皇までの四代は父子直系相続だが、この系譜は後世の捏造《ねつぞう》であろう。むしろ争乱のもととされる兄弟相承の例は多く、履中《りちゅう》天皇↓允恭《いんぎょう》天皇、安康《あんこう》天皇↓雄略《ゆうりゃく》天皇、顕宗《けんぞう》天皇↓仁賢《にんけん》天皇、安閑《あんかん》天皇↓宣化《せんか》天皇↓欽明《きんめい》天皇、敏達《びだつ》天皇↓用《よう》明《めい》天皇↓崇峻《すしゅん》天皇（↓推古《すいこ》天皇）、（皇極《こうぎょく》天皇↓）孝徳《こうとく》天皇は兄弟姉妹間の相続である。六世紀に入ってからの相続を見るなら、「一世代の兄弟間でまず相続を続け、次の世代が育ってきたらそちらに譲って世代交替《せだいこうたい》」という慣習が成立していたように見える。しかも、なにより持統天皇の夫・天武《てんむ》天皇は、天智《てんじ》天皇の実弟として、兄を継ぐ者として即位を求めたのではなかったか。その孫を推挙しようという会議で、「兄弟相続は主張すべきでない」とよく発言できたものだ。いや、だからこそ、いいづらい持統《じとう》天皇や珂瑠《かる》皇子にかわって、葛野王が発言したのであろうが。

持統天皇としては、天武天皇八年（六七九）五月に催された天武天皇の後継者を定める吉野《よしの》会盟《かいめい》で、草壁《くさかべ》皇子に代表者つまり後継者の地位を公認させた。これで、「天皇になったも同然」と思えた。しかし朱鳥《しゅちょう》元年（六八六）九月の天武天皇没後、陵墓《りょうぼ》に葬《ほうむ》ったあとも草壁皇子は即位できなかった。持統天皇三年四月、ついにそのまま病没。そのあとだから、天武天皇の数多い皇子のなかからだれかを選んで後継者とするのが、常道《じょうどう》だったろう。だが持統天皇はその選任作業に応じず、みずから即位した。それはもちろん当《あ》てあってのことで、草壁皇子の遺児・珂瑠皇子に継がせたいからだ。草壁皇子没時にはまだ七歳だから後継者となれないが、即位できる年齢になるまで持統天皇が生長《いきなが》らえて、その後継に立てる。そういう積《つ》もりである。

もっともそのためには、珂瑠皇子が二世王では困る。天皇候補の資格はまず天皇の子で、それがいなければ二世王となるのだから。草壁《くさかべ》皇子が即位していない以上、珂瑠皇子の資格は天武天皇の諸皇子より劣《おと》る。事実は枉《ま》げようがない。この弱みを塗《ぬ》り隠《かく》すために、彼女は草壁皇子に天皇に類似《るいじ》した称号を造り出し、宮廷において日並《ひなみしの》皇子と呼ばせようとした。「日と並ぶ」とは、日嗣《ひつ》ぎをした日の御子である天皇と並ぶ同格者、という意味である。次期天皇が確定していた皇子は、天皇も同然だ、と。いささかむちゃだが、この宣伝の手先となったのが、万葉歌人・柿本人麻呂《かきのもとのひとまろ》である。彼は『万葉集《まんようしゅう》』で「日並《ひなみし》の　皇子《みこ》の尊《みこと》の　馬並《うまな》めて　み狩《か》り立たしし　時は来向《きむ》かふ」（巻一—四九）とし、「日並皇子尊の殯宮《あらきのみや》の時に」「我が大君　皇子の尊の　天の下　知らしめしせば」と統治を待望していたことを詠《よ》んだ。しかしだからといって、即位していないことにかわりない。持統天皇派の努力にも拘《かか》わらず、日並皇子の称号は廷内で支持されず、『日本書紀』にも称号献呈《けんてい》記事など見られない。あくまでも持統天皇周辺の支持勢力・派閥《はばつ》内だけの合意《ごうい》であった。こうしたこともあって、日並皇子《ひなみしのみこ》という称号をあちこちに載《の》せる『万葉集《まんようしゅう》』一・二巻の初期編集はかえって宮廷全体からみれば不自然な作りであり、雑歌《ぞうか》・相聞《そうもん》・挽歌《ばんか》と一まとまりになっているこの二巻だけが「勅撰なみ」（日本古典文学全集本『万葉集』解説、四十頁）つまり持統天皇の指示による編纂だったとする理解がひろく支持されているわけである。とにかく不満は収《おさ》まらないとみて、持統天皇は最年長《さいねんちょう》でかつ壬申《じんしん》の乱《らん》最大の功労者である高市《たけち》皇子を太政大臣《だいじょうだいじん》に就けた。この地位はかつて大友皇子が皇太子的な意味づけで就けられた職掌であり、珂瑠皇子に継がせる前に持統天皇が万《まん》が一《いち》死没する場合も考え、その皇太子的な意味づけをもって太政大臣としたのである。大友皇子の場合は皇太子的な意味で、高市皇子のときは律令官制の一部だとみる説もある。しかしどうせ大友皇子の場合も、『日本書紀』編纂時に律令官制的な名称に置き換えたのだろうし、天智朝では太政官を統《す》べる意味でこの地位を作ったのならば高市皇子も同じ意味だろう。時代的に連続して出てくる二つの太政大臣の意味を別々に仕分《しわ》ける合理的な理由はない。高市皇子は、持統天皇から後継天皇候補と指名されたのだ。ここで作られた信頼関係・恩義が、次の世代の長屋王《ながやおう》の取り立てに繋がるのだと思う。そして高市皇子が事実上の皇太子だったから、高市皇子の没後に「『次の』皇太子をどうするか」で会議をもつことになったのだ。そうでなかったら、この会議の開催時期の説明として、なぜ「高市皇子薨《みまか》りて後《のち》」と書いたのか。そしてそのすぐあと「日嗣《ひつぎ》を立てむことを謀《はか》らす」となるのか。高市皇子の死没したことが理由となって、いなくなった日嗣（皇太子）の後釜《あとがま》を討議させる意味だからと読むべきであろう。彼が皇太子でなかったら「高市皇子薨りて後」と書く必要はなく、ここで日嗣が課題とされるべき理由もない。そうだろう。

持統天皇派のこうした動きを、持統天皇派でない立場の人はどう思っていたのか。

天武天皇の皇后であった鸕野《うの》皇后には、次期天皇の指名について発言する権利がある。だれが妥当《だとう》でだれが妥当でないかの大枠《おおわく》を定める力はあるだろう。しかしただ一人を指名する力はない。その権限がなかったからこそ、この会議を開いているのだ。そんな力が認められていたら、小細工《こざいく》も小芝居《こしばい》もしないし、会議も開かない。

そのなかで持統天皇の即位は、ほかから見れば遅延《ちえん》行為である。天武天皇の後継者となりうる子がいないのならともかく、成年に達している皇子はいる。その間で揉《も》めていて、だれかに決めれば政変が起きかねないほど対立的な緊張状態があったともいえない。天武天皇の遺児たちは、品位《ほんい》によって序列がなされていて、草壁皇子の次に位置する皇子はおのずと決まっていた。

当時の感覚からすれば、天皇の後継者は、天皇の子で、かつ母が皇女である者。ついで中央豪族の娘の所生で、やや埒外《らちがい》となるのが地方豪族の娘の所生の皇子となる。この序列のなかで、適切に政治判断のできる年齢となっている者で、できればそれらしい実績がある。以上が必要条件で、さらに臣下に支持されて異論がないことで十分条件となる。

この条件に該当《がいとう》しそうなのは、舎人《とねり》親王・長《なが》親王・穂積《ほづみ》親王である。新田部《にいたべ》皇女所生の舎人親王は六男で、大江《おおえ》皇女所生の長親王は七男だが、高市・草壁・大津の三皇子がすでに死没している。この時点では、忍壁《おさかべ》（刑部）親王・磯城《しき》親王を抜いて一・二位である。では、どちらが一位か。『続日本紀』の記載する序列は舎人親王が上位という（日本古典文学大系本『日本書紀』二十九巻注一）。その理由は母の出自《しゅつじ》らしく、父はともに天智天皇だが、舎人親王の祖母は大夫《まえつみぎ》層の阿倍倉梯麻呂《あべのくらはしまろ》の娘・橘《たちばなの》娘《いらつめ》で、長親王の祖母は中小豪族の忍海《おしぬみのこ》小龍《たつ》の娘・色夫古娘《しこぶこのいらつめ》だった。外的条件はそうだが、内実の優者は長親王であった。まず皇子として初叙位《はつじょい》となる浄広弐は、長親王が持統天皇七年で、舎人親王が持統天皇九年。最高位の一品《いっぽん》になったのは、長親王が霊亀《れいき》元年（七一五）以前で、舎人親王が養老二年（七一八）。兄弟順と生母《せいぼ》の優劣を逆転したのだから、長親王はよほどの才人《さいじん》なのか、舎人親王が健康状態などで何かの支障があったか。これに対して穂積親王は、蘇我大蕤娘《そがのおおぬのいらつめ》の子。長親王に次ぐ八男で、序列も三位。初叙《しょじゅ》こそ長親王より早い持統天皇五年以前だが、一品到達は同時かやや後《おく》れた霊亀《れいき》元年だった。長親王と並走《へいそう》しているが、そうなると皇族か豪族か生母の差が決め手になる。

つまり天武天皇の後継者については、草壁皇子が家督《かとく》を継承しなかったのだから、天武天皇の子世代のなかで家督継承者をあらたに決め直すべきである。孫世代の相続は、子世代が死没したあとの話で、当座《とうざ》は問題外である。そうなると、持統天皇の即位で留保《りゅうほ》されてきた天武天皇の後継者には長親王がいちばんの有力候補となる。それなのに、葛野王は「古来父子直系相続であって、草壁皇子の子がふさわしい」と述べた。そこで長親王が反論するところだが、弟の弓削親王が代弁《だいべん》すべく立ち上がろうとした。それを葛野王が叱りつけて、発言させなかった。ただ、もしも発言していたら、長親王は立太子した直後にでも、持統天皇の仕掛《しか》けた罠《わな》に嵌《は》まってその生命《いのち》を奪われていたろうか。

それでも、長親王の不満は生涯続いた。文武天皇没後にも、適任者がほかにいないことを理由に自分の即位を求めた。持統上皇派が予定していた氷高《ひだか》内親王（元正天皇）中継《なかつ》ぎ案は阻《はば》まれ（拙稿「元正女帝の即位をめぐって」『白鳳天平時代の研究』所収）、とりあえず元明女帝が即位してその場を収《おさ》めた。元明女帝が元正天皇に譲位したのは、長親王死没の三ヶ月後だった。これを偶然とはいえまい。

II

奈良時代

『旧唐書』に記された日本の国号改定の経緯はほんとうか

『旧唐書《くとうじょ》』（新人物文庫）東夷伝《とういでん》には倭国条と日本国条との別がある。唐では、倭国のなかに日本という国ができたのか、日本は倭国と別種の新発見の国なのか、日本が倭国を併呑《へいどん》してしまったのか、とつぜん日本国と称する国が遣唐使《けんとうし》を送ってきたものの、彼らの国がかつての倭国とどう関係するのかよく摑《つか》めないでいたようだ。だから日本国条の冒頭に「日本国は倭の別種なり」とし、「或《あ》いは、日本は旧《ふる》く小国にして、倭国の地を併《あわ》せたりと云《い》ふ」ともした。それでも一往《いちおう》は、もともと倭国であって、倭国から日本に国号をかえたのだろうと理解していたようだ。ちゃんと聞けばわかりそうなものだが、「其の入朝する者、多く自《みずか》ら矜大《きょうだい》にして、実を以《もっ》て対《こた》えず」といい、日本国の使者は夢のような摑み所のないことのみほざいて、ぬらりくらりして核心的《かくしんてき》なところをいわない。外交官の鑑《かがみ》のような奴《やつ》で、唐の応接係も正史《せいし》にまでこんな愚痴を記されるようではさぞ扱いに困ったのだろう。

さて、日本の使者は国号の変更を求めてきた。この通知は、記事の並び順からみて、おそらく大宝《たいほう》二年（七〇二）に派遣された日本使節団が、唐《とう》（周《しゅう》）の長安三年（七〇三）皇帝・武則天《ぶそくてん》に謁見《えっけん》されたときのことと思われる。『旧唐書』には「其の国日《ひ》の辺《かた》に在《あ》るを以《もっ》て、故に日本を以て名と為《な》す」とあり、「或《ある》いは、倭国自《みずか》ら其の名の雅《みやび》ならざるを悪《にく》み、改めて日本と為《な》すと曰《い》う」と記されている。

日本というのは、日のもと・太陽の出るところの意味であり、かつて隋に「日出《ひい》ずる処《ところ》の天子《てんし》、書を日没する処の天子に致《いた》す、恙《つつがな》無きや云々《うんぬん》」（『隋書』東夷伝倭国条）と書き出した国書を送って、煬《よう》帝《だい》の不興《ふきょう》を買った。だが煬帝が不快に思ったのは日本国王が天子を自称したことであり、「日出ずる処」については文句などなかった。もともと東という漢字は、木（扶桑《ふそう》という空想上の大樹《たいじゅ》）に日（太陽）が架《か》かってそこからまさに出ようという日の出のさまの象形文字《しょうけいもじ》である。太陽が扶桑の上にあれば「杲《こう》」で明るい意、扶桑の下《した》にあって隠《かく》れていれば「杳《よう》」で暗い意である。だから、地理的に東、太陽が出るところにある国であると認識しての自称には、まったく文句がない。「日《ひ》の辺《かた》に在るを以て、故に日本を以て名と為す」は、すなおに受け入れられる。あえていえば、国号はほんらい自称してすむ届出制でなく、中国皇帝が授けるものだということに違和感《いわかん》を懐《いだ》いたかもしれないが。

　ところで中国では、「なんで、国号をかえたのか」が話題となっていた。そして、自分たちにすぐに思い当たる事情として、「倭」という字の意味を知ってしまったのではないか、と臆測《おくそく》した。

　倭の旁《つくり》の「委」は女＋禾の合成文字だが、諸橋轍次《もろはしてつじ》氏著『大漢和辞典』によれば「女は従順なもの、禾は稲の穂のたれる義《ぎ》」で穂を垂れるところから「したがう」と「屈《かが》み曲《ま》がるさま・うねうねと曲がるさま」の意味が出てくる。すなわちのちに土蜘蛛《つちぐも》に例えられるような地面を這《は》いつくばって動き回り、穴居《けっきょ》生活をしている人々というイメージになる。それが「萎《な》える」意味にも転じて、人をあらわす倭という場合には「醜《みにく》い」との意味が造り出されていく。そういう悪意が込められた字だった。

　中国の文字を使って日本語を表記しはじめた倭人たちは、漢字の音の類似性をもとに一字一音で日本語に宛《あ》てたりした。たとえば、隅田《すだ》八幡宮蔵《はちまんぐうぞう》人物画像鏡銘《がぞうきょうめい》の「意柴沙加宮《おしさかのみや》」のように使った。それが滋賀県野洲市《やすし》西河原・森ノ内遺跡出土の天武《てんむ》朝の和文体木簡《わぶんたいもっかん》（二号木簡）のように、ほんらい「馬を得ざるが故」ならば「不得馬故」と書くべきなのに「馬不得」、「自ら舟人を率《ひき》ゐて」ならば「自率

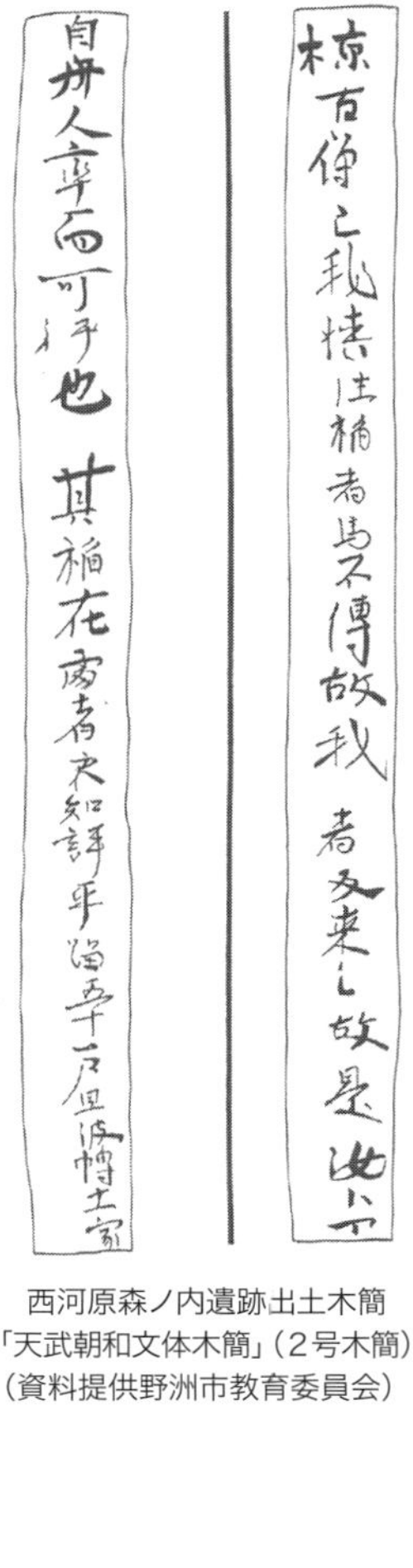

西河原森ノ内遺跡出土木簡
「天武朝和文体木簡」（2号木簡）
（資料提供野洲市教育委員会）

舟人」のはずなのに「自舟人率」と記した。つまり中国漢文の語順を覆《くつがえ》して、日本語で話す順に替《か》えて表記するようになっていった。漢字の意味を知って訓読《くんよ》みし、さらに日本語の語順に組み込んでいく作業が進んでいた。事例が発見されたのは琵琶湖東だったが、すでにこの地域の流通・運搬業者のあいだで使われているなら、都周辺では広汎《こうはん》に漢文・漢字の日本文・日本語への書き替え・読み替えがかなり行われて普及していただろう。さらに天武《てんむ》天皇は、『日本書紀』などの歴史編纂を円滑に遂行《すいこう》させるための作業として、天武天皇十一年（六八二）三月『新字《しんじ》』四十四巻の編纂をはじめさせている。ここでの古語・国語の選定作業・登録作業を通じて、漢字のほんらいの意味についての理解が深くなったことは十分に考えられる。そういうことから、唐（周）の人たちが推測したように、日本では倭について「其の名の雅《みやび》ならざるを悪《にく》」んで国号を改めよという意見を持つ人たちが増えた。倭じゃ哀《あわ》れな人の形の意味で雅《みやび》じゃないから、日本という悪い意味のない名にかえよう、と。

しかし吉田孝氏は、『日本の誕生』（岩波新書）でものの見事にこれを否定した。「漢字に精通した遣唐使の誰かが、苦しまぎれにそう（つまり其の名の雅ならざるを悪み、と）答えたのかもしれない」がそれが「本当の理由とはとても考えられない」（六頁）として、以下のような用例を掲げた。

たとえばこの日本国を称したときの遣唐使を送り込んだのは文武《もんむ》天皇だが、その天皇の和風諡号《わふうしごう》が倭根《やまとね》子《こ》豊祖父《とよおおち》天皇である。文武天皇の宮廷で嫌《いや》な国号だと思われていたのなら、顕彰する意味を持つ諡号《しごう》にまさか倭の字を付けるはずがなかろう。また都を置いていた国の中心である大和国について、文武天皇四年（七〇〇）十一月壬寅《じんいん》条で「大倭国葛上《かつらぎのかみ》郡」と表記させ、以降天平九年（七三七）十二月に大養徳《おおやまと》国に改められるまで大倭国と書かせていた。それ以後も、天平十九年三月に大倭国に戻り、天平宝字元年の末か翌年初めに大和国となるまで大倭国のままだった。これだけ活用しているなら、「倭の字は雅でないから使いたくない」などと廷内で思われていたはずがない。

そんなことより、わが身の周囲をあらためて眺めてみれば、その答えは歴然としている。私たちは、日本人が創意工夫して作った菓子のことを和菓子（倭菓子）と呼んでいる。和製ポップスは日本製のポップスの意味で、和洋折衷は日本と西洋の文化の折衷の意味である。平安時代の百科事典は『和《わ》名類聚抄《みょうるいじゅうしょう》』とも『倭名類聚抄』ともいい、歌集は『古今和歌集《こきんわかしゅう》』『和漢朗詠集《わかんろうえいしゅう》』だし、江戸時代の解剖《かいぼう》書も『ハルマ和解《わげ》』という。それにいまでも『英和《えいわ》辞典』『和英辞典』といって憚《はば》らない。「和（倭）なんて屈辱的だ」という意見など、聞いたことがない。倭・和という言葉を喜んでいるとまではいわないが、少なくとも嫌がるそぶりも見せず、筒香嘉智《つつごうよしとも》選手（横浜DeNAベイスターズの四番打者）を和製大砲と名付けるなど親《した》しみを込めて使い続けている。倭が雅《みやび》でないから使わないなどと考えたことなど中国人の「被害」か「加害」妄想《もうそう》であって、日本にはかつて一度もなかったのである。

『日本書紀』本文はどのように読まれていたのか

日本古典文学大系本の『日本書紀』を開けると、たとえば神武《じんむ》天皇即位前紀《そくいぜんき》はこのようになっている。神武天皇が東征《とうせい》の決意を披瀝《ひれき》する場面で、天祖《あまつみおや》である瓊瓊杵命《ににぎのみこと》が日向《ひゅうが》の高千穂《たかちほ》に降《お》り立《た》ってからの年限を語る。そのさい、

天祖《あまつみおや》の降跡《あまくだ》りましてより以逮《このかた》、今に一百七十九萬二千四百《ももよろづとせあまりななそよろづとせあまりここのよろづとせあまりふたちとせあまりよほとせあまり》七十余歳《ななそとせあまり》。而《しか》るを、遼邈《とおくはるか》なる地《くに》、猶未《なおいま》だ玉澤《みうつくしび》に霑《うるお》はず。遂《つい》に邑《むら》に君《きみ》有《あ》り、村《むら》に長《ひとごのかみ》有《あ》りて、各自疆《おのおのさかい》を分《わか》ちて、用《も》て相凌《あひしの》ぎ轢《きしろ》はしむ。

とあり、書《か》き下《くだ》し文の横にびっしりと和訓《わくん》が付けられている。これは現代の国語学者が、本文のすべてについて「当時の訓読（古訓《こくん》）はこうだったろう」と推測して付《ふ》したものである。

しかし、古代に『日本書紀』を手にした人々は、このような長々《ながなが》しい訓読《くんよ》みをしていたのだろうか。

現代でも、消える外来語と定着する外来語がある。もちろん日本語にない概念の外来語、例えば「クリック」「インストール」などは、そのまま使わざるをえない。それ以外の、日本語がある場合で、消えるか消えないかの規準の一つが言葉の長さにあるらしい。洒落《しゃれ》ていて一時は流行語ともなるのにいつしか聞かなくなる場合は、短かい日本語があればその方が便《べん》がいいから。もちろんその逆もあるわけで、長々しい日本語より外来語の方が短ければ、その外来語は残りうる。たとえば「ミシン」「アイロン」は電動式縫製機《ほうせいき》・電気火熨斗《ひのし》となるところだが、外来語の方が短い（金田一春彦《きんだいちはるひこ》氏著『日本

語の特質』日本放送出版協会など参照)。短い方が優先され、長すぎるものはやがて淘汰《とうた》される。そうなると和訓の五十五字よりヒャクシチジュウクマンニセンシヒャクシチジュウヨと二十字で音読みした方が、半分以下の手間《てま》で済む。音読《おんよ》みの方が優《すぐ》れている。口数《くちかず》で倍もかかりしかも「あまり」という言葉を六回も繰り返す煩瑣《はんさ》な和訓を使いつづけていたとみなすのは不自然で、理解に苦しむ。

ところが『日本書紀私記《しき》』(新訂増補国史大系本)丙本・神武によれば、

降跡以(安末久太里末之氐與利己乃加多《あまくだりましてよりこのかた》)一百(毛々與呂川止世《ももよろづとせ》)七十(奈々與止世《ななよとせ》)九萬(己々乃《ここの》世呂川止世《よろづとせ》)二千(不太知止世《ふたちとせ》)四百(與保止世《よほとせ》)七十余歳(奈々曽止之安末利《ななそとしあまり》)遼邈之地(止於久《とほく》波流加奈流久尔《はるかなるくに》)王澤(美宇津久之比《みうつくしび》)遂使(世之安豆《せしあづ》)陵躒(志乃支々志呂布《しのききしろふ》)　(一一八〜九頁)

とあり、和訓で読むようになっていた。ここに掲げたものはそのごく一部だが、『日本書紀私記』には本文の語句について多くの和訓が記載されている。「取捨随勅」は「上二字、止毛加久毛止利太万《ともかくもとりたま》波牟《はむ》。美古止乃末尔末尔《みことのまにまに》」、「百机飲食奉進」は「毛々止里乃津久倍毛乃太氐万津留《ももとりのつくへものたてまつる》」(一〇二頁)など、おびただしい和訓例が掲載されている。これらの和訓を記した部分がいまの形になったのは平安後期らしいが(西宮一民氏「日本紀私記」『国史大辞典』十一巻)、平安時代を通じて議論し確定してきた訓読みを集成してみせたものである。ということは、つまり平安時代を通じて、たしかにこのような訓読作業が積み重ねられてきたこととなろう。

ではここに示されているように、古代の人々はおたがいにこのような和語で話していたのだろうか。そのようなこと、筆者にはとうてい想像できない。日本語の訓が定着して巷間に認められているものは訓読みで用いられたとしても、本文中の多くの漢語はその中国語のままつまり音読みのままで通用し理解されていたものと思う。

というのも、『日本書紀』の本文には周知のごとく中国史書からの引用が多い。小島憲之《のりゆき》氏が『上代日本文学と中国文学』（塙書房）で解明されたごとく、『芸文類聚《げいもんるいじゅう》』などの類書《るいしょ》からの孫引《まごび》きが多い。つまり本文には、完全な中国文が並んでいる。たとえば継体《けいたい》天皇二十一年（五二七）八月辛卯条は、

咨、大連、惟茲磐井弗率。汝徂征。物部麁鹿火大連再拝言、嗟、夫磐井西戎之奸猾。負川阻而不庭。憑山峻而称乱。敗徳反道。侮嫚自賢。在昔道臣、爰及室屋、助帝而罰。拯民塗炭、彼此一時。唯天所賛、臣恒所重。能不恭伐。詔曰、良将之軍也、施恩推恵、恕己治人。攻如河決。戦如風発。重詔曰、大将民之司命。社稷存亡、於是乎在。勗哉。恭行天罰。天皇親操斧鉞、授大連曰、長門以東朕制之。筑紫以西汝制之。専行賞罰。勿煩頻奏。

であるが、これを『芸文類聚』武部と比較すると、

咨、禹、惟茲有苗弗率。汝徂征（戦伐・尚書）。嗟、夫呉之小夷、負川阻而不廷（戦伐・魏楊脩出征賦《しゅっせいふ》）。憑山阻水（戦伐・晋張載平呉頌）。称乱（戦伐・晋陸士竜南征賦）。侮嫚自賢、反道敗徳（戦伐・尚書《しょうしょ》）。在昔周武、爰曁公旦、載主而征。救民塗炭、彼此一時。唯天所讃（戦伐・魏文帝於黎陽《れいよう》作詩）、良将之軍也。恕己治人、推恵施恩、……戦如風発、攻如河決（将帥・黄石公三略）。大将民之司命。社稷存亡、於是乎在（将帥・枹朴子《ほうぼくし》）。恭行天之罰。夫子勗哉（戦伐・尚書）。主親操鉞、授将軍曰（将帥・淮南子《えなんじ》）。閫以内寡人制之。閫以外将軍制之。軍功爵賞、皆決於外（将帥・漢書《かんじょ》）。

とあって、文字囲部分の地名・人名はもちろん変わっているが、その文章表現は同文か変えていてもその意訳である。これにつづく継体天皇二十二年十一月条での主力軍同士の戦闘場面も、そうだ。

廿二年冬十一月甲寅朔甲子、大将軍物部大連麁鹿火、親与賊帥磐井、交戦於筑紫御井郡。旗鼓相望、埃塵相接。決機両陣之間、不避万死之地。遂斬磐井、果定疆場。

とあるが、『芸文類聚』武部・将帥・後魏温子昇広陽王北征請大将表の「旗鼓相望、埃塵相接。決機両陣之間、不辞万死之地」と辞から避への一字しか変えていない。これは中国での戦いのさまであって、日本でそんな戦闘場面が本当にあったのか疑わしく思える。

こうして中国古典そのままなのに、「良将」を「すぐれたるいくさのきみ」、「社稷《しゃしょく》の存亡《そんもう》」を「くにいへのほろびほろびざらむこと」と訓読みしたところで意味がない。外国文献をそのまま採ったのなら、外国文献のあるがままに読みとっておけばよかろう。現代でも外国語に堪能《たんのう》な人は、外国語をいちいち日本語に訳してから理解しているのではなく、外国語の語順のままにじかに外国語として理解してしまっている。それと同じならば、訓読み過程など必要ない。つまり『日本書紀』の文章は語順を入れ替えたりする作業なしに、そのまま理解されたろう。だから単語を日本語の何にあたるものと読みとるかは問題にされるとしても、文章の読み方が問題とされることなどない。英語は英語として聞き取り、英語で考えて作文し返答する。英語をまず日本語にし、日本語で返答を考えてからそれを英作文する、というわけじゃない。英語は英語として、あるいは中国語は中国語として文頭からその語順のままで読み取ってしまうのだから、つまり英語発音あるいは中国語音つまり音読みで理解してしまっている。それなのになぜ、単語をことさらにしかもむりに訓読《くんよ》みしようと努《つと》めたのか。

それは単語の読みではなく、漢語の意味の説明である。今野《こんの》真二《しんじ》氏著『振仮名の歴史』（集英社新書）に「顚仆《コケル・コロブ》」「活業《ナリワイ・ヨワタリ》」「粉砕《コナミヂン》」とあるように、振仮名は単語についての情報説明なのだ。

しかも、数詞《すうし》が音読みされていた証拠もある。

『万葉集』（日本古典文学全集本）によると、

心ぐく　思ほゆるかも　春霞　たなびく時に　言《こと》の通《かよ》へば　（巻四―七八九）

あしひきの　木《こ》の間《ま》立ち潜《く》く　ほととぎす　かく聞きそめて　後《のち》恋ひむかも　（巻八―一四九五）

若草の　新手《にいた》枕《まくら》を　まきそめて　夜《よ》をや隔てむ　憎くあらなくに　（巻十一―二五四二）

とあるが、このククの部分の原字はいずれも「情八十一」「許乃間立八十一」「二八十一不在国」であり、八十一と表記されている。つまり「九×九」だからであり、二をニ、九をクと音読みしていたことが明らかである。

万代《よろづよ》に　かくし知らさむ　み吉野の　秋津《あきつ》の宮は　神からか　貴くあるらむ　（巻六―九〇七）

とある「かくし知らさむ」の原字は、「如是二二知三」である。「二×二」だからシと読み、三はサムと音読していたのである。

すなわち古代の人々は、日本語がまだ成立していないような概念の漢字については、音読みせざるをえなかった。『日本書紀』の膨大な漢文についても、日本語に置き換えられるはずもなく、基本的には中国語のままで理解していくほかなかった。そのなかで傍訓《ぼうくん》をつける努力をしているのは、そう読んできたのではなく、この言葉はそのように日本語的に解釈できる・解釈すべきだという意味の語釈として付しているのである。

仏教経典についても、優婆塞《うばそく》になるさいは呉音《ごおん》での音読のほかに訓読も求められてきたようだ。

僧霊《そうりよう》　福謹《ふくつつしみて》　解申《げしもうす》貢度《ど》人事《にんをこうすること》

槻本 連《つきもとのむらじ》 堅満侶《かたまろ》 年廿八 左京三条二坊戸主従八位上槻本連大食《おおじき》戸口

読経《どきょう》

法花《ほけ》経一部音訓　　即開題　　最勝王《さいしょうおう》経一部音訓

涅槃《ねはん》経一部音訓　　注維摩《ゆいま》経一部訓　　方広《ほうこう》経一部音訓　（下略）

天平十四年十一月廿三日　　（『大日本古文書』二―三一九頁）

とあるように、音訓・訓などの注記があり、堅麻呂には訓読しかできない経典もあったようだ。音訓で読めるというのなら、経典は日常的に訓読みされていたのだろうか。いやそうではあるまい。日本語の傍訓をつけられるのであれば日本語的な解釈ができていて、経文の意味が理解されている。そうした勉学の成果を確認するためであったろう（拙稿「万葉八九四番歌の言霊について」「万葉古代学研究所年報」五号）。

であれば、『日本書紀』の本文に傍訓《ぼうくん》が付されていても、こうした訓読みが巷間《こうかん》になされていたという証拠にならない。またその傍訓通りの日本語で、当時の人々がこれらの文を読み取っていたわけでもない。『日本書紀』は漢語文なのだから、ほんらいもちろん返り点を付けたり語順を転倒させて読み取ろうとしたりせず、中国語で文頭からそのまま読むべき代物《しろもの》であった。卑近《ひきん》なたとえ話をすれば、大学の外国語演習において、学生が外国語文の行の上下の隙間《すきま》に日本語の訳文を書き付けてアタルのに備える。そういう授業中の風景にも、またやや事情は異なるが「醜聞《スキャンダル》」「意匠《デザイン》」「五輪《オリンピック》」「聖書《バイブル》」「子守唄《ララバイ》」「麺麭《パン》」「青果《フルーツ》」「猫目石《キャッツ・アイ》」「真珠湾《パール・ハーバー》」などのあり方にもどこか似ている。

『日本書紀』はどう読まれ、『古事記』はいつから読まれてきたか

『古事記《こじき》』『日本書紀』編纂の趣意《しゅい》は、七〜八世紀に力を持っていた大王家が、日本国内を支配していることの正当性を過去に溯《さかのぼ》って説明することにある。各氏族員の現在の地位は過去の祖先の行ないが理由でそうなっており、それゆえにいまやその立場は覆《くつがえ》せない。つまり下剋上《げこくじょう》や革命で支配者の地位に取って代わろうなどという気持ちを起こさせないための読み物である（拙著『古代史の謎を攻略する』奈良時代篇／17「『古事記』と『日本書紀』はどう違うのか」）。このうち『日本書紀』は中国漢文で記されているのだから、唐《とう》に持って行って日本文化の高さを見せびらかしてもよいはずだが、『芸文類聚《げいもんるいじゅう》』などの類書《るいしょ》を駆使《くし》して中国の典籍の表現を嵌《は》め込《こ》んだ書籍に過ぎないという来歴《らいれき》の恥を知っていたのか、そうした形跡はない。『宋史《そうし》』によれば雍熙《ようき》元年（九八四）に「日本国の僧奝然《ちょうねん》、其の徒五、六人と海に浮かびて至る。……本国の職員令《しきいんりょう》・王年代紀《おうねんだいき》各一巻を献ず」とあって、『王年代紀』という書によって神武《じんむ》以来光孝《こうこう》までの天皇の名と若干の事績が中国政府に伝えられている。ただし『王年代紀』の作者や編纂の意図も、『日本書紀』と『王年代紀』の関係もよくわかっていない。

さて『日本書紀』に天皇と各氏族の差を明瞭にする意図があったというのなら、読まれなければいけない。ただ黙って待っているのでは、誰もわざわざ読むまい。そこで宮廷行事として『日本書紀』を講ずる講筵《こうえん》が設けられ、講師を立てての講書《こうしょ》が行われはじめた。

『日本書紀私記《しき》』（新訂増補国史大系本）によれば、最初の講筵は養老五年（七二一）にあったというが、

『日本書紀』完成直後なので、書籍ができたことのお披露目《ひろめ》に重点があったようだ。弘仁《こうにん》三年（八一二）六月には外記曹司《げきのそうじ》で講筵があり、参議《さんぎ》の紀広浜《きのひろはま》・阿倍真勝《あべのまさかつ》ら十人あまりが読み、多人長《おおのひとなが》が執講《しっこう》を務《つと》めた。ついで承和《じょうわ》十年（八四三）六月に内史《ないし》局で、菅野高年《すがのたかとし》が講師となって講書があった。元慶《げんぎょう》二年（八七八）二月にはじまった講筵は盛大で、大学助教の善淵愛成《よしぶちのちかなり》を博士、大内記《だいないき》の島田良臣《しまだのよしおみ》を都《と》講《こう》とし、太政大臣《だいじょうだいじん》藤原基経《もとつね》以下参議以上の閣僚が出席した。宜陽殿東廂《ぎようでんとうしょう》での講筵は三年も続けられて同五年六月に終了し、翌年八月に日本紀竟宴《きょうえん》が催された。続いて延喜四年（九〇四）八月、藤原春海《はるみ》を博士、矢田部公望《きみもち》・葛井清鑑《ふじいのきよかね》を尚復《しょうふく》とし、二年後の同六年に竟宴が開かれた。

ところで『新古今和歌集』（新日本古典文学大系本）に「みつきもの許されて国富めるを御覧じて仁徳天皇御歌」とあって太平洋戦争前に著名であった「たかき屋《や》にのぼりて見れば煙たつ　民の竈《かまど》はにぎはひにけり」（七〇七）という歌は、じつはこの延喜六年の講筵のあと、藤原時平《ときひら》が日本書紀講書で得た知識を題材として詠《よ》んだ「高殿《たかどの》に登りて見れば天の下　よもに煙《けぶ》りて今ぞ富《と》みぬる」が訛《なま》って伝えられ、それが添削《てんさく》されて載《の》せられたものである。

講書はさらに続き、承平六年（九三六）十二月には矢田部公望が博士となり、橘仲遠《たちばなのなかとお》を尚復とし、天慶六年（九四三）十二月に竟宴が催された。最後の康保《こうほう》二年（九六五）八月には橘仲遠が博士となって講書が行われ、通計して平安時代に六度の『日本書紀』講筵が催された。

講書の内容は『日本書紀私記』に記されていて、それによれば話は神代《かみよ》から持統《じとう》天皇までの記事に及んでいる。関心事の中心は漢語の訓《よ》みにあるようだが、記事内容の疑義《ぎぎ》も討議されている。たとえば持統天皇十一年（六九七）二月甲午条に「東宮大傅《とうぐうたいふ》并《ならび》に春宮大夫《とうぐうだいぶ》等を召す」として八月乙丑条に「天皇、策《さく》を禁中《きんちゅう》に立て、天皇の位を皇太子に禅《ゆず》る」とあるのに、そもそも皇太子を立てたという記事がない。「王子枝別記《おうじしべつき》」によって、持統天皇十一年二月壬午条に「珂瑠《かる》皇子を立てて皇太子と為《な》す」の記事を補うべきだとする。また推古《すいこ》天皇十五年（六〇七）七月庚戌《こうじゅつ》条に「小野妹子《おののいもこ》を大唐に遣《つかわ》す」とあるのは誤りで、「海外記」と『隋書』をもとに「隋《ずい》」と改めるべきだと指摘している。こうしたやりとりの記事からすれば、全巻を読み通す講義だったのだろう（山田宗睦氏著『日本書紀』教育社）。

しかし貴族の政治力が弱まると宮廷全体での講筵は行われなくなり、講書したとしてもそれは公家個々人に留《とど》まる。『日本書紀』の呪縛《じゅばく》が意味を持たない武家を中心とした社会では、『日本書紀』の読者が変化する。すなわち神道家《しんとうか》が仏教に対抗するために読むか、または仏教者から神道を巻き込むために読むか。いずれにせよ宗教者が読み手となり、神道家の間では度会《わたらい》神道、両部《りょうぶ》神道、吉田神道へと発展していく神道教学の典拠《てんきょ》となっていく。そうなると講究《こうきゅう》の関心事は『日本書紀』全体でなく、神代巻《じんだいかん》に偏《かたよ》ってしまう。その成果としては、度会神道系で忌部正通《いんべのまさみち》著『日本書紀口訣《くけつ》』（五巻、一三六七年成稿）、吉田神道で吉田兼倶《かねとも》著『日本書紀神代抄』などがある。一条兼良《かねら》著『日本書紀纂疏《さんそ》』（六巻、康正年中［一四五五〜五七］成立）や清原宣賢《のぶかた》（兼良の子）著『日本紀神代巻抄』など貴族の著作もその傾向にあり、おもに僧侶・神官による神代巻に絞った研究が行われていた。

近世になると、版本の刊行がはじまる。それまでは写本自体が貴族階層や僧侶・神官身分など特殊な人にしか閲覧《えつらん》できなかったので、関心を持とうにも持てなかった。それが慶長四年（一五九九）に神代巻の勅版が出され、以降文化元年（一八〇四）まで九度の刊行があった。また全三十巻本も、慶長十五年から元治元年（一八六四）まで八回刊行されている。

「古事記」を撰上した太安万侶の墓（石井久恵氏提供）

全巻を通じた注釈書は谷川士清《ことすが》著『日本書紀通証《つうしょう》』（三十五巻、一七六二年刊）が最初で、河村秀根《ひでね》著『書紀集解《しっかい》』（三十巻）がこれに次ぐ。この二書の関心事は『日本書紀』記事の出典調査にあり、その分野では小島憲之氏の研究以前で群を抜く高い水準を示した。江戸末期に鈴木重胤《しげたね》も『日本書紀伝』（一四七冊）で全巻注釈を試みたが、文久三年（一八六三）に死没して頓挫《とんざ》。それ以後は、明治二十四年（一八九一）刊行の敷田《しきだ》年治《としはる》著『日本紀標註《ひょうちゅう》』、同三十五年刊行の飯田武郷《たけさと》著『日本書紀通釈』（七十巻）があり、江戸時代までの研究成果を集成している。各論では壬申の乱を扱った伴信友（一七七三年生～一八四六年没）著『長等《ながら》の山風《やまかぜ》』などがあり、個別研究ももちろん進められていた。

『日本書紀』は右のようにつとにその存在を知られていたが、『古事記』は存在自体が知られていなかった。これを古代史書として注目させたのはひとえに本居宣長《もとおりのりなが》著『古事記伝《こじきでん》』（四十四巻、寛政十年［一七九八］成立）の刊行によるもので、三十五年の歳月を費《つい》やした彼の紹介と精密な注釈によって一躍価値を高め、記紀と称されて古代史書の双璧《そうへき》とされるほどの地位を確立した。

　中世までは神道家たちの間でなら知られていたようだが、一般の人にとって『古事記』は無名だった。それでも文永十年（一二七三）に卜部《うらべ》兼文《かねふみ》が『古事記裏書《うらがき》』で注釈を試みており（おおかたは北畠親房《ちかふさ》の述作とする説がある）、幻の書でもなかった。とはいえそこで採り上げられているのは二十数項目で、『大倭本記《やまとほんぎ》』『日本決釈《にほんけつしゃく》』『古風土記』など和漢の古典籍で注釈したものに過ぎない。近世になって稀覯書《きこうしょ》の渉猟《しょうりょう》が促されたのか、そのなかで賀茂真淵《かものまぶち》が『古事記』を目にした。真淵は本文批判を施して序文作者は「太安万侶《おおのやすまろ》とは別人」と述べて信憑性を疑ったが、宣長は真撰《しんせん》とみて大々的にしかも中核的な研究資料としてこれを採り上げた。太安万侶撰か偽書かをめぐる論争はいまでも決着を見ないが、宣長が真撰と見て採り上げたことではじめてそして一気に脚光を浴びたのである。

『日本書紀』は中国漢文で、『古事記』『万葉集』はなぜ和語なのか

『日本書紀』は天皇家がその支配の由来《ゆらい》を臣下に示すのがそもそもの趣意《しゅい》だが、来日した中国使節団に「日本にも中国と同じように、王朝の来歴を記した歴史書がある」と示せるよう、中国漢文を駆《く》使《し》して記してあった。とはいえ、中国文献を剽窃《ひょうせつ》・盗《ぬす》み見《み》して切り接《は》ぎしながらそれらしく装《よそお》った著作権侵害満載《まんさい》の書と断じられても抗弁《こうべん》できない。これに対し『古事記《こじき》』では漢文的表現を主とするが、字音《じおん》を使って和語《わご》を書いた部分も少しくある。『万葉集《まんようしゅう》』でも、漢字の日本語的な意味つまり訓《くん》を用いたり、漢字の音を使ったりして、詠《よ》まれたときの和語が分かるようになっている。

古代の大半の人たちは喋っても筆記《ひっき》しなかったので、書記文化は支配者層だけのものだった。支配者層は知識人層なのだが、口では日本語を喋っても、書くとなれば、日本語独自の表記文字がないので中国漢文を使った。つまり口では日本語、書くのは外国語、という変《へん》な生活だった。「書かれた日記を読んで」といわれたら、書いたときを思い出してその場で日本語に置き換えるか、筆記されている外国語のまま読み上げるかだ。だが、口にしたままの日本語でなければ、という場合もある。和歌は日本語の一定の語数の範囲で込《こ》めた思いを伝え、その表現の良否を競《きそ》う。これを外国語の形で記録しておいたら、詠み上げるときに詠まれた当時の日本語にただしく戻せるかどうか。たとえば『万葉集』（日本古典文学全集本）で柿本人麻呂《かきのもとひとまろ》の詠んだ歌の原文は「反見為者　月西渡」（巻一—四八）となっているが、詠《よ》み手は「月、西に渡る」と詠むべきか「月、かたぶきぬ」と詠んでもいいか。本人

がどう詠んだかの確証を持てない。現《げん》にいまは「月、かたぶきぬ」が優勢《ゆうせい》だが、江戸時代までは「月、西に渡る」が通説《つうせつ》だった。漢文的表記にしてしまうと、詠み上げる人の解釈によって歌が異なってしまう。でも和歌なのだから、なんとか原形が保たれるように書記したい。そうなると、絶対に読み間違われない漢字和訓の表記と漢字の音を利用した一字一音の形を使うほかない。『古事記』（新編日本古典文学全集本）序文に「すべて訓を用いて記述すると、文字が言わんとするところに届かない場合があり、すべて音を用いて記述すると、長々しくて意味がとりにくい」というのはそのことで、煩《わずら》わしいけれども音・訓を交えて記述するという折衷案《せっちゅうあん》を採《と》った理由の説明となっている。

つまるところ、漢字・漢文では表記できない世界があり、和語の世界とは一致しない。中国では見・看・観・診・視・覧・省のそれぞれに違いを感じるから、違う字を使う。しかし日本人が目でみるのは「ミる」のみでことさらに区別する必要を感じない。反対に古代日本人がこだわりたい言葉もある。火遠理命《ほをりのみこと》は兄神に「淤煩鉤《おぼち》・須々鉤《すすち》・貧鉤《まづち》・宇流鉤《うるち》」と呪文を唱《とな》えながら後《うし》ろ手《で》に渡すが、これを「ぼんやりの針・猛《たけ》り狂う針・貧しい針・役立たずの針」にあたる漢字・漢文に置き換えても、意味をなさない。日本語で唱《とな》えるからこそ、呪文《じゅもん》として有効なのだ。日本語世界のものは、やはり日本語表記でしか表わせない。中国漢文で日々筆記しながらも、そうした気持ちがつねにまた強く懐《いだ》かれていなかったら、違和感《いわかん》解消の執念《しゅうねん》が続いていなかったら、仮名《かな》文字の発明はなかったろう。

要するに、漢文で書き留《と》めるのが知識層の習慣とされていても、喋っている和語で理解したかったし、理解させたかった。また日本語以外では表わせない思いを、古代日本の支配者層の間に伝え残したかった。だから『古事記』『万葉集』は漢文に書き換えられず、日本語が使われたのである。

元正女帝の独身は、不思議でなかったか

かつて筆者は元正《げんしょう》女帝（氷高《ひだか》内親王）即位の事情について「文武《もんむ》天皇がもしも没《ぼっ》したのちにその子が後《あと》を継ぐまでの間を埋める中継《なかつ》ぎの女帝とするため、独身のままで待機させられていた。女帝は独身でないと、天皇の夫という特殊な立場の人の処遇《しょぐう》に困るからだ。氷高内親王に独身であるよう指示したのは祖母《そぼ》の持統《じとう》上皇で、自分が草壁《くさかべ》皇子の遺児《いじ》・珂瑠《かる》皇子（文武天皇）の即位まで埋めた役割を、彼女に期待した。しかし文武天皇が没してじっさいその局面になると、いくら天皇の子であろうとも、もともと皇后でない皇女を即位させるより、天武天皇の子である長《なが》親王の方が天皇として妥当《だとう》だとする意見に押された。その結果、事態収拾のために、当初計画になかった元明《げんめい》女帝（草壁皇子の妃）の即位となった。その長親王の死没直後に氷高内親王を即位させたのは、こうした裏事情《うらじじょう》があってのことだ。そう推測する理由は、元明女帝が精神的・肉体的に疲労して退位したくなったというときに、三十四歳の氷高内親王が独身でいますぐ即位することが可能な状態にいた。それがあまりに不自然だからだ」と解《かい》した（拙稿「元正女帝の即位をめぐって」『白鳳天平時代の研究』所収、笠間書院）。

これに対して、この当時、独身のままでいる皇女などいくらでもいる。その世代に自分の身分に見合う、また相応《ふさわ》しい年齢の皇子が見あたらなければ、独身はめずらしい事態でない、という意見が出されている（仁藤敦史氏著『女帝の世紀』講談社など）。いくらでもいるというのに、具体例は一つも挙げられていない。知っているのなら、せめて一つでも例示《れいじ》されればよいと思うが。

この意見の背景には、『令義解《りょうのぎげ》』継嗣令《けいしりょう》王娶親王条の規定が思い浮かべられているのだろうか。

皇子は皇女でも臣下の子女でも、だれを婚姻の相手にしてもいい。しかし皇女には、その自由がなかった。その規定が王娶親王条の「凡《およ》そ王、親王を娶《めと》り、臣、五世の王を娶らば聴《ゆる》せ。唯《ただ》し、五世の王は親王を娶ることを得ざれ」で、「男子の（四世までの）王が内親王《ないしんのう》を娶ること、臣下の男子が五世の王女を娶ることは認められる。それでも男子の五世王は内親王と結婚できない」とある。つまり五世の王女は皇親の範囲から外《はず》れるので臣下の男と結婚してもいいが、五世の男王はもう皇親でないから内親王と釣り合わない、というわけである。この規定に従えば、たしかに皇女の婚姻範囲は狭まる。皇子はほとんど何の制限もないというのに、四世までの皇女は臣下と結婚できず、四世までの皇子しか結婚相手にできない。その意味では、相手にできる人がいないために、結婚できないことがあっても不思議でないようにも思えるところだ。

だが、それが氷高内親王の場合もそうなるかとなれば、それは違う。

前近代の上流階級の婚姻は、ほとんど政略《せいりゃく》結婚である。本人の同意など不要で、親・家同士で結婚を決める。好きな人は別の家に置いて、そこで会《あ》えばいいのだ。それでも、そうしようとしてもほとんどの皇子が結婚済みであったらどうするかといえば、四世王の皇女ならばもしかすると諦《あきら》めるかもしれないが、一世王の皇女なら結婚相手のいないはずがない。結婚を諦める必要などまったくない。

『源氏《げんじ》物語』で、主人公・光《ひかる》源氏の正妻はながらく紫《むらさき》の上《うえ》であった。明石《あかし》の御方が来ようと、花《はな》散里《ちるさと》がいようと、正妻は彼女だった。ところが朱雀《すざく》帝からのたっての依頼で、その娘つまり一世王の女三宮《おんなさんのみや》が光源氏のもとに降嫁《こうか》すると、正妻の座は女三宮のものとなった。朱雀帝は紫の上という事実上の正妻がいることは百《ひやく》も承知である。それでもそこに娘を送り込めば、その身分差によって女三宮は正妻の座に坐《すわ》る。紫の上は、その座を譲らざるをえない。ということは、すでに婚姻をなしている皇子のもとに氷高内親王が入れば、前の正妻がその座を降《お》りて譲る。「結婚相手のいないはずがない」といったのは、相手がすでに結婚して正妻と暮らしていようが、彼女はそんなことを憚《はばか》ることなく結婚して公然と正妻の座を奪える身分にあるからである。

『源氏物語』は架空《かくう》の物語であり、「それはしょせん空想の世界の話でしょ」というのなら、白壁王《しらかべ》（光仁《こうにん》天皇）の家を実例として挙げよう。白壁王の妻といえば、高野新笠《たかののにいがさ》である。結婚がいつだったか不明だが、天平九年（七三七）に山部王《やまべ》（桓武《かんむ》天皇）を産み、そのあと早良王《さわら》を儲《もう》けている。そこに聖武天皇の一世王の皇女・井上《いのえ》内親王が降嫁した。降嫁は斎宮《さいぐう》から帰還した天平十六年以降で、天平勝宝三年（七五一）には他戸王《おさべ》が生まれている。高野新笠をどかして正妻になり、光仁天皇の皇后におさまっている。つまり一世王という政治力で、正々堂々と正妻の座を明け渡させたのである。このために山部王は婚姻を止《と》められ、皇太子になったあとの宝亀《ほうき》五年（七七四）まで子を作れなかった。実弟の早良王は大安寺《だいあんじ》に入れられ、正式に授戒《じゅかい》した比丘《びく》になっていた。井上内親王との直系皇子・他戸王の血脈だけが残るように作為《さくい》されたのだ。これが一世王の皇女が降嫁したときの現実である。前正妻がどうなろうと、前正妻の子がどうなろうと、一世王の皇女ならば自由にいや無慈悲にどこの王家にでも降嫁できる。だから、「ふさわしい相手がいなければ独身もやむを得ない」などといじける必要などない。そうであれば、ぎゃくに自由に結婚先を選べるのに、氷高内親王はどうして結婚しないでいたのか。それがやはり問題であり、筆者のきっかけの疑問はなお有効なのである。

長屋王の変の真相は、皇位継承をめぐる腹の探り合いだったのか

神亀《じんき》六年（七二九）二月十日、左京三条二坊にある左大臣・長屋王《ながやおう》邸がとつぜん兵士に取り囲まれた。きっかけは平城左京住人の漆部君足《ぬりべのきみたり》・中臣 宮処東 人《なかとみのみやこのあずまひと》が、「長屋王が左道《さどう》を学んで、国家を転覆《てんぷく》しようと画策《かくさく》している」つまり邪道《じゃどう》によって天皇に対するクーデタを計画している、と密告してきたことだった。密告は左京 職《さきょうしき》に対してなされ、その長官である左京大夫・藤原麻呂《まろ》が兄・武智麻呂《むちまろ》を通じて廷内に報《し》らせ、いま式部卿《しきぶきょう》・藤原宇合《うまかい》が動員した六衛府《りくえふ》の兵士が包囲している。

聖武天皇の諒解のもと、舎人《とねり》親王・新田部《にいたべ》親王や多治比池守《たじひのいけもり》・藤原武智麻呂らが糺 問《きゅうもん》に当たり、長屋王は政府首班から一転して大逆 罪《たいぎゃくざい》に問われ、結局犯罪者として果《は》てた。しかしのちに、それは冤罪《えんざい》と分かった。長屋王の変から九年後、中臣宮処東人が役所勤務の合間に囲碁《いご》を楽しんでいたとき、相手をしていた大伴 子虫《おおとものこむし》が怒り出した。子虫はかつて長屋王に仕《つか》えた人で、東人と囲碁をしていて話が長屋王の変に及んだのだ。詳細は不明だが、東人が「罪なんか何も無かったのは知ってたんだけど、密告すれば出世させてやるぞと唆《そそのか》されて。イイ話だもんネ」と自慢げにいったのか、子虫は聞いた裏事情《うらじじょう》に憤激して彼を斬殺《ざんさつ》した。しかもこの事件の顚末《てんまつ》を記した『続 日本紀《しょくにほんぎ》』も、東人のことを「長屋王を誣告《ぶこく》せるの人なり」として、長屋王は無罪なのに告発されたと認めている。

冤罪だといつ分かったのか。『続日本紀』編纂時点の認識なのか、それとも中臣宮処東人殺害事件のとき、下級官人たちは知らなくとも、すでに史官《しかん》をふくめて廷内ではかなり知られていたのか。そ

れも問題だが、なによりもなぜ冤罪事件が起こったのか。つまり誣告が、誰により何のために仕組まれたのか。そちらの解明の方が、より重要であろう。

当初考えられてきたのは、皇親勢力と貴族勢力の間に鬩《せめ》ぎ合《あ》いがあり、長屋王の失脚により貴族勢力が勝利する、という理解だった。壬申の乱に勝利した天武《てんむ》天皇は、近江《おうみ》朝についた重臣たちを処刑し、そのあとは天皇自身と皇后・皇太子にあたる鸕野《うの》皇女（持統《じとう》天皇）・草壁《くさかべ》皇子（あるいは大津《おおつ》皇子）たちだけで朝政を切《き》り盛《も》りし、執政する資格を持つ大臣職に貴族代表の人を置かなかった。持統朝になると多治比嶋《たじひのしま》を大臣としたが、高市《たけち》皇子を太政大臣《だいじょうだいじん》に任じて貴族勢力の上を抑《おさ》えた。そして文武《もんむ》朝では左右大臣を揃えたものの、知太政官事《ちだいじょうかんじ》として刑部《おさかべ》親王を置いて貴族を上から統御《とうぎょ》した。さらに一代の権力者であった藤原不比等《ふひと》が死没すると、長屋王を政府首班の左大臣として貴族世界の頂点に君臨《くんりん》させた。こうした皇親勢力の象徴である長屋王の排除が、貴族たちの宿願《しゅくがん》であった。そこで、神亀四年に生まれた聖武天皇の子・基《もとい》王がわずか一年足らずで死没したのは、長屋王の呪詛《じゅそ》によるものと誣告《ぶこく》し、長屋王ひいては皇親勢力を貴族勢力の総力を挙げて退《しりぞ》けた、というわけである。

この事件以降、奈良時代に王族が国政の中心に立つことはない。知太政官事の力も、さほど強くはなくなる。だからそこに皇親勢力と貴族勢力の政権交代を読み取ることは、たしかにできそうでもあった。しかし貴族層が、藤原氏を軸としてそんなに強く団結していたのか。これ以降藤原氏はしだいに専権的《せんけんてき》になっていくのに、貴族層がここだけはまとまって行動したのだろうか。やや疑わしい。

そこで、藤原氏だけの利益を軸にした解釈が出る。そこでは聖武天皇の夫人・安宿媛《あすかべひめ》（光明子）の立后《りっこう》を策《さく》するための布石《ふせき》だった、という。

藤原不比等と橘三千代《たちばなのみちよ》の娘である安宿媛は、首《おびと》皇子（聖武《しょうむ》天皇）が皇太子のときに入内《じゅだい》。天皇となったときに夫人《ぶにん》となった。そして阿倍《あべ》内親王と基《もとい》王を産んだが、基王は神亀五年満一歳にもならずに死没した。ところがその年、聖武天皇のもう一人の夫人・縣犬養広刀自《あがたいぬかいのひろとじ》が安積《あさか》親王を出産した。安宿媛は次男の出産を待つ方針だが、これから子が生まれたところで、安積親王より年少である。同じ夫人が産んだ子ならば、年長者の方が皇位継承候補として有力だ。これを逆転する手立《てだ》てが何かないか。そこで考えついたのが、安宿媛を皇后に立てることだった。皇后は、夫人より一つ格が高い。皇后所生の子ならば、いつでも夫人所生の子より優先される。それなら心置《こころお》きなく、次男の出生を待てる。とっておきの良案である、藤原氏にとっては。

しかし皇后になるのは皇族の娘に限られ、貴族の娘は夫人止まりと律令が規定している。もちろん律令の諸規定は天皇が執政するときの要領を定めているだけで、不都合《ふつごう》だと思えば、天皇の意思でいくらでも変えてよい。「天皇は立法者であり、律令規定に縛《しば》られない」という理解は、表向きただしい。しかしコロコロと変化させられては、執務に当たる貴族・官僚たちが迷惑。一度発布《はっぷ》したら重視していただかなければ。そう言い出しそうな人物が、政府首班となっている長屋王だった。

長屋王は、かつて聖武天皇が「生母《せいぼ》・藤原宮子を尊んで大夫人《だいぶにん》という称号を贈りたい」と発言したのに対して、「令の規定では皇太夫人《こうたいぶにん》なので、天皇の命令に従えば違令罪《いりょうざい》となり、勅命にたがえば違《い》勅《ちょく》の罪に問われる」と答申し、実施を保留させた。本心は藤原氏を贔屓《ひいき》する天皇への批判で、天皇の恣意《しい》的施策への反抗心が露《あらわ》わにされた。困った天皇は勅命を撤回し、「字では皇太夫人とし、訓《よ》みは大御祖（オオミオヤ）とせよ」とあらためた、という。律令は天皇も貴族も守る約束事だと常日頃《つねひごろ》標《ひょう》榜《ぼう》しているのなら、安宿媛の立后案など「律令の規定では皇族しかなれない皇后に、藤原氏の出身者がなれるはずがない」と一蹴《いっしゅう》するだろう。そう考えた藤原武智麻呂《むちまろ》は、弟の宇合《うまかい》・麻呂《まろ》に相談して長屋王の失脚を謀《はか》った。麻呂のもとに密告者を出頭《しゅっとう》させ、それに基づいて宇合が邸宅を包囲する。武智麻呂が王族・廷臣とで訊問《じんもん》し、自害《じがい》を求める。そして反対者がいないなかで、安宿媛が臣下出身者として初の皇后につき、第三皇子の誕生を待つだけとした、という解釈である。

これは長屋王の排除されるべき理由と藤原氏の排除したい理由が鮮明に描かれており、政治史の流れを取り込んだなめらかな解釈として多くの支持を受けた。

しかし長屋王の失脚が必要と意識されたという、大夫人《だいぶにん》問題の解釈に疑義がある。長屋王は「令の規定では皇太夫人だから」といい、国母《こくも》となった宮子に対する尊号の献上については反対してない。皇太夫人・大夫人のどちらがよりそれらしいかという感覚の違いはあろうが、臣下代表としては尊号献上をむしろ当然のことと後押《あとお》ししている。臣下として「遠慮なさらないでも、令の規定通りの皇太夫人で結構ですよ」と大きく賛意《さんい》を表明した上で、やや過剰な表現で小さな異論を示してじゃれてみた。そう、軽やかに受け取ってよいようなのだ。

ではなぜ、またなぜだれに、長屋王を失脚させる必要があったのか。

それは第一に、長屋王家の資産・権勢に原因があった。長屋王の父は、高市皇子《たけち》である。天武天皇《てんむ》元年（六七二）六月の壬申《じんしん》の乱で、近江朝《おうみ》は滅びて天武天皇が即位した、天武天皇にとっては政権樹立にさいしてもっとも重大な事件だった。この兵乱の中心者はもとより大海人皇子《おおあま》（天武天皇）だが、じっさいに軍兵を率いて戦いに勝利したのは高市皇子（十九歳前後）である。草壁皇子《くさかべ》（十一歳）や大津皇子（十歳）などの諸皇子は戦闘を避けて逃げ込むのが精一杯《せいいっぱい》の若年者で、戦場では足手纏《あしでまと》いですらあった。その点で高市皇子は、近江宮攻撃軍の軍事指揮の大権を委《ゆだ》ねられ、息長横河《おきながのよこかわ》の戦い・鳥籠《とこ》山の戦い・野洲《やす》川畔の戦い・栗太《くりもと》の戦い・瀬田川の戦いにつぎつぎ勝利して大津宮を陥《おとしい》れ、ついで山前《やまさき》で大友皇子を自害に追い込んだ。さらに太政大臣《だいじょうだいじん》として持統《じとう》天皇の執政を補助したことも、大きな功績と見做《みな》される。これらの功績は比類《ひるい》ないもので、朱鳥《しゅちょう》元年（六八六）には封戸《ふこ》四〇〇戸が加増《かぞう》されて一〇〇〇戸となり、持統天皇六年（六九二）には五〇〇〇戸になっていた。もちろん封戸のうちのどれほどが功封か不明だが、高市皇子には最上級の大功《たいこう》の封戸が多量に授《さず》けられていたと考えられる。『養老令《ようろうりょう》』禄令《ろくりょう》功封条には「凡《およ》そ五位以上、功を以て封食《は》まば、其の身亡はば、大功は半を減じて三世に伝へよ」とある。大宝令施行に先立ち、壬申の功臣十五人の功封はすべて中功とされて四分の一を子に伝えることとされているが、高市皇子の功封はその半分が長屋王に相続されていただろう。その大規模な資産が、「長屋王家木簡《もっかん》」で明らかになったように御田司《みたのつかさ》・御薗《みその》司・山処《やまどころ》・炭焼《すみやき》処・丹波杣《たんばのそま》などの営所《えいしょ》を置き、邸内には鞍具作《あんぐづくり》司・鋳物《いもの》所・仏造司・鏤盤《るばん》所・縫殿《ぬい》・綿作《わたづくり》所・薬師《やくし》処などの工作所や大炊《おおい》司・膳《かしわで》司・菜司・酒司・水取《もひとり》司などの炊爨《すいさん》施設、また馬司・犬司・鶴司などが付随していた。さらに氷室《ひむろ》からの氷や蘇《そ》・牛乳などの乳製品も届けられ、まるで小さな宮廷のような生活ぶりだった。そうした豊かで巨大な資産の運営がこの王家には長屋王をふくめて三代も続く。莫大《ばくだい》な資産を背景とする王族たちの強力な発言力が、今後も貴族たちの言動を牽制し圧迫する。そういう脅威が身近に感じられていたのかもしれない。

また長屋王と王家の待遇も、思わぬところから問題となりはじめていた。きっかけは元明《げんめい》天皇の即位である。長屋王の妻・吉備《きび》皇女は、草壁《くさかべ》皇子と阿閇《あへ》皇女（のち元明天皇）との間の娘である。阿閇皇女が天皇となると、女帝の子にあたる吉備皇女は内親王《ないしんのう》となる。だが、内親王の産んだ子ならば二世王じゃないのか。とりあえずそれは問題とされなかったが、元正天皇の即位を目前にした霊亀《れいき》元年（七一五）二月になって「勅して三品吉備内親王の男女を以て、皆《みな》皇孫之例に入《い》らしむ」（『続日本紀』）とし、吉備内親王の子・膳夫《かしわで》王らは皇孫つまり二世王にされた。長屋王は天武天皇の子・高市親王の子なので、本人は二世王である。その子の膳夫王は男系なら三世王でよさそうだが、女系で見れば二世王が妥当だ。しかも元正女帝が即位すると、吉備内親王は天皇の妹で、膳夫王は天皇の甥にあたる。長屋王は二世王の父なので、事実上一世の親王といえる存在となってしまう。元明・元正二女帝の即位によって、長屋王・膳夫王などの処遇がいささか面倒なことになった。聖《しょうむ》武天皇の跡継《あとつ》ぎとなるはずだった基《もといおう》王を喪《うしな》った直後、後継者候補として長屋王または膳夫王が今後名乗りをあげるかもしれないという臆測《おくそく》が生じ、それが聖武天皇や藤原氏を不安にさせた。そういう背景があって、長屋王家の滅亡とくに吉備内親王所生の皇子たちの抹殺《まっさつ》が画策されたのでないか。そういう意見が有力となりつつある（寺崎保広氏著『長屋王』吉川弘文館・木本好信著『藤原四子』ミネルヴァ書房）。

だがそれなら、誣告《ぶこく》だからいつでも起こせるのに、なぜこの時点で長屋王を葬らねばならなかったのか。その時期の選び方が、説得的でない。たとえば安宿媛《あすかべひめ》が次男を産んで、対立候補はいらないといえる状態になったときでよかったろう。またこの誣告事件を元正《げんしょう》上皇や聖《しょうむ》武天皇が黙認《もくにん》すると、なぜ読めたのか。藤原腹の優先原則など承認されていないし、むしろ上皇・天皇は生まれていた安積《あさか》親王に期待を寄せていたはず。長屋王家を強力な敵対勢力とまだ見做《みな》していなかったのではないか。

元号は、貴重な重要無形文化財である

昭和六十四年（一九八九）一月、昭和《しょうわ》天皇が死没すると、元号《げんごう》は平成《へいせい》と改められた。天皇が統治していることを前提にする論理で、皇位の継承を基準にして元号を変更することが民主国家としてふさわしいのか。それには異論もある。またキリスト暦・イスラム暦など世界的に使用人口の多い暦を導入し、国際社会との整合性を重視した方がよいという見解にも、賛同者が多い。そのなかで、日本政府は昭和五十四年（一九七九）六月に元号法を制定し、省庁・自治体などの公的機関では元号表記を必須とし、西暦は併記《へいき》してもよいこととした。表記が二重になってその間の換算が面倒だとか、日本元号では世界に通用しないとか、さまざまな意見の対立は、いまもくすぶったままだ。しかしそれでも、歴史に携《たずさ》わっている身《み》としては、元号は残して貰《もら》いたい「無形文化財」なのだ。

日本では、大宝《たいほう》元年（七〇一）以来連綿《れんめん》と、一度も途絶《とだ》えることなく元号制度が続いてきた。それより前に、『日本書紀』には大化《たいか》・白雉《はくち》・朱鳥《しゅちょう》という元号が制定されたと記されているが、その当時施行されて使用していたという例が確認できない。筆者は、当初は天子《てんし》として振る舞っていることを対外的に示そうとしただけなので、国内で施行《しこう》させることに意味を感じなかった。外交文書にのみ使用させたので、国内にはその実例が見当たらなくても当然と見たが、言い切れる確証はない（拙稿「使われなかったのか、大化元号」『万葉集とその時代』所収、笠間書院）。

元号は、もともと東アジア世界に君臨《くんりん》する中国の天子が、独占的に制定する権利を持っているもの

だった。貨幣《かへい》の鋳造《ちゅうぞう》・漢字の使用などとともに、天子が定める事項の一つである。東アジア諸国は、その多くが中国の定めた政治的支配秩序である冊封《さくほう》体制に入っており、中国に朝貢《ちょうこう》して臣従《しんじゅう》する一方で、官品《かんぴん》を授けられて国王などに任命された。朝貢にさいして奏上する国書《こくしょ》には、中国から授かった官品を称し、中国皇帝の定めた元号や漢字をかならず用いなければならなかった。

それなのに東夷《とうい》の一小国にすぎない日本国王が建元《けんげん》するとは、中国皇帝からすれば甚《はなは》だしい越権《えっけん》行為である。だが周囲の王は、そう従順《じゅうじゅん》でない。中国の天子のみがほんらい持ちうる中華《ちゅうか》思想だが、その思想をそのまま導入・受容してしまった。天子の真似《まね》をして、日本を中心とした中華思想を国の内外に実現してみせた。筆者は、これが可能だったのは、建元しても中国側に聞こえるほど日本が近くなく、二十年一貢といわれるていどに地理的にほどほどの遠隔地にあったからだ、と思ってきた。

しかし中華思想は朝鮮半島でも導入されていて、朝鮮国王も天子として振る舞っていた。古くは高句麗《こうくり》好太王《こうたいおう》が三九一年に建元して永楽《えいらく》元年と定め、自身も永楽《ヨンナク》太王と称した（「高句麗好太王碑文」）。ほかにも高句麗には、延寿・延嘉・建康・永康という複数の元号が建てられていた（延寿は新羅《しらぎ》、建康は百済《くだら》の元号ともいう）。

『三国史記《さんごくしき》』によれば、新羅の法興王《ほうこうおう》二十三年（五三六）を建元《けんげん》元年、真興《しんこう》王十一年（五五〇）を建元十五年、真興王十二年を開国元年、真興王二十九年を大昌《だいしょう》元年、真興王三十三年を鴻済《こうさい》元年、真《しん》智《ち》王元年（五七六）を鴻済五年、真平《しんぺい》王元年（五七九）を鴻済八年、真平王六年を建福《けんぷく》元年、善徳《ぜんとく》女王元年（六三二）を建福四十九年、善徳女王三年を仁平《にんぺい》元年、真徳《しんとく》女王元年（六四七）を太和《たいわ》元年と称したとある。新羅は百済などに阻まれて中国王朝との国交が開けず、冊封体制に入《はい》れなかった。だから、独自の元号を継続して定めたのだろうか。ただ統治者が代われればかならず改元するものなのに、新羅では王の交代と改元が一致しない。元号に対して、違《ちが》う意味を持たせていた可能性もある。新羅に代わった高麗《こうらい》では、太祖《たいそ》・王建《おうけん》が九一八年に即位すると、後梁《こうりょう》の貞明《ていめい》四年も契丹《きったん》の神冊《しんさく》三年も採《と》らず、天授《てんじゅ》という独自の元号を建てた。その後天授十六年に後唐《こうとう》の明宗《めいそう》から冊封《さくほう》を受けると、長興四年の中国元号を採用した。だが五代十国の興亡が激しいなかで、光宗は九五〇年に光徳、九六〇年にも峻豊《しゅんぽう》と建元している（峻豊の採用は、高麗王の諱《いみな》を憚ったためともいう）。そして李氏《りし》朝鮮《ちょうせん》でも、日清戦争敗北で清の宗主《そうしゅ》権が否定されると、国号を大韓帝国と改め皇帝に即《つ》いた上で、一八九六年を建陽《けんよう》、翌年を光武、一九一〇年を隆熙《りゅうき》と建元した。つまり中国冊封下にない時期の国王は、適宜建元して天子の専権事項を冒《おか》していた（山内弘一《こういち》氏著『朝鮮からみた華夷《かい》思想』〈山川出版社〉②朝鮮と年号）。挙証《きょしょう》はできないが、チベットやベトナムなどでも同様なことが起きていておかしくない。

したがって、建元していたのは何も日本だけでなかった。朝鮮半島でも、隙《すき》あらば建元していた。しかしそれは隙あらばであり、中国に見つかれば、中国の冊封を受ければ、継続できるものでなかった。立場が違うといわれるからだ。その点、日本では本家中国でも停《と》めてしまった元号制度を古代からいまもなお続けている。明《みん》の時代からはじまっていた「一皇帝は一元号」とする一世一元《いっせいいちげん》制を知らず（清の太宗《たいそう》のときには天聡・崇徳《すうとく》の二元号があるが、中国平定前のことである）、明治に至ってその制度を知ったようだ。そうした歴史の趨勢から独り外《はず》れていたのも、また愛敬《あいきょう》だろう。

元号は煩《わずら》わしく、現代政治感覚と相容《あいい》れない。そうでもあろうが、東アジア世界の社会秩序を長いこと負い続けてきた歴史遺産をここで絶やしたくない。歴史好きとしては、そういう気持ちになる。

グレゴリオ暦 28

和年号は、ただ西暦年号に置き換えればいいのか

日本の官公庁では和年号《わねんごう》の使用が法律で義務づけられ、「平成二十八年（二〇一六）」などと和洋《わよう》の暦年《れきねん》の併記《へいき》もよくする。そういうときには和年号と西暦年を対照させた「年表」を参照し、自動的に和年号の後《うし》ろに西暦年を表示している。しかしこの安易《あんい》な行為は、大間違《おおまちが》えのもとである。

やや揶揄《やゆ》するような例となるが、イギリスの劇作家・シェークスピアは、同日に亡くなったスペインの劇作家・セルバンテスの葬儀に出席できる。また彼らより六日も前に死没した徳川家康《とくがわいえやす》は、出席しようとすれば彼ら二人の葬儀に出席できた。とはいえシェークスピアとセルバンテスの命日《めいにち》はともに西暦一六一六年の四月二十三日で、家康は元和《げんな》二年（一六一六）四月十七日である。こうして並べてしまうと、シェークスピアが午前中にセルバンテスの葬儀に行って、帰宅後に突然死でもしたことにしないと成り立たない。それでも、死んだ家康が彼らの葬儀に参列できるはずがない。

この話は、それぞれの日を記すもととなる暦《こよみ》が違っているから成り立つのである。セルバンテスはカトリック圏であるスペインにいたので、グレゴリオ暦に従って表記している。グレゴリオ暦では、暦の切り替えにさいして一五八二年十月四日の翌日を十月十五日と改めた。十日間、とつぜん先に飛ばされてしまったのである。ところがシェークスピアのいたイギリスはイギリス国教会《こっきょうかい》を樹立してカトリック圏から離脱したため、グレゴリオ暦を採用せず、旧暦のまま過ごしていた。つまりシェークスピアの死没はグレゴリオ暦ならば五月三日のことであり、シェークスピアからみればセルバンテ

スは十日前に亡くなっているのである。家康は元和二年四月十七日に死没しているが、グレゴリオ暦になおせば五月二十二日にあたる。だから、六日前に死没していたのではなく、ほぼ一ヶ月後に亡くなった。二人の葬儀には十分出席できる、というわけである。元和二年を西暦一六一六年と機械的に直してしまっては、西洋・東洋を比較対照しようとするときには誤解だらけになりかねない。

それでも年央《ねんおう》ならば一六一六年の範囲には入っているが、これが年末・年初となると一年誤った表記になることがある。赤穂《あこう》藩《はん》浪士の四十七人が高家《こうけ》・吉良《きら》義央《よしひさ》のいる本所《ほんじょ》松坂町の隠居所に押し入り、義央の首級《しるし》をあげて主君・浅野長矩《ながのり》の恨《うら》みを晴《は》らしたという。この事件は元禄《げんろく》十五年十二月十四日の出来事だから、「元禄十五年（一七〇二）十二月十四日」とつい表記してしまう。しかしグレゴリオ暦の一七〇二年十二月十四日は元禄十五年十月二十六日にあたるので、浪士隊の首領《しゅりょう》・大石内蔵助《おおいしくらのすけ》が蟄《ちっ》居《きょ》していた山科《やましな》から江戸に下《くだ》ろうとして、鎌倉から出て川崎の平間《ひらま》村に着いた日である。討ち入りの日程など、まだ決まってもいない。じっさいの討ち入りは、翌年の一七〇三年一月三十日であった。つまり年も月も異なるので、「元禄十五年十二月十四日（一七〇三年一月三十日）」と表記しなければ正解にならない。ということは、毎年十二月十四日に赤穂義士祭を催すのは、まったくの見当違いである（釣洋一《つりよういち》氏「世にも不思議な暦の物語」、岡田芳朗《よしろう》氏編『日本の暦』所収、新人物往来社）。

日本国内の出来事だけを叙述するものなら、西暦年とずれた表示でも罪は軽いが、欧米勢力と接触する幕末ともなれば、この差は看過《かんか》できない。『近代日本総合年表』（岩波書店）では和年号と西暦年を逐一《ちくいち》対照させており、良心的企画となっている。しかし大半の年表は、年の境目《さかいめ》すら西暦年にあわせない。その時代・その社会にあわせて物事を理解するとの鉄則は、決して崩してはいけない。

国分尼寺は、いったいだれが運営していたのか

国分寺《こくぶんじ》といえば、聖武《しょうむ》天皇が国家鎮護《ちんご》のために全国の国府付近に建てさせた寺院である。天平十三年（七四一）三月に出された「宜《よろ》しく天下の諸国をして各々七重塔一区を敬《うやま》ひ造り、幷《なら》びに金光明最勝王経《こんこうみょうさいしょうおうきょう》・妙法蓮華《みょうほうれんげ》経各一部を写さしむべし。朕又別《われまたべつ》に擬《ぎ》して金字《きんじ》の金光明最勝王経を写し、塔毎《とうごと》に各一部を置かしめよ。……僧寺には必ず廿僧有らしめ、其の寺の名を金光明四天王護国《してんのうごこく》之寺と為《な》し、尼寺には一十尼ありて、其の寺の名を法華滅罪之寺《ほっけめつざいのてら》と為《な》せ」（『続日本紀』）とある詔《みことのり》をきっかけとして、やがて諸国に国分僧寺と国分尼寺が造られていった。そういうことになっている。

だが天平七年から九年に猛威をふるった赤裳瘡《あかもがさ》（天然痘）による農村の疲弊を目《ま》の当たりにして、天平九年三月に「国毎に釈迦仏像一躯《く》・挟侍菩薩《きょうじぼさつ》二躯を造り、兼ねて大般若経《だいはんにゃきょう》一部を写さしめよ」（『続日本紀』）と詔を発した。じっさいはこれを基点として国分僧寺が発願《ほつがん》され、天平十二年九月には光明皇后《こうみょうこうごう》の勧めによって「今国別に観世音菩薩《かんぜおんぼさつ》像壱躯高さ七尺を造り、幷《なら》びに観世音経一十巻を写さしむ」（『続日本紀』）とする尼寺の構想が加わった。さらにこの間に新羅《しらぎ》との軍事緊張や藤原広嗣《ひろつぐ》の乱があったことで事業目的が国土保全と国内安寧に拡《ひろ》がって、四天王護国を願う天平十三年の国分寺建立詔の形に整えられる。大般若経に鎮静効果がなかったとして金光明経・最勝王経に替えていることとも注目されるが、こまかな経緯《けいい》はすでに前著に記した（『思い込みの日本史に挑む』第一章・古代10「東大寺は総国分寺なのか、そもそも国分寺はいつから作られはじめたのか」参照）。

この一連の詔によって、諸国に国分僧寺・国分尼寺がつぎつぎと建てられていくはずだった。しかし須田勉《すだつとむ》氏著『国分寺の誕生』（吉川弘文館）によると、じっさいは国分僧寺の建立のみが急がれ、国分尼寺の建設は二の次《につぎ》にされた。国分尼寺の存否未詳が三割、所在地の確認できない国が半数以上だそうだ。未詳とか未確認というのは、消息が絶えたというより、作られていないのではないかということだ。国分僧寺はそれなりに進捗《しんちょく》しているさまを辿《たど》れるが、尼寺は遅れた。天平宝字《ほうじ》三年（七五九）十一月に「国分二寺の図を天下の諸国に頒下《はんか》す」（『続日本紀』）とあるのは僧寺より尼寺の建立を梃子《てこ》入れする措置《そち》と見られるが、翌年六月の光明皇太后の一周忌ではじめて国分尼寺の本尊が丈六《じょうろく》の阿弥陀《あみだ》仏一躯と脇侍菩薩《きょうじ》二躯と決まっている。それまでは本尊すらなかったというわけだ。称徳《しょうとく》朝には道鏡《どうきょう》関係者の指導で相模《さがみ》・下総《しもうさ》・三河・信濃《しなの》・讃岐《さぬき》の建設が捗《はかど》ったらしいが、全体として国分尼寺は、光明皇太后の思い入れにもかかわらず、全国的に実現できたかどうかすら疑わしいのである。

しかし、疑念はそれに留《とど》まらない。国分尼寺は、だれが運営していたのか。「もちろん尼僧だ」という答えがすぐにも返ってきそうだ。天平十三年詔での尼寺の定数は十人。のち天平神護《じんご》二年（七六六）八月に臨時に十人増やされた。ただしこれは定員枠の拡大でなく、増員分十人の欠員は補充しないとある（『類聚三代格《るいじゅうさんだいきゃく》』）。だが、これらの定数に見合う尼が国内のどこに居たというのか。

周知のことだが、出家者は通常の戸籍《こせき》から抜かれ、治部省《じぶしょう》の管轄下に入る。男僧はまず十戒を守ると誓って沙弥《しゃみ》となる。ついで修行した上で戒壇《かいだん》に登り、三師七証の前で二五〇戒（『四分律《しぶんりつ》』）の具足《ぐそく》戒（声聞《しょうもん》戒ともいう）を受けて比丘《びく》になる。しかし尼僧の場合は、まず十八歳以上で六法戒《ろっぽうかい》を二年間課せられ、合格すれば式叉摩那《しきしゃまな》となる。そのあと、十戒を授けられて沙弥尼《しゃみに》となる。ついで戒壇で三四八戒（『四分律』）を授けられ、そののち内容は重複するが僧寺で男子の受けた二五〇戒を受ける。これで比丘尼《びくに》になる。これに対して在家者は、五戒を守ると誓って男子は優婆塞《うばそく》（近住《ごんじゅう》）、女子は優《う》婆夷《ばい》（鄔婆婆沙《うばばさ》）となり、十重四十八軽戒《きょうかい》を授けられれば菩薩《ぼさつ》と呼ばれた。

政府は優婆塞から沙弥・比丘を造り出そうとしたから、同じように篤信《とくしん》の優婆夷から沙弥尼などにしていけば、比丘尼の定員は容易に得られそうに見える。しかし日本には、尼僧の授戒をしていた形跡がない。優婆夷は在家であって、出家者でない。比丘尼となるには尼専用の戒壇に登って三四八戒を受けねばならないが、日本のどこにそんな施設があり、尼の集団があったというのか。

日本の僧尼第一号は、尼だった。敏達《びだつ》天皇十三年（五八四）是歳《このとし》条に、司馬《しば》達等《たつと》の十一歳の娘・嶋《しま》女《め》を得度《とくど》させて善信尼《ぜんしんに》とした。また彼女の弟子である漢人夜《あやひとのよ》菩《ぼ》の娘・豊女《とよめ》を禅蔵尼《ぜんぞうに》、錦織壺《にしごりのつふ》の娘・石女《いしめ》を恵善尼《えぜんに》とした。蘇我馬子《そがのうまこ》は邸宅の西方に仏殿を建て、百済《くだら》渡来の弥勒石《みろくいし》像を安置して大会《だいえ》の設《せつ》斎《さい》をさせたりした。彼女たちの前に日本に授戒できる僧尼がいたはずもないから、還俗《げんぞく》していた高句《こうく》麗《り》僧・恵便《えべん》を師としてとりあえず得度《とくど》した。そののち百済の使者たちに学問尼《がくもんに》として随行《ずいこう》し、おそらく百済で正式に授戒して比丘尼となった。帰国後は桜井寺に住《じゅう》し、大伴狭《おおとものさ》手《で》彦《ひこ》の娘・善徳《ぜんとく》、大伴狛《おおとものこま》夫人《ぶにん》など十一人を得度させた、という（『日本書紀』）。日本では三師七証が揃わないが、仏像に囲まれ師尼に導かれて自誓受戒《じせいじゅかい》の形式で比丘尼としていたのだろう。だが周知のように、これは正式な授戒でない。ところが、男僧については天平勝宝六年（七五四）来日した鑑真《がんじん》が『瑜伽論《ゆがろん》』に則《そく》した三師《さんし》七《しち》証《しょう》立ち会いの授戒を樹立したが、鑑真一行に尼はいなかった。つまり、公認できる尼戒壇は成立していなかったことになる。いやそもそも奈良時代に、比丘尼を作り出す尼僧集団・尼用の戒壇が存在

のちに近江国分寺となった甲賀寺の址

したのか確認できない。はっきりいえば日本には男僧を作り出す戒壇はあるが、尼僧を作り出すシステムはもともと作られなかった。東大寺・大宰府《だざいふ》観世音寺《かんぜおんじ》・下野薬師寺《しもつけのやくしじ》の三戒壇も比丘のみを対象とする戒壇であり、その事情は平安時代を通じまた比叡山《ひえいざん》の天台《てんだい》戒壇でも同じだった。

　淳和天皇の后・正子《まさこ》は、承和《じょうわ》九年（八四二）の承和の変において子で皇太子の恒貞《つねさだ》親王が失脚したとき、年末に「剃落入道《てきらくにゅうどう》」（『続日本後紀』）して出家した。比丘尼となろうにも尼戒壇がなくてなれなかったが、貞観《じょうがん》二年（八六〇）五月延暦寺《えんりゃくじ》僧円仁《えんにん》から天台の菩薩戒《ぼさつかい》をうけてとりあえず成就《じょうじゅ》した（『日本三代実録』元慶三年三月癸丑条）。『小右記《しょうゆうき》』万寿四年（一〇二七）三月二十七日条には、藤原道長の娘・彰子《しょうし》の出家のための尼戒壇が法成寺《ほうじょうじ》内に完成した、とある。だが受戒には延暦寺からの反対があり、なにより戒壇は作れても立ち会う比丘尼が揃えられるはずもなく、受戒したとの記録はない。

「正子皇后のように男僧を師とすれば受戒できた」と思うかもしれないが、それは菩薩戒だけですませる天台戒壇のしかも特例中の特例だ。天台戒壇開設前の話としては、男僧が沙弥尼に授戒してよいのなら、比丘尼になるための三四八戒を受けたあと、さらに二五〇戒を受けるという手順に意味がなくなる。これは尼集団で三四八戒を授け、さらに男僧集団が二五〇戒を授ける意味だ。比丘尼は比丘尼集団で作るのが前提なのに、尼集団も尼戒壇も存在しないのでは、まともな尼寺のできようがない。それにもし男僧集団が女子をふつうに比丘尼にできるのなら、そもそも道長・彰子らが「尼戒壇を作れ」と騒がずに済んだはずだろう。

さて、比丘尼がそもそもいないのに光明皇太后らが国分尼寺を作らせたのだとすれば、尼寺には誰が住むというのか。戒律で男女の共住《きょうじゅう》・同座《どうざ》は禁止されているから、尼寺には優婆夷《うばい》など在家《ざいけ》篤信《とくしん》者が詰めて業務に当たっていたとみたいが、おそらくは男僧が運営していたのだろう。

三十八歳の光明皇后・四十歳の孝謙上皇はもう子を産めないか

かつて筆者は、独身を貫《つらぬ》いたと思われてきた孝謙《こうけん》上皇（阿倍内親王《あべないしんのう》）は、じつは淳仁《じゅんにん》天皇（大炊王《おおい》）と夫婦関係にあったと推測した。光明皇太后《こうみようこうたいごう》が、藤原腹の皇女と大炊王を結婚させ、聖武天皇の血を引く皇子の誕生を期待したのである。というのは淳仁天皇には皇后にあたる人が見当《みあ》たらず、このままでは皇統《こうとう》を作れない。この不自然さは、孝謙上皇を妻としたからだと考えた。結婚当時の年齢は淳仁天皇二十五歳・孝謙上皇四十歳となるが、今日的に見れば不釣《ふつ》り合《あ》いでも、母からの政治的要請に基づくことならありうる、といまも思う（拙稿「淳仁天皇の后をめぐって」『白鳳天平時代の研究』）。

しかし四十歳の古代女性の妊娠・出産については、なべてかなり否定的である。たとえば天平十年（七三八）聖武《しようむ》天皇が皇太子にあえて女性の阿倍内親王を立てたのは、光明皇后が三十八歳と高齢で三人目の妊娠・出産の可能性が乏しかったいや望みがなくなっていたからだ、とされている。可能性がなく望みが断《た》たれたのなら、皇子出産のための時間稼《かせ》ぎなどやめ、阿倍内親王を女帝にする算段《さんだん》に取りかかる方がいい、ともいえよう。聴講者から「古代の四十歳はもうそうとうな高齢ですから、立論は無理でしょう」ともいわれた。一般論として古代人の寿命は短く、老化が早い。だが四十歳の女性はもう妊娠・出産が無理なのか。それは事実に基づかない、頭のなかだけの思い込みじゃないのか。

そこで筆者は「養老五年下総《しもうさ》国葛餝《かつしか》郷戸籍」「大宝《たいほう》二年御野《みの》国戸籍」（寧楽遺文《ならいぶん》本）を検討してみた。「養老五年下総国葛餝郷戸籍」には、六十七戸分の検討可能な記事がある。このなかには、たとえば戸主孔王部真呰《あなほべのまあざ》について「母孔王部小《こ》弟売《おとめ》」とあって母子《ぼし》関係の明らかな記載があり、この類《たぐ》いで四十歳以上の出産例が六件ある。しかしこの戸籍の記載はまず戸主の妻妾名を羅列《られつ》し、そのあとに子を男・女別に羅列するので、母子関係、実の兄弟姉妹の関係が明らかにできない。名前の共通性と年齢を手がかりに推測するのだが、推測というところに難《なん》がある。それでもほぼ確実な例が三件、戸籍に出ない死没者がいないとすればという条件が付くもののそう理解して穏当という例が十三件ある。つまり、四十歳以上の「高齢者」出産は、確実に十一戸に一件あり、ほぼそうみてよい例が七戸に一件ある。さらに不確《ふたし》かとした例の半分を高齢者出産と読み込めば、四戸に一件が「高齢者」出産だったことになる（拙稿「養老五年下総国戸籍にみるいわゆる高齢出産者の年齢」「歴史研究」六四九号）。

ついで「大宝二年御野《みの》国戸籍」には五里分があり、一一二七戸分（検討可能なのは一一二〇戸分）で二四九七人分（男子一一五六人・女子一三四一人）の資料が残されている。この戸籍では「戸主の母」のほか「嫡子《ちゃくし》・妾子《しょうし》」が区別され、女子はすべて母のあとに続けて書かれるので母娘《ぼじょう》関係は確実に把握できる。検討の経緯は省略するが、結論としては、母子関係の記載があって「四十歳以上での出産が確実」といえるのが四十七戸で六十一人。複数回出産している人もいるので、子の数は八十九人になる。率でいえば、戸数のほぼ二戸に一例、人数に即《そく》していえば戸に対して五〇・八パーセントの「高齢者」出産があり、十戸について七・四人の高齢者の母を持つ子が存在していたことになる。さらに男子の実母は死没している場合も考えられて確定できないが、そうした不確実な例が十七戸・三十人分あり、子の数は六十二人いる。不確実な例は話半分に受け取ったとして、五十六戸・七十六人の母が、四十歳以上で一二〇人の子を産んだことになる。つまり総戸数の七五・八パーセントの戸で、十戸あたり七・六人の母が高齢出産をして、十戸中に高齢者の母を持つ子が十二・六人いた、という計算である（拙稿「東国御野・大宝二年戸籍にみるいわゆる高齢出産者の年齢」「壮志」）。

右が、史料の記載を基にした事実である。確実な例だけで物を言うか、不確実でも穏当な判断と思うかは読者にお任《まか》せするが、ともあれこのデータからは、四十歳の孝謙上皇が、三十八歳の光明皇后が、「古代としては高齢だから出産の可能性がなくなっていた」とは考えられない。「ざらにいる」とまではいわないが、四十歳の女性に出産の可能性がないと思う状況など古代社会に見られず、子作《こづく》りのさきゆきを悲観《ひかん》すべき年齢とはいえない。それは確認できたろう。

しかも右の戸籍には、戸籍が作られるまでに死亡した子の記載はない。出産時に母が死没した場合の子も戸籍上は母が不詳になる。その事例は、少なくなかろう。つまり出産した実数はもっと多く、妊娠した数はもちろんそれよりさらにもっと多いのである。江戸時代でも「出生児一〇人のうち六歳を無事に迎えることができるのは七人以下、一六歳まで生存できるのは五、六人でしかない」（鬼頭宏氏著『人口から読む日本の歴史』）というのだから。

ついでながら、「養老五年下総国葛餝郷戸籍」での出産時最高齢の父は七十歳の孔王部三村で、母には五十五歳の小長谷部椋売《おはつせべのくらめ》がいる。「大宝二年御野国戸籍」では、出産時最高齢の父が七十二歳で、母は五十六歳、五十五歳、五十四歳の順。四十歳代で三人以上を産んだ例が九件あり、うち一件は四人産んでいる。ちなみに最若年《さいじゃくねん》の母は、秦人大古売《はたひとのおおふるめ》が六歳で産んだとあるのが誤記とすると、国造《こくぞう》族《ぞくの》安倍《あべ》が十一歳で五百足売《いおたりめ》を産んだ例で、十三歳での出産も四例ある。『大宝令《たいほうりょう》』が女子の結婚を十三歳以上と規定したのは弱年すぎる結婚を止めるためだったとしてよさそうだ。

安積親王は毒殺されたのか

安積《あさか》親王は、聖武《しょうむ》天皇の第二皇子である。第一皇子は藤原《ふじわらの》安宿媛《あすかべひめ》（のち光明皇后《こうみょうこうごう》）が神亀《じんき》四年（七二七）閏《うるう》九月に産んだ基王《もといおう》だが、王は翌年九月に死没した。享年二歳、満一歳に満たない子だった。聖武天皇の皇子は結局この二人だけだったので、安積親王は終始有力な後継候補者でありえた。

とはいえ藤原氏と安宿媛は、安積親王の皇位継承を阻《はば》むように策《さく》した。その第一が、天平元年（七二九）八月の安宿媛立后《りっこう》である。『養老令《ようろうりょう》』後宮職員令《しきいんりょう》では、妃・皇后は皇女がなるものと規定されているわけではないが、「四品《しほん》以上」とあって品位《はんい》を持っている皇女がなるという前提で書かれている。三位以上の臣下の娘ならば夫人《ぶにん》、五位以上ならば嬪《ひん》と称することに決まっていた。それを臣下の娘なのに、なぜあえて皇后にしようとするのか。それは皇后が天皇の正妻・嫡妻を意味するからで、その所生の子は、夫人が産んだ子より格が高くなる。つまり基王の没年に生まれた安積親王は夫人・縣犬《あがたいぬ》養広刀自《かいのひろとじ》の子だが、安宿媛があとから産んだ皇子でも皇后所生ならその子は後継候補として優越できる。いま妊娠しているのではないが、将来の後継争いを見据《みす》えた準備工作であった。

第二が、天平十年一月の阿倍内親王の立太子である。皇女は、男子の後継者がいない場合、複数の男子の後継候補の間で対立が激しくてだれとも決めがたい場合など、その場の政治的緊張を避けるためとか皇子の成長を待つためなどに適宜登極《とうぎょく》してきた。したがってその場に応じて即位するので、そういう事態は予測できないから、皇太子を経ることはなかった。それなのにあえて阿倍《あべ》内親王が女性として立太子《りったいし》したのは、皇太子になることに意味があった。皇太子の地位を埋め、安積親王には即位への階梯《かいてい》を昇らせないという藤原氏側の姿勢を示したのである。とはいえそれしか手がないからしただけのことで、光明皇后の懐妊をひたすら待《ま》ち詫《わ》びていたのだ。

安積親王の動きを藤原氏が先んじて抑えているなか、天平十六年閏《うるう》正月に安積親王が急死した。

聖武天皇は、天平十二年九月の大宰府《だざいふ》で起きた藤原広嗣《ひろつぐ》の乱を機に畿《き》内《ない》周縁を彷徨《ほうこう》中だった。その年のうちに恭《く》仁《に》京《きょう》に遷都するといい、天平十四八月には紫香楽宮《しがらきのみや》を造りはじめてやがて恭仁宮の造《ぞう》作《さく》までやめさせた。これで紫香楽宮に遷《うつ》るのかと思えば、天平十六年閏正月には難波宮に都の機能を集中させていて、その二月には難波宮《なにわのみや》を都とする勅命を出す。だがそのとき、聖武天皇本人は紫香楽宮に移動していて、難波宮にいなかった。結局都は紫香楽宮となったが、その翌年五月には四年半ぶりに平城京に還都することとなった。振り回されるだけで、人騒がせな遷都ごっこであった。

安積親王が急死したのは、このさなかである。すなわち天平十六年正月に聖武天皇が「恭仁京と難波京のどちらがよいか」と有位の中央官吏《かんり》と市場の人の意見を聴取させた。官吏は恭仁京がやや多く、市人は二人を除き恭仁京に賛成した、という。わざわざ意見を聞いたのに、聖武天皇は恭仁宮から難波宮へと行幸した。そのさなかの天平十六年閏正月十一日に桜井頓宮《さくらいのかりみや》（大阪府島本町）で脚《あし》の病《やまい》を訴えて行列から離れた安積親王は、恭仁宮に戻った。その翌々日に、安積親王は死没した。

これが変死いや暗殺じゃないかといわれるのは、そのときの恭仁宮の留守官が藤原仲麻呂《なかまろ》だったからである。仲麻呂は光明皇后の寵臣《ちょうしん》であり、光明皇后の意《い》を体《たい》して、かねて目《め》の上《うえ》のたん瘤《こぶ》であった安積親王を抹殺《まっさつ》したのではないか、という臆測《おくそく》である。筆者は、仲麻呂がやりかねない人かどうかならばその通りと思うが、仲麻呂が暗殺したかどうかとなればそう思わない。

「脚の病で急死した」ではおかしいか。現代ではこの原因で急死しないかもしれないが、かつては脚気衝心《かっけしょうしん》という病名で壮年《そうねん》男子でもめずらしくなく死没している。若者では起こり得ないような病気ではなく、つまり死因に不審《ふしん》がない。また二月二日に留守官《るすかん》に渡してあった鈴印《れいいん》（駅鈴《えきれい》と内印《ないいん》）を難波宮に持ち去られたとか、留守官を更迭《こうてつ》されて鈴鹿王《すずかおう》ら五人に替《か》えられたとか、仲麻呂への不信感があったかのように描《えが》く向きもある。しかしそもそも鈴印は留守にしている恭仁宮に安置しておくのが穏当《おんとう》な品物でないし、仲麻呂の解任《かいにん》は解官《げかん》でない。解官ならば明らかな処分だが、ただの解任ならほんらいの民部卿《みんぶきょう》としての仕事に専念させるための人事《じんじ》にすぎず、しかも天平十七年正月には正四位上に昇叙《しょうじょ》している。暗殺説は、先入観を優先したものの見方であろう。

いやそんな事実の解釈がどうだこうだよりも、安積親王をあえてひそかに殺さなければならない理由がないのだ。「長屋王事件のときのように密告による陰謀事件を捏造《ねつぞう》して、公開処刑に近い形で罪人として公然と葬れたろう」とかの恐ろしい画策がいつでもできるじゃないか、といおうとしているわけじゃない。安積親王がそのまま生き続けていても藤原氏に何の支障もない、という意味である。

安宿媛が皇后になっている以上、皇子が生まれればその子が皇太子・天皇になる。光明皇后が失脚して廃后《はいごう》とならない限り、安積親王がこれを上回る地位につくことはない。皇太子にもついていないから、次期天皇は阿倍内親王かまだ見ぬ光明皇后所生の第三皇子である。それでも安積親王が生きている限り、安積親王が天皇になる可能性はある。それが不安かもしれないが、ではその可能性をなぜ怖れなければいけないのか。可能性をなぜ閉ざさなければいけないのか。その理由を思いつかない。

想定したくなかったろうが、第三皇子が生まれない場合、皇太子である阿倍内親王がそのまま継いでも、独身のままならやがてこの血統は途絶《とだ》える。そうすれば、どうせ自分と血縁のない皇子が即位することになる。聖武天皇が遺詔《いしょう》して皇太子と定めた道祖《ふなど》王《おう》（新田部《にいたべ》親王の子）だろうと、聖武天皇にとって娘婿となる塩焼《しおやき》王（新田部親王の子。道祖王の兄）や白壁《しらかべ》王（天智天皇の孫）だろうと、どのみち光明皇后の血縁者じゃない。それならば、聖武天皇の子である安積親王でも一向に構わなかったはずである。草壁《くさかべ》皇子系に拘《こだわ》るならば、文武《もんむ》天皇と嬪《ひん》・石川刀《と》子娘《ねのいらつめ》の子に石川（のち高円《たかまど》）広成《ひろなり》・広《ひろ》世《よ》がいる。だれにせよ、聖武天皇と光明皇后の子でないのなら、どの系統のどの皇子になっても同じだった。安積親王もそうしたなかでは、候補者の一人であって、事前に排除すべき理由などない。

いや筆者の妄想では、もしも第三皇子を儲《もう》けずに聖武天皇が没した場合、阿倍内親王を皇太子から天皇にせず、その時点で皇太子を辞させる。ついで安積親王を立太子させて阿倍内親王を皇太子妃、やがて皇后にするという策を立てていた。安積親王の急死で実現できなかったが、あと一〜二年生きていれば安積皇太子・阿倍皇太子妃がありえた、と思っている。姉・弟の結婚となるが、異母兄弟姉妹であれば問題はない。欽明《きんめい》天皇の子・敏達《びだつ》天皇と娘・額田部《ぬかたべ》皇女（推古《すいこ》天皇）は夫婦である。

そう想像したのは、安積親王の死にさいして、これを嘆いたという妃が見えないからである。聖武天皇と安宿媛《あすかべひめ》の結婚は十六歳であった。聖武天皇直系の皇子が現にいないなかでは、聖武天皇の血を引く安積親王に跡継《あとつ》ぎの皇子を期待しておかしくない。妃の入内《じゅだい》を抑えさせたのは、阿倍内親王との結婚を考えに入れていたからではなかったか。この妄想に賛否はあろうが、光明皇后グループからみて秘中の珠《たま》ともいえ、安積親王をここで殺してしまう必要などまったくなかった。それはいえよう。

藤原仲麻呂は、子を親王に仕立てようとしたか

藤原仲麻呂《なかまろ》（恵美押勝《えみのおしかつ》）は、自分の子どもを皇族とした。倉本一宏《くらもとかずひろ》氏著『奈良朝の政変劇』（吉川弘文館）は、これを画期《かっき》的《てき》な出来事として取り上げた。それはそうだろう。蘇我蝦夷《そがのえみし》・入鹿《いるか》父子が自分の邸をそれぞれ上《うえ》の御門《みかど》・谷《はざま》の御門《みかど》と名付け、その男女の子たちを王子《みこ》と呼ばせた（『日本書紀』皇極天皇三年〈六四四〉十一月条）。御門は帝に通じるもので、天皇と称したも同然。だから子たちを王子と呼ばせたのである。それが非難され、打倒されて当然と見なされる原因となったかのように書かれている。天皇に肩を並べるというのは、禁《きん》じ手《て》中の禁じ手である。もっとも、倒した側のいうことだからそれが本当だったかどうか不明だし、もし本当でもそれは家の内部の戯《ざ》れ言《ごと》だったかも。飲み屋・焼き鳥屋で「マスター」「大将」「社長」とか呼び合っているようなもので、長屋王《ながやおう》だとて親王でなかったのに「長屋親王宮」と呼ばれている。だがここでの話はそうした私的と思わせる場面でなく、本当に自分の子の真先《まさき》・朝獦《あさかり》を三品《さんぼん》に叙《じょ》している。『続日本紀《しょくにほんぎ》』天平宝字《ほうじ》八年（七六四）九月壬子《じんし》条に「伊太智《いたち》等、馳《は》せて越前国に到り、守・辛加知《からかち》を斬る。押勝知らずして、塩焼《しおやき》を偽立《ぎりつ》して今の帝と為《な》し、真光《ママ》・朝獦等を皆《みな》三品と為す。余は各差《しな》有り」とするのが、そのあきらかな証拠である、と。

そういえば、仲麻呂は自邸の田村第《たむらてい》に舎人《とねり》親王の子・大炊《おおい》王を居候《いそうろう》させており、彼に自分の亡男・真《ま》依《より》の妻であった粟田諸姉《あわたのもろあね》を嫁《とつ》がせている。つまり自分のうちの嫁（娘）の、その夫（入婿《いりむこ》）とした。その大炊王を淳仁天皇として即位させたのだから、天皇の舅《しゅうと》も同然で、天皇家の身《み》内《うち》といえる。

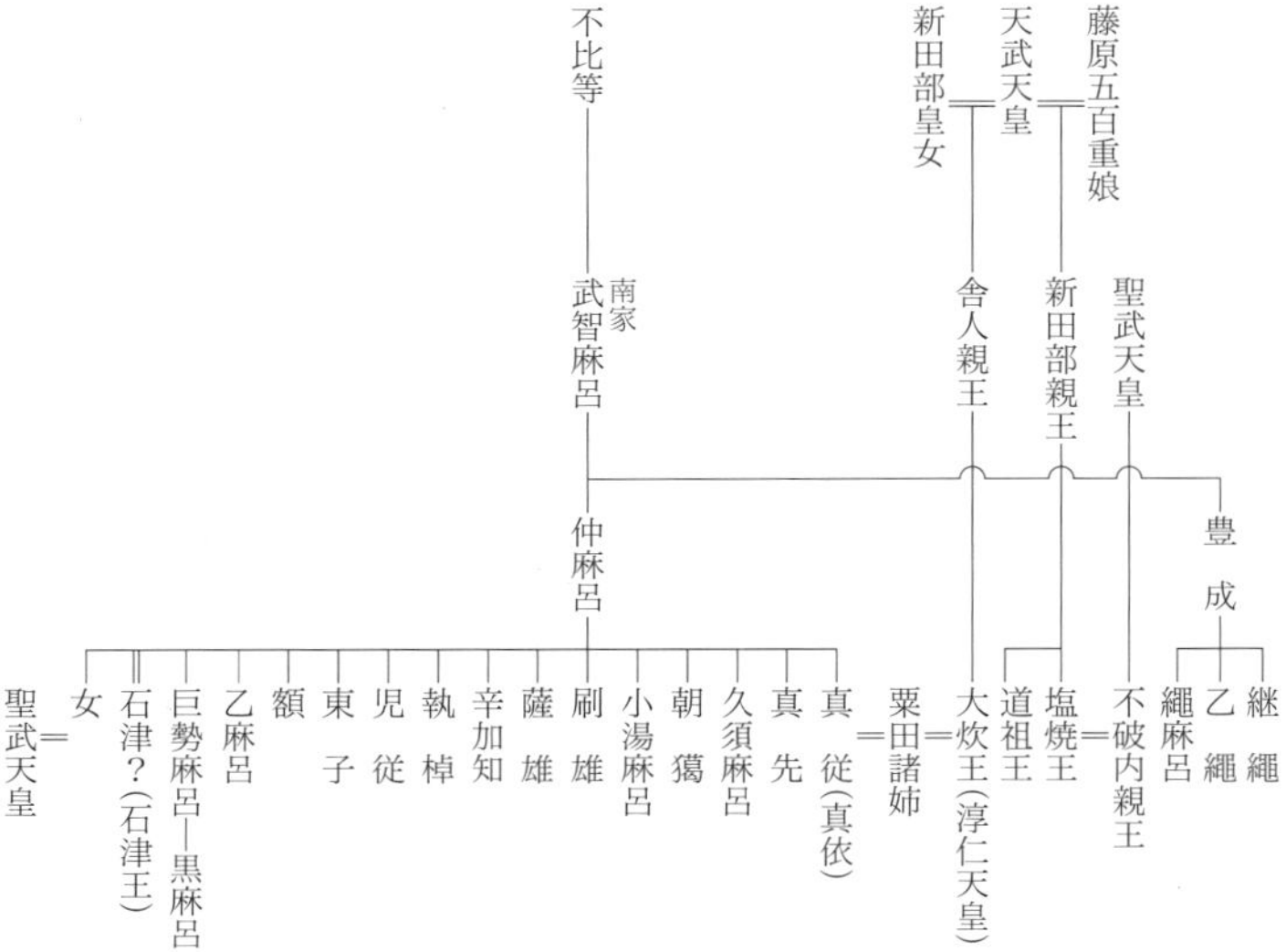

また天平宝字元年正月戊午《ぼご》条には石津《いしづ》王を猶《ゆう》子《し》（養子）とし、皇族を身内としている。

さらに同年三月二十七日に、藤原部の姓を久《く》須《ず》波良《はら》部《べ》に改めさせ、藤原氏以外の者が藤原の名を使わないようにさせた。同年中に藤原氏の祖である不比等《ふひと》（史）の諱《いみな》を避けて毗登《ひと》とし、フヒトといわないよう定めている（『続日本紀』宝亀《ほうき》三年九月壬戌《じんじゅつ》条）。これはたとえば白壁《しらかべ》王が光仁《こうにん》天皇となると白壁《しらかべ》（白髪部）を真壁《まかべ》に、大伴親王が淳和《じゅんな》天皇となったので大伴氏を伴《とも》氏に改名させたのと同様で、尊貴な名に敬意を払わせる措置《そち》である。そうした措置は通常天皇の諱についてだけだが、藤原氏までも特別扱いとした。もっともこれは、現行法となった養老《ようろう》令《りょう》の制定者への敬意《けいい》という趣旨だったかもしれないが。その上で「中臣氏のなかでも藤原氏だけは別」と同じように「藤原氏のなかでも恵美《えみ》氏《うじ》だけは別」との趣旨で、恵美という氏名《うじな》を授けられた。授けられるや、今度は恵美の美をふくむ伊美吉《いみき》を忌寸《いみき》と改称させ（『続日本紀』天平宝字三年十月辛丑条）、使用を禁じている。

これらの経緯の延長線上に三品叙位を考えれば、仲麻呂はついに自分を天皇や天皇家と同一視して、子を親王にした。準皇親から皇族へと志向していた、と思われて当然かもしれない。

果たして、そうなのだろうか。『令《りょうの》義解《ぎげ》』官位令《かんいりょう》一品条によれば、一品から四品までは親王の位階名である。諸王は諸臣とともに正一位・従一位・正二位……となっていくから、三品に叙したというのなら、法律上は親王待遇にしたこととなる。諸王になぞらえたのでもなく、唐突《とうとつ》に親王の品階《ほんかい》を授与・獲得させたというのなら、たしかに特筆すべき出来事に思える。

しかし、これは仲麻呂の唐風趣味《とうふうしゅみ》・中国かぶれの現れであって、三位を中国風の三品と表現したのにすぎないのではないか。周知のごとく、光明《こうみょう》皇后執政下の天平宝字二年八月二十五日、太政官《だいじょうかん》・皇后宮職（紫微中台《しびちゅうだい》）を乾政官《けんせいかん》・坤宮官《こんぐうかん》と改称し、八省も信部《しんぶ》省（中務）・文部《ぶんぶ》省（式部）・礼部《らいぶ》省（治部）・仁部《じんぶ》省（民部）・武部《ぶぶ》省（兵部）・義部《ぎぶ》省（刑部）・節部《せつぶ》省（大蔵）・智部《ちぶ》省（宮内）、太政大臣・左大臣・右大臣・大納言も大師《だいし》・大傅《だいふ》・大保《たいほ》・御史大夫《ぎょしたいふ》と改めさせた。これが中国通の仲麻呂による献《けん》策《さく》であったことは、周知のことであろう。となれば、彼の中国趣味による表現とすれば、中国では九《きゅう》品《ひん》制で、位階は品階《ひんかい》となる。したがって、これを適用して三位を三品と称させたとしても、不可解でない。ただし唐風を採用したのは光明皇后であって、たしかなのは彼女の趣味だったことだ。ちなみに宝亀二年（七七一）に死没した阿倍仲麻呂《あべのなかまろ》に対し承和三年（八三六）五月に従二品から正二品へと昇叙・追贈しており、日本においても諸臣に対して中国品階によって叙位している（『続日本後紀』）。

なぜことさらに否定するのかといえば、一人でも味方が欲しいという逃走中の行為だからである。藤原仲麻呂の乱といわれているが、これは孝謙《こうけん》上皇の策《さく》した反乱である（拙稿「藤原仲麻呂の乱」『天平の政治と争乱』）。平城京を追われ、勢多橋《せたのはし》が焼かれていて近江国府《おうみこくふ》に辿《たど》り着《つ》けなかったので、湖西《こせい》から越前国府に行くよう方向転換をした。そんなときに、ことさらに味方を無くすように仲麻呂の子は親王扱い・準皇族という叙位をしてみせるものか。愛発関《あらちのせき》に向かうさなか、地方豪族を味方に加え、また越前でもあらたな味方を糾合《きゅうごう》して反攻に向かわなければならない。頭を下《さ》げてでも、味方になって貰《もら》いたい。そんなとき、ことさらに仲間からの非難が集まりやすく離反を誘うような、仲麻呂一族だけを高く持ち上げる叙位など発表するか。しかも王ではなく親王としたのなら、次期天皇として即位する野望も疑われてしまう。そんな変な集団に味方したくなかろう。もちろん『続日本紀』内の記述なので、孝謙上皇側が仲麻呂の横暴ぶりを物語る話としてことさらに捏造《ねつぞう》させた可能性もあるが。

大伴家持は、どうして決起しなかったのか

奈良時代における藤原氏と大伴氏は、律令官僚的と氏族的、革新的と保守的というような比較で語られる。藤原氏は律令の官僚制度を研究しつくし、その制度にうまく対応して重要な官職を一族で独占し、政権中枢を固める。これに対して、大伴氏は大和王権の仕事をその名につけたつまり「名負《なお》い」の氏族として職務を請負い、多種・多数の氏族と協力して一つの政権を支えてきた。

大伴氏の人から見れば、こうだろうか。かつての氏族にはそれぞれの独占的・排他的な役割が廷内で確立しており、それぞれの活躍の場があった。近江《おうみ》臣・阿倍《あべ》臣や物部連《もののべのむらじ》・佐伯《さえき》連は軍事行動で、弓削《ゆげ》連・矢作《やはぎ》連・韓鍛冶首《からかぬちのおびと》・馬飼《うまかい》連らはそのための武器や馬匹《ばひつ》を提供し、それぞれにおのが役目を果たした。そうした時代が忘れられず、律令制度の仕組みを理解しない大伴などの氏族員は、制度を熟知する藤原氏に要職を独占され、閣僚ポストから駆逐《くちく》されて、役所の管理職を奪われていった。役所では、上司として君臨する藤原一族のもとで、その命令に従わざるをえない立場に追いやられた。ほんの数世代前には、一氏族が政府の多くの閣僚ポストを占めることなどなかった。大和王権を代表する臣姓《おみせい》・連姓《むらじせい》の大氏族の氏上《うじのかみ》が六〜七人で集まって協議し、一氏族の利益に偏《かたよ》らない納得《なっとく》のいく結論を出してくれていた。しかし、いまは藤原氏出身者だけで閣僚の半数以上が占められ、藤原氏の都合で皇嗣《こうし》や国政が決まる。聖武天皇の子・基王《もといおう》が一歳で皇太子にされ、安積《あさか》親王がいるのに阿倍《あべ》内親王（孝謙《こうけん》天皇）が立太子する。皇族がなるはずの皇后に不比等《ふひと》の娘・藤原安宿媛《あすかべひめ》（光明《こうみょう》皇后）が

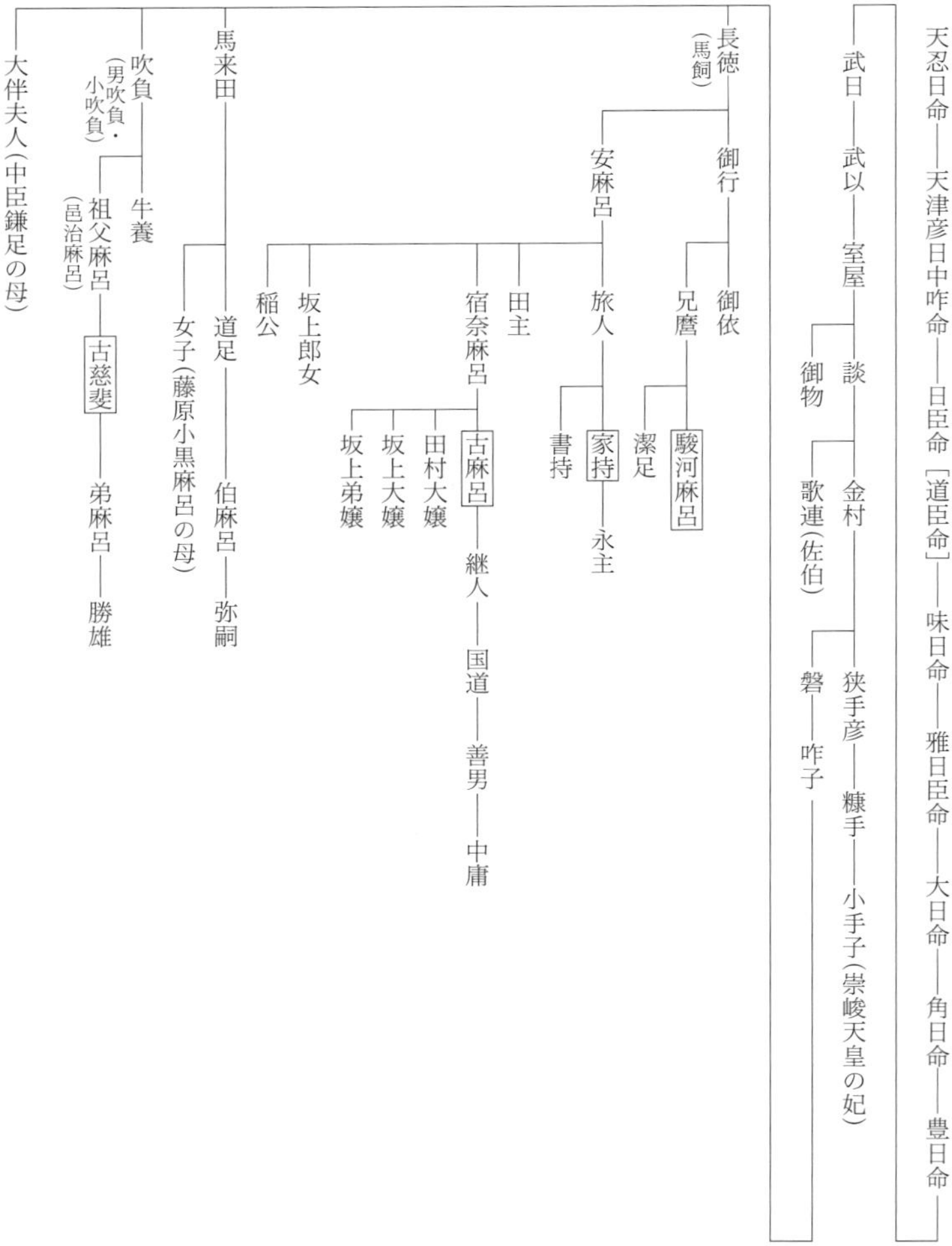

○大伴氏系図（『万有百科事典・日本歴史（上）』と『国史大辞典』の「大伴氏」項、および『日本古代氏族系譜集成』の大伴氏項を参照した）

立てられたように、根本法典とされてきたはずの律令《りつりょう》すら無視されてしまう。長屋王《ながやおう》は誣告《ぶこく》され、藤原武智麻呂《むちまろ》の画策《かくさく》で死刑になった。こんな暴挙が白昼堂々と許されてしまう世の中でよいのか、と。

大伴氏のなかからは不満を吐露《とろ》し、ついには決起する者が出た。それも当然だろう。

口火を切ったのは大伴古志斐《こしび》で、『続日本紀《しょくにほんぎ》』天平勝宝《しょうほう》八歳（七五六）五月癸亥《きがい》条に「出雲《いずも》国守の大伴古志斐と内竪《ないじゅ》の淡海三船《おうみのみふね》が朝廷を誹謗《ひぼう》して、人臣としての礼《れい》がないという罪に問われ、左右衛《え》士府《じふ》に拘禁《こうきん》された」とある。古志斐は大伴氏の傍流家の出身で、家持の父・旅人の再従兄弟《はとこ》にあたる（系図参照）。はじめに逮捕されたのは三船で、『万葉集《まんようしゅう》』には「淡海三船の讒言《ざんげん》によって、出雲守大伴古志斐が任を解かれた」（巻二十―四四六五題詞）とあって、三船の供述によって古志斐が拘禁された。それでも大事には至らず、『続日本紀』によればその三日後に放免《ほうめん》されている。嫌疑は、臣下《しんか》の分際《ぶんざい》で、皇太子をめぐる皇嗣《こうし》問題をあれこれ議論していたことにあったらしい。というのは、この事件の八日前に聖武《しょうむ》上皇が亡くなり、遺詔《いしょう》によって新田部《にいたべ》親王の子・道祖《ふなど》王が皇太子に立てられた。ところが聖武上皇の妻・光明皇太后や孝謙天皇・藤原仲麻呂ら執政の中枢にあった人たちは、道祖王を嫌っていた。現《げん》に翌年三月には廃太子《はいたいし》して、東宮から追い出した。そうした結果からみても、聖武上皇が皇太后・天皇や権力者の意向にそわない遺詔をしたことで、宮廷には一悶着《ひともんちゃく》ありそうだとの噂が囁《ささや》かれていたのだ。三船と古志斐もそうした噂をもとに政情を予測し、身《み》の振《ふ》り方《かた》などを語り合っていたようだ。摘発《てきはつ》されたのだから、摘発した側《がわ》にとっては不都合《ふつごう》で不愉快な、しかし正鵠《せいこく》を射た内容だったわけだ。もちろんこの時期に彼らしか語っていなかったのではなく、彼らの逮捕と放免《ほうめん》は、今後口に緘《かん》するよう見せしめとされたのであった。不穏《ふおん》な空気を察《さつ》して、大伴氏の氏上《うじのかみ》・家持《やかもち》は「族《うから》に喩《さと》す歌」

で「おぼろかに　心思ひて　空言《むなごと》も　祖《おや》の名絶つな　大伴の　氏と名に負へる　ますらをの伴」（巻二十―四四六五）と大王の身辺を守り通してきた大伴氏の清らかさを歌い上げ、軽率な軍事行動や反乱への関与を押しとどめようとした。

ついで、天平宝字《ほうじ》元年（七五七）六月には、大伴古麻呂《こまろ》が橘《たちばなのな》奈良麻呂《らまろ》の謀反《むほん》計画に荷担《かたん》した。古麻呂は旅人《たびと》の弟・宿奈麻呂《すくなまろ》の子で、家持の従兄弟《いとこ》にあたる。奈良麻呂は左大臣・橘諸兄《もろえ》の子で、諸兄はほんらい太政官の首座として貴族政治を束《たば》ねていたはずだった。だが、光明皇太后が紫微中台《しびちゅうだい》を作って太政官を無力化し、藤原仲麻呂を紫微内相《しびないしょう》として全権を握らせた。諸兄はわずかな咎《とが》で失脚し、失意のうちに死没した。父の敵《かたき》でもある。しかも皇太后らは聖武上皇の遺詔を覆《くつがえ》し、仲麻呂の家の居候《いそうろう》であった大炊王《おおい》に皇太子をすげ替えた。こんなやりたい放題は許せない。筋は通《とお》っており、剛直な古麻呂なら一も二もなく賛同したろう。だが奈良麻呂の計画は杜撰《ずさん》で、皇太后・天皇から警戒されて説諭《せつゆ》され、それでも決起しようとして一網打尽《いちもうだじん》にされた。古麻呂は、拷問《ごうもん》の末に死没した。大伴古志斐・古麻呂らが憤懣《ふんまん》を吐露《とろ》して決起していくのに、氏上《うじのかみ》の家持はなぜかれらに同調して与《くみ》しなかったのか。いや、家持はとりわけて警戒され、ことあるごとに嫌疑を掛けられていた。

奈良麻呂の変の前、家持は兵部《ひょうぶ》大輔《たいゆう》から右中弁《うちゅうべん》へと移っていた。兵部省は武官の人事《じんじ》を担当するところで、かつ兵制を仕切る部署《ぶしょ》。右中弁は太政官の書記局であり、この官を経た人は参議《さんぎ》から上の公卿《くぎょう》にあがっていくことが多い。中央官僚であって、これからの活躍が期待される職にいた。それが奈良麻呂の変の翌年二月、因幡守《いなばのかみ》とされて地方に追い出された。四年後の天平宝字六年正月には信部《しんぶ》（民部《みんぶ》）大輔《たいゆう》となって中央官僚に復するものの、藤原仲麻呂《なかまろ》の乱が起きる前の天平宝字《ほうじ》八年正月、ふたたび遠隔地の薩摩《さつま》守に追いやられている。仲麻呂にとって、家持は反仲麻呂勢力の中心になりうると判断されたからである。というのは『続日本紀』宝亀八年（七七七）九月丙寅《へいいん》条の藤原良継薨去《よしつぐこうきょ》記事に「かつて仲麻呂が権力をほしいままにしていたとき、良継は佐伯今毛人《いまえみし》・大伴家持《やかもち》とともに、仲麻呂を除こうとして露見《ろけん》した。しかしひとり良継だけが責《せ》めを負《お》い、ほかの者は免《まぬか》れた」と書かれている。延暦《えんりゃく》元年（七八二）閏《うるう》正月にも天武天皇系皇子の復権を目指した氷《ひ》上川継《かみのかわつぐ》の変に連座《れんざ》し、坂《さかの》上苅田《うえのかりた》麻呂《まろ》・伊勢老人《おきな》・大原美気《みけ》・藤原継麻呂《つぐまろ》とほかに三十五人の与党《よとう》とともに処罰され、現任を解かれて京外に移されている。そして最後、死没後には造長岡宮《ぞうながおかきゅう》使・藤原種継《たねつぐ》の殺害事件の黒幕として除名《じょみょう》され、身分を庶人《しょにん》に降格された。つまり数ある天平の政変にいかにも関与しそうで、関与が疑われ、関与したとの証言もある。しかし決定的な軍事行動をとらず、表面的にはほぼ無傷で通した。だが、彼はどうして決起しなかったのか。陰謀のまんなかにいそうで、なぜ逮捕を免《まぬが》れるのか。歌に詠まれた通り、大伴の清き名を汚したくないという、大伴氏の氏上としての自覚のせいか。

筆者は、これを律令制度を自覚できたせいと解く。家持は、養老二年（七一八）ごろ生まれた。律令制度の下《もと》に生活し、官吏の道を歩んだ。そして律令制度の要《かなめ》となる弁官局の仕事に携《たずさ》わって、奈良麻呂の変のとき右中弁《うちゅうべん》、のち左中弁・右大弁《うだいべん》・左大弁にもなった。弁官は太政官の決定事項を八省それぞれにあうように指示し、八省からの要請を審議できるように書き直して太政官に奏上する。すべての最高機密がここを通過する。この行政機構の仕組《しく》みを熟知《じゅくち》でき、その巨大さと怖さとを知りうる部署である。その職務を通して、兵部省も衛府《えふ》も把握されているなかで国家機構に謀反《むほん》を起こすことがいかに無謀《むぼう》であり、達成しがたいものか。彼には、それが理解できていたのではないかと思う。

古代の恋愛は、定型化した約束事に縛られていた

「あいびき」といったら「牛肉と豚肉の合《あ》い挽《び》き肉のことか」といわれそうなご時世だが、いま話題にしようというのは一昔《ひとむかし》前のデートのことだ。

『万葉集《まんようしゅう》』（日本古典文学全集本）には、たとえば

春日山　霞《かすみ》たなびき　心ぐく　照《て》れる月夜《つくよ》に　ひとりかも寝む　（巻四―七三五）

はしきやし　間近《まぢか》き里の　君来《こ》むと　おほのびにかも　月の照りたる　（巻六―九八六）

ま袖《そで》もち　床打《とこう》ち払《はら》ひ　君待つと　居《お》りし間《あいだ》に　月傾《つきかたぶ》きぬ　（巻十一―二六六七）

とある。最初の歌は坂上大嬢《さかのうえのおおいらつめ》が大伴家持《やかもち》に贈った歌で、「心が晴れずに悩ましく、月夜《つきよ》に独《ひと》り寝《ね》することでしょうか」の意味。二首目は湯原《ゆはら》王が月を題材として、「君が来るだろうと思ってなのか、待ちかねたように月が照る」と詠《よ》んだもの。最後の歌は「袖で寝床《ねどこ》を打ち払って待っていたのに、その間に月が傾いてしまった」という意味で、相手の人は来なかったようだ。

そのときどきの歌の思いはともあれ、古橋信孝《ふるはしのぶよし》氏（『誤読された万葉集』新潮新書）によれば、逢《あ》い引《び》きのときはかならず照れる月の状態にあるとの観念が読み取れる、という。「心ぐく」つまり心が晴《は》れ晴《ば》れせずに悩ましいのは、月が明るく照っているのに独り寝しなければならない状態となりそうだからである。つぎの歌は、月が明るく照っているから「君来《きみこ》む」つまり愛《いと》しい人が来るだろう、と思っている。そして最後の歌も、恋人が来ると予想していたのに月がもう傾いてしまった。もう来な

いと諦《あきら》めているが、来ると予想したもともとの原因は月が照っていたからである。

この照る月というのは、三日月や半月でなく、明るく照る月だから満月の状態の意味である。つまり満月の夜には、逢い引きするものなのだ。ここで「満月の夜なら、狼男《おおかみおとこ》に変身するんだろう」と観念する人は、住んでいる世界がちょいと違う。古代の日本では、逢い引きするなら満月の夜が似つかわしかったのだ。そういう観念を、男女おたがいに懐《いだ》いていた。だからこの歌が二人の間で成り立っているし、聞いている人たちも違和感《いわかん》なく「さもあろう」と受け入れているわけである。

ぎゃくに、雨の日にはデートできない。相手は訪ねてこない、と決まっていた。

韓衣《からころも》　君に打ち着せ　見まく欲《ほ》り　恋ひそ暮らしし　雨の降る日を　（巻十一—二六八二）

心なき　雨にもあるか　人目守《ひとめも》り　ともしき妹《いも》に　今日だに逢はむを　（巻十二—三一二二）

とあり、前者は「舶来《はくらい》の豪奢《ごうしゃ》な着物を見せようと思いつつ恋しがって暮らしたが、雨なので会えなかった」で、後者は「人目《ひとめ》を避《さ》けるので会いにくいあなたに今日にでも会いたいのに、心ない雨だなぁ」という意味だ。古橋氏は、これも雨の日には逢い引きができない、という約束事があったという。もちろんじっさいには雨具《あまぐ》を着けていけば会えるわけだし、

ただひとり　寝《ぬ》れど寝《ね》かねて　白たへの　袖を笠に着《き》　濡れつつそ来《こ》し　（巻十二—三一二三）

とあって、笠すら着けずに「寝ようとしたものの寝られなくて、袖を笠の代わりにして、濡れたままやってきた」と詠《よ》んでいる例もある。しかしそれでもやはり、普通なら来ないし、行かない。そういう約束事が前提としてあったからこそ、その意外な行動を詠んでいる。雨の日はデートしないという観念の存在は、右の歌からもたしかに推測できそうだ。

古代の決まりだとかいうが、月が明るくなくて三日月《みかづき》だろうと新月《しんげつ》だろうと、恋人はいつでも会いたいものだし、会いたくなったら時や場所すら選ばずに会いにいくものだ。じっさいはそうだ。さすがに槍《やり》がふっていたら私も出歩《である》かないが、雨が降っているていどで逢い引きに行かないとまで決めたりしない。古代のひとだってじっさいはそうに違いない。

だからこれは「古代人・古代社会の約束事」じゃなく、ただしくいえば「古代文学上の約束事」なのだ。たとえば現代の恋愛ドラマを見ていると、まず出会《であ》って、交際期間があり、告白して結婚が約束される。しかし親の反対かやむをえぬ社会事情などがあって、事情を説明できずに相手のことを思って別れなくてはならなくなり、一度破局《はきょく》する。その傷《きず》を癒《い》やし困難を乗り切って、ふたたび燃え上がって恋が成就《じょうじゅ》して大団円《だいだんえん》となる。これは恋愛ドラマの定番《ていばん》の筋書きである。出会いがあって交際を重ね、周囲に祝福されて無事に結婚しました、ではまったくおもしろくない。反対を受け困難に遭遇《そうぐう》しなければ、恋心が燃え上がらない。かといってそれにめげてはダメ。一山越《こ》えたさきに好《この》ましい大団円が来なければ達成感のないひどいドラマと非難されるから、できる限りハッピー・エンドにする。それが視聴者の望んでいる、恋愛劇として納得できる、見たい筋書きなのだ。

ついでにこまかいことをいえば、劇の途中でウェディングドレスを試着した場面を放映《ほうえい》した場合は、そのドラマのつづきに結婚式の場面はない。結婚前に、恋愛関係はかならず破綻《はたん》する。なぜなら、ウエディングドレス姿は、主演女優にとってもっとも綺麗《きれい》に装《よそお》える山場《やまば》である。それを事前に見せてしまっては、最高潮のシーンをみずからドブに棄てるようなもの。だから結婚式・披露宴《ひろうえん》の場面がこのさきない場合に限って、試着の場面を映し出す。あるいは、つね日ごろ悪役をしていない有名俳優が犯人役であった場合は、犯罪者として逮捕される前にかならず自殺するか病死する。つまり逮捕される場面は作られない。これらは筋書きの話でないが、ドラマ作りでの「お約束」の一つといえよう。

そういう固定観念的な「古代文学上の約束事」は、ほかにも見られる。

それが恋愛事件では、かならず一人の女を主人公にして、二人以上の男が取り合う。一人の男を数人の女が取り合うという文学作品は作らない。そういう決まりである。

例えば『古事記《こじき》』応神《おうじん》天皇段には、伊豆志袁登売《いずしおとめ》を秋山《あきやまの》 下氷《したび》壮夫《おとこ》・春山之《はるやまの》霞《かすみ》 壮夫《おとこ》という兄弟が取り合う。秋山下氷壮夫が言い寄ったが相手にされず、弟の春山之霞壮夫に「伊豆志袁登売を得られたら、自分の背の高さほどの酒や山海《さんかい》の珍味をやるよ」とまで約束した。弟は母の手や知恵を借り、藤《ふじ》蔓《づる》で衣服と弓矢を作った。それらが美しい藤の花に変身し、女がそれを手にとって見とれているうちにともに厠《かわや》に入《はい》り込《こ》んで結婚した、という。

『日本書紀』武烈《ぶれつ》天皇即位前紀条には、物部《もののべの》 影媛《かげひめ》を平群《へぐりの》 鮪《しび》と太子《たいし》（のち武烈天皇）とが争った、とする。太子は仲人《なこうど》をたてて結婚を申し込んだが、すでに大臣《おおおみ》・平群真鳥《まとり》の子である鮪《しび》の愛人となっていた。嫉妬《しっと》と鮪の尊大な物言《ものい》いに激《げき》して、太子は鮪を討ち滅ぼしてしまった。

『万葉集』でも「古の　ますら壮士《おとこ》の　相競ひ　妻問《つまど》ひしけむ……」（巻九―一八〇一）とはじまる歌群で、地元の菟原壮士《うないおとこ》と大阪から来た千沼壮士《ちぬおとこ》とが摂津《せっつ》国葦屋《あしや》の菟原処女《うないおとめ》の愛情を激しく競《きそ》ったさまが詠《よ》まれている。伏屋《ふせや》を焼き払い、弓矢を執《と》って刀の柄《つか》に手をかけての争いだった。見かねた菟原処女は自殺してしまうが、千沼壮士の夢に出たり、処女《おとめ》の墓の上に生《は》えた樹の枝が千沼壮士の方に伸びていることから、千沼壮士の方が好きだったらしい、という話だ。また武蔵国勝鹿《かつしか》の真間《まま》手児名《てこな》も、さしたるおしゃれをしないのに「望月《もちづき》の　足《た》れる面《おも》わに　花のごと　笑《え》みて立てれば」（巻九―一八〇七）夏の虫が火に寄ってくるように男たちが群がってきた、という。

いずれも、一人の女を二人以上の男が取り合い・競《きそ》い合《あ》う。そういう設定になっている。もちろん、これが古代社会の現実だったわけじゃない。じっさいには一人の男に複数の女が言《い》い寄《よ》り、女性同士の激しい嫉妬《しっと》や画策《かくさく》があり、相談に乗り勇気づけさえする友人面《ゆうじんづら》の裏でその男を奪い取る裏切りもある。いやそうした男女の駆《か》け引《ひ》きはお互《たが》い様で、複数の男が一人の女に、複数の女が一人の男に言い寄る。男は男同士で嫉妬して嘘《うそ》をつき、女は女同士で画策して出《だ》し抜《ぬ》こうと企《たくら》む。それは日常《にちじょう》茶飯《さはん》事《じ》で、古代とか現代とか時代を選ぶ出来事じゃない。恋愛は、そうなるものだ。「文学」は虚構であって、社会のあるままを書く記録ではない。社会のある現象を意識的に選び、加工してから記したものだ。現代の文学作品でもそこに展開されるようなことはほとんどドラマのなかでしか起きない。

また、天平三年（七三一）七月五日に神祇官《じんぎかん》に上進《じょうしん》されたという『住吉大社神代記《すみよしたいしゃじんだいき》』には、男神である住吉《すみのえ》の神をめぐり、正妻の為奈河《いながわ》（猪名川《いながわの》）神《かみ》が後妻《ごさい》の武庫川神《むこがわのかみ》に嫉妬して攻撃する、とある。為奈河神はその河の石を武庫川神に投げつけ、髪を引き抜いた。そんな風景は、目に浮かぶ。それはともあれ、だから為奈河に芹《せり》は生えるが石はない。武庫川には石がごろごろしているが、芹は生えない、という話である。この話は、天平年間のことと書かれているが、元慶《げんぎょう》三年（八七九）以降のつまり九世紀後半の成立とみなされている（坂本太郎氏「『住吉大社神代記』について」〔『日本古代史叢考』所収〕、吉川弘文館刊）。これからすれば、一人の男をめぐる複数の女の諍《いさか》いの物語もあったかのようだが、最初から筋書きを制約されている神社の縁起譚《えんぎたん》であって、一般的な聴衆《ちょうしゅう》の意識に自由に語りかけ・読ませようという「文学」じゃない。

文学作品には、眼前に多数の聴衆・読者がいる。あるいは予想されている。彼らが納得《なっとく》する話でなければ、聞いたり読んだりして貰《もら》えない。彼ら好《この》みの作品に仕上げなければならない。日常的な事実はどうでもいい。文学作品には、彼らが望んでいる形が投影されているのだ。

そこまで諒解《りょうかい》して貰えれば、大和《やまと》三山歌《さんざんか》の理解も容易《ようい》になる。

「香具《かぐ》山は　畝火《うねび》を愛《お》しと　耳梨《みみなし》と相争《あいあらそ》ひき」か「香具山は　畝火雄々《おお》しと　耳梨と相争ひき」と読み取るのが、現在の有力説である。これだと前者は「香具山（男）は　畝火（女）を愛しと　耳梨（男）と相争ひき」となり、後者は「香具山（女）は　畝火（男）雄々しと　耳梨（男）と相争ひき」か「香具山（女）は　畝火（男）雄々しと　耳梨（女）と相争ひき」かとなる。ほかにもすべて男山で別に女人がいるとする説など多様《たよう》にあるが、いまは検討しない。

読み取り方にどういう可能性があるかという話なら、どの説にも可能性がある。しかし古代社会のいや古代文学のありようからすれば、一人の男をめぐって二人の女が争うという話は、聞き手の共感を得られない。一ノ《いちの》谷《たに》の合戦において命《いのちが》懸けで鵯《ひよどりごえ》越を下《お》りて大勝し、屋島《やしま》合戦で平家を海に追い落とし、壇ノ《だんの》浦《うら》戦いで平家一門を海に沈めた。大活躍をした源《みなもとのよしつね》義経のその後の処遇・末路《まつろ》は憤《いきどお》りと悲しみをもって語られなければならない。因果応報《いんがおうほう》・自業自得《じごうじとく》であって、御家人《ごけにん》たちの恨《うら》みを買《か》う愚かな指導者の当然の末路と描いたら、聴衆に聞いて貰えるのか。それと同様であって、「香具山（男）が畝火（女）を好きだと言い寄って、ほかに言い寄っていた耳梨（男）と争った」と読み取られたはずである。かりに語り手がそのつもりでなくとも、聴衆は文学世界に望んでいる約束事としてそう受け取ったろう。

役人への支払いは実費なのか定額の規定額だったのか

奈良県立万葉文化館に奉職《ほうしょく》して共同研究をしていたとき、某大学のF教授は「東京駅から奈良県立万葉文化館のある明日香村《あすかむら》に赴《おもむ》くには、東海道新幹線で京都駅に出て、近鉄京都線・橿原《かしはら》線に乗って橿原神宮前に行き、奈良交通バスで奈良県立万葉文化館前停車場に降《お》りる。これが早いし、これによって日帰《ひがえ》りつまり前泊《ぜんぱく》しないで済ませているのだから、奈良県側に損《そん》はないはず。それなのに名古屋駅で東海道新幹線から近鉄に乗り換え、名古屋線・大阪線・橿原線を乗り継いで橿原神宮前駅の料金しか払われないというのは、納得《なっとく》できない」といわれた。

内容の前半はその通りで、筆者もじっさい経路で東京・明日香間を毎週往復していた。それは早いからで、乗車時間が短くて身体への負担《ふたん》が軽い。ただし路線としては遠回《とおまわ》りになっているため、運賃は当然高くなる。その遠回りしていることと料金の高いことが問題なのである。「前泊しないで済ませたから料金は結果的に安くなる」というのは事実でも、前泊する・しないは個人的な事情であって、事務方が料金計算するさいの基準を変更する材料とならない。つまり現実的で合理的と思って乗車したのに、「遠回りで料金が高くなる」と距離・料金を問題にされた。これが一致できない点だった。

しかしこうした計算上の支給額と実際にかかる経費の食《く》い違《ちが》いにまつわる問題は、決していまにはじまったことでない。古代にもあった。

古代の地方諸国には中央政府から国司《こくし》が派遣され、その国内をしばしば見回った。国司は天皇に代わって天皇のミコト（お言葉）を持って行くミコトモチであったから、天皇の目・手の代わりとして諸郡をめぐって産業が滞《とどこお》りなく行《おこな》われ民が疾苦《しっく》していないか確認したのである。とはいえ、短期間に国内をくまなく見回るなどとても無理だから、郡務をつかさどる郡司が駐在している郡家《ぐうけ》（郡の役所）に立ち寄り、施政状況の報告をうける。その途次に周囲の村々の状況も観察できる、というわけである。

この国司巡《じゅんこう》行は、ふつうは年に十度ほどで、政府の指示によって増加することもあった。

産業を検《しら》べ催《もよお》す国司・春夏二時の借《しゃくたいなら》貸幷びに雑官稲《ざっかんとう》を出挙《すいこ》せる国司・手実《しゅじつ》を責《こ》ふ国司・義倉《ぎそう》を賑《しん》給《ごう》（給付）せる国司・田の得不《とくふ》を検《しら》ぶる国司・牧の馬牛を検《しら》ぶる国司・駅伝馬《えきてんま》等を検《しら》ぶる国司・調庸《ちょうよう》を斂《おさ》むる国司・消《しょうそこ》息を推問《すいもん》せる国司・官稲を収納せる国司のあわせて十度は、どの年でもつねに行われている政務を確認する巡《じゅんこう》行である。春から夏にかけて、農工漁業などの準備作業に着手しているかを確認し、借貸・出挙《すいこ》で必要な種籾《たねもみ》などの不足を補《おぎな》わせ、戸籍《こせき》作成の調査を行なう。秋から冬にかけて、飢饉《ききん》ならば義倉《ぎそう》の米を提供し、田畠の出来《でき》・牧場の牛馬の数を確認し、調《ちょうようもつ》庸物の納入状態を調査する。最終的に民の生活ぶりを調査して、出挙の利息を回収する。これが一年間の基本的な流れだが、ときとして中央政府からの命令で、天皇の恩勅《おんちょく》によって困窮《こんきゅうしゃ》者に特別給付を施したり、国内の神社を修理させる使者や道別《どうべつ》に派遣された地方行政を監察《かんさつ》する巡《じゅんさつし》察使一行に付き随《したが》うこともあった。

こうした巡行に従った官人に支給された食料稲の量が、東大寺正倉院に残された「正税帳《しょうぜいちょう》」に記されている。たとえば天平十年（七三八）の「周防《すおう》国正税帳」によれば、

手実《しゅじつ》を責《こ》ふ国司一度（掾《じょう》一人／目《さかん》一人／史生《ししょう》二人）将従《しょうじゅう》六人　合《あわ》せて一十人二十日　単《たん》二百人
（目已上《いじょう》四十人／史生四十人／将従二百二十人）　食稲《じきとう》六十八束　酒一斗二升　塩四升

とある。戸籍の元票となる戸口名の一覧（手実）を戸主が作成する。手実を集める作業が行われているか督励・確認する作業である。十人で二十日間回ったという記録で、周防《すおう》国は六郡だから、各郡内に三日ほど滞在した計算である。郡家《ぐうけ》間の距離に遠近の差があるので、郡家に一日いたか二日いたかは明瞭でないが、もとよりおよそ実務に携《たずさ》わる日程でない。まさに、ざっと「督励に来たぞ」「確認に来たぞ、書類を用意して開いておけよ」というような駆《か》け足《あし》のアリバイ的な査察《ささつ》だったろう。

このときの食法《じきほう》（食料支給の原則）は、

食法（史生《ししょう》已上《いじょう》人別日稲四把《わ》／将従《しょうじゅう》人別日稲三把　目《さかん》已上人別日酒一升／史生日酒八合　将従已上
人別日塩二夕《しゃく》）

とあり、国司の守・介・掾・目・史生は稲四把つまり白米《はくまい》で現在の八合、随行者《ずいこうしゃ》の将従《しょうじゅう》は六合。酒は史生《ししょう》以上で、将従はない。塩は全員に二勺《にしゃく》を支給する、とする。この記載は予算でなく、決算である。したがって、これだけ支給され、本人たちによって消費されたのである。もちろん高級官僚は大食《おおぐ》いで、下級役人は小食《しょうしょく》というわけがない。この時代の人がどれほど米を食べたかあきらかでないが、将従は実食のみの副食なしで、高級官僚は差額の二合分を副食物の購入に当てた。そうみなすのが穏当《おんとう》だ。とはいえ副食物が交換できる状態で、国司《こくし》巡行《じゅんこう》行程中のどこかに置かれている保証などあるのか。現代的なスーパーや小売販売店など、あちこちにあるはずもない。だから副食分の支給米を当てにして巡行前に市場《いちば》などで購入しておくとか、巡行先の郡家《ぐうけ》が事前に用意しておくとか。いろいろと考えられるが、現実場面には不明なところが多い。それはともあれ、国司巡行は決められた日数のなかで、決められた額の食料支給によって行われる。それは事実だ。小食で残そうと大食で追加の食料を購入しようと、決められた日数より早めに切り上げようと基準日数よりかかってしまおうと、じっさいがどうでもこの規定量通りにしか支出しない。つまり国司巡行の行程で実際にかかった経費（実費）の報告ではない。どう使ったか問われないが、それ以上の請求もできない、規定の額なのである。

というのも天平二十年の越中《えっちゅう》国で大伴家持は「春の出挙《すいこ》に依《よ》りて、諸郡を巡行」（『万葉集』巻十七—四〇二八の左注）つまり国司巡行を行ない、その過程で詠《よ》んだ歌を残した。その歌群を並べると、国庁のある高岡《たかおか》伏木から羽咋《はくい》・能登《のと》・鳳至《ふげし》・珠洲《すず》の四郡家を巡って実施報告を受けていった様子《ようす》が分かるのだが、能登郡家から鳳至郡家には北に直進していない。最短距離を採《と》らず、郡家の場所とは関係ない北西方向の饒石《にぎし》川（仁岸川）上流を渡ろうとして、

鳳至郡にして饒石川を渡る時に作れる歌一首
妹《いも》に逢《あ》はず　久しくなりぬ　饒石《にぎし》川　清き瀬ごとに　水占延《みずうらは》へてな
（巻十七—四〇二八）

と詠んだ。筆者は、公務中のことでかつ将従を率いているなかだから、公出挙《くすいこ》の拠点となるべき頴稲《えいとう》を収《おさ》める倉屋《そうおく》が整っているかどうかを実見するために立ち寄ったもの、と推定した（「越中守・大伴家持の寄り道」『古代の社会と人物』）。そうした公的業務で足を伸ばしたために仮《かり》に一日多くかかったとしても、国司巡行の費用が上積《うわづ》みされることはおそらくなかったと思う。実費ではなく、支給された規定額のなかでやりくりするものだからだ。

この原則は、東大寺写経所《しゃきょうじょ》でも通用していた。写経生の賃金は紙数に応じた歩合給《ぶあいきゅう》であるが、出勤さえすれば彼らにはひとしく食米が支給された。このときの支給額は二升つまり現量の八合である。馬場基《はじめ》氏（「役所勤めの日々」『平城京に暮らす』所収、吉川弘文館）によれば、このうち一升二合から一升四合（現量の五合ほど）が実食米で、六合から八合（現量の三合ほど）が「不食米《ふしょくまい》」とされ、その量は帳簿に記して管理されていた。副食物の購入費用は別項目で支給されているので、不食米は副食物の購入費に転用されていない。さて各人分として支給された米をそれぞれが炊《た》くということはな

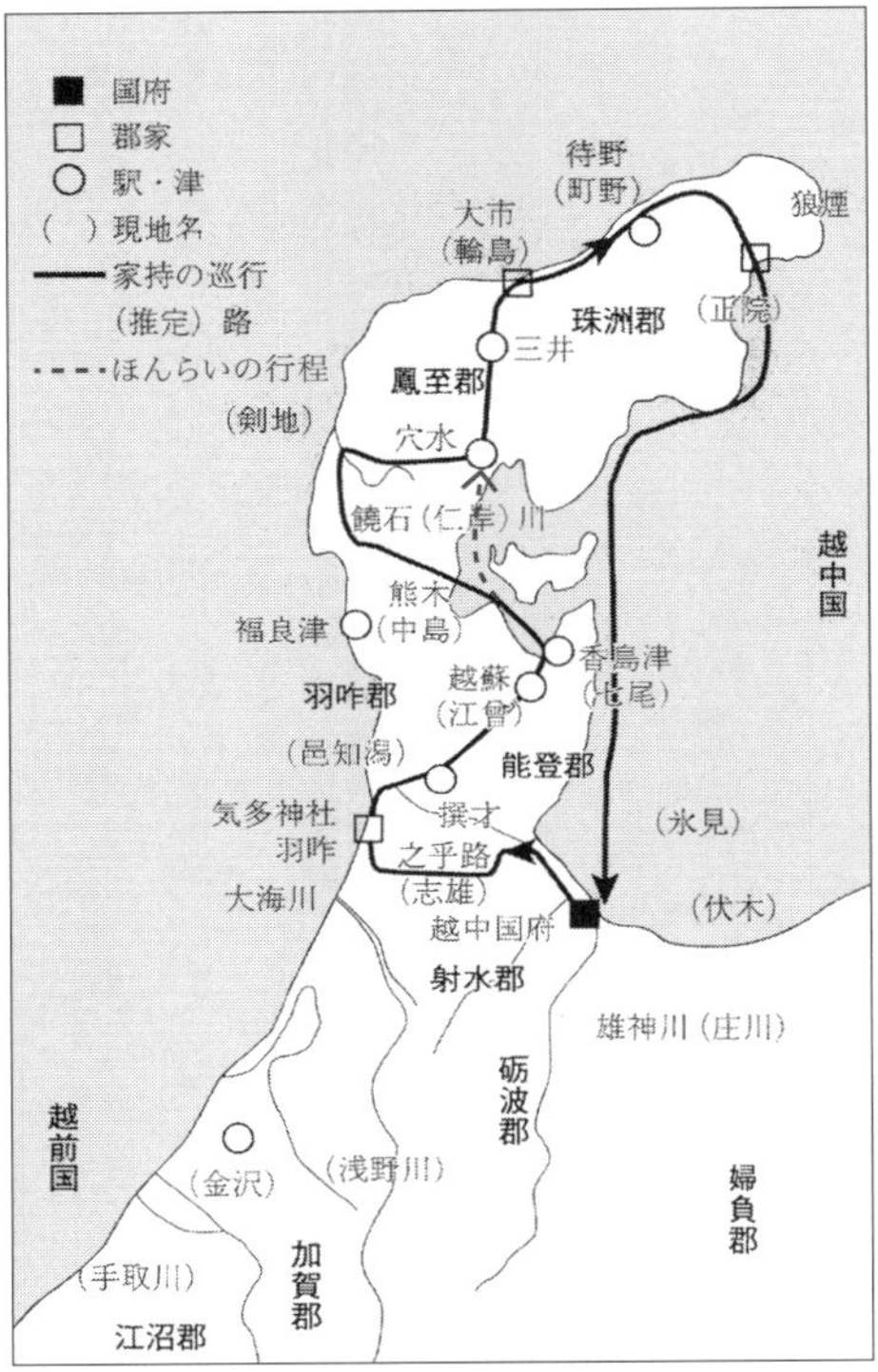

大伴家持の能登四郡巡行推定ルート

かろう。それでは仕事時間がなくなるし、狭い厨房《ちゅうぼう》が食事時間には雑踏《ざっとう》の状態となってしまう。かかる時間や燃料などもふくめて、個々人が炊飯するのはいかにも効率が悪い。米をまとめて釜《かま》で炊き、それぞれには飯《いい》として支給する、というのが現実的だろう。そのじっさいに炊いた残り分が不食米であって、日別かあるていど纏《まと》めてかは不明だが、本人の退去時までにその相応量《そうおうりょう》が渡された。これが歩合給の賃金を補《おぎ》なう、基礎的な給与となっている。そういう理解である。

やはり日数に応じて規定量が支給され、じっさいにいくら食べたのかは問わない。ぎゃくに、じっさいにいくらかかったかを基準にして払うことはない。これが、古代でもふつうの支給形態である。だから現実との差を埋めるために、古代では上積みしてやや多めに支給したわけだし、現代の出張ならば日当《にっとう》を支給する。公用・社用で赴《おもむ》くのならば通常の業務なのだから、給料のうち。ほんらいなら日当など要《い》らないはずだが、現実に必要になる経費より少なく算定される場合があるので、日当をつける。バス代で計算されても、タクシーに乗るしかない。各駅停車に乗れというが、乗るべき時間には急行しかこない。報償《ほうしょう》的な名称で支給されているが、こうした現実に配慮したものである。

ついでながら冒頭《ぼうとう》の件は研究費補助金による出張で、ほんらい研究者たちの全額負担で研究すべきところを補助するという趣旨である。となると報償的な意味をもつ日当《にっとう》を、補助されている研究者が受け取ることはできない。そもそも全額負担ではなく「補助」なのだから、その本旨《ほんし》に立ち戻って差額くらい自前《じまえ》で負担していただきたい、ということだ。まぁ、納得《なっとく》していただけそうもないが。

36 ひとは、米をどれほど食べていたのか

ひとは、事件や災害など特別な事があれば克明《こくめい》に記そうとするが、毎日行《おこ》なわれるふつうの出来事に関心を払わない。たとえば食事である。貴族・僧侶の日記に、何時に起きて、何時にどのように調理されたものをどれくらい食べたとか、排便《はいべん》はどこでどのようにしたのか、書こうとしない。あまりに当たり前のふつうな出来事で日常的にすぎ、ことさら書くに価《あたい》しない事柄《ことがら》に思えたからだ。だが、そのためにいちばん身近《みじか》な問題がわからない。

その一つが米飯の消費量つまりどれほど喰《く》っていたのか、である。縄文《じょうもん》後期の西日本に導入された稲作《いなさく》は、弥生《やよい》時代に日本列島全体に広まった。以降二〇〇〇年にわたって、日本の主食を支えてきた。それほど重要な作物なのに、各人がどれほど食べていたものかが明瞭でない。しかも時代によって、また仕事内容・階層によって違うようなので、なおさらよく分からない。

天平時代の諸国正税帳《しょうぜいちょう》には、官吏・准官吏《じゅんかんり》に支給した食米記事がある。たとえば「天平九年（七三七）但馬《たじま》国正税帳」（『寧楽遺文《ならいぶん》』上、二四七頁）の首部《しゅぶ》には、国司《こくし》が任国《にんこく》の管轄する部内を巡行《じゅんこう》するときに支給された食料米が記録されている。それによると「経単壱仟漆伯玖拾伍日」つまり延《の》べ一七九五日の食料として充当《じゅうとう》された稲は「陸伯捌束伍把（六〇八・五束）」で、「史生已上七百日」は日別四把、「将従《しょうじゅう》一千九十五日」は日別三把とされている。束把《そくわ》は茎のついた頴稲《えいとう》の状態を計《はか》る単位で、一束を籾殻《もみがら》に包まれた穀粒にすると一斗。つまり四把は籾穀《もみこく》の四升となる。この籾穀を舂《つ》いて、籾殻《もみがら》

を外《はず》した精白米《せいはくまい》（玄米《げんまい》）にすると、容量が五十％減の二升となる。江戸時代には二升の延米《のべまい》を納入させて実質五十二・八％とされることもあったが、米粒の肥満度や粃《しいな》・青米・粉米《こまい》・死米などの混在もあるので、『地方凡例録《じかたはんれいろく》』（十八世紀末成立）では「五合摺の定法《じょうほう》八、古今《ここん》上下損徳《そんとく》なき様に古哲《こてつ》の勘作《かんさく》」として、妥当《だとう》な数値とみなされている。ただし、古代の一升枡と現代の京枡《きょうます》とでは、そもそも枡の大きさが異なる。その差異は、沢田吾一《さわだごいち》氏著『奈良朝民政経済の数的研究』（柏書房）の算定でほぼ判明している。それによると奈良時代の白米一升は、現代ではその五分の二にあたる四合に換算されうる。これを適用すると国司の史生已上《いじょう》の「四把＝二升」は現代の八合に当《あ》たり（現代の米の売買は重量表示で、一石は約一五〇キログラム、一合は約一五〇グラムに当たる）、従者である将従は六合を支給されたことになる。この数量は出征中の兵士も同様で、延暦《えんりゃく》八年（七八九）六月の対蝦夷《えみし》戦にあたり「運ぶ所の糒《ほしい》、六千二百十五斛《こく》。征軍二万七千四百七十人。一日食する所、五百四十九斛なり」（『続日本紀』延暦八年六月庚辰《こうしん》条）とし、つまり一人一日糒二升、現量八合と算定している。この場合は加工された糒《ほしい》となっているので、交易《こうえき》用には向《む》くまい。つまり現実に食べるつもりであろうが、重労働の兵士なのでやや増量してあるともいえる。一合の米を炊《た》けば丼《どんぶり》に山盛りの飯となるが、それを一日二食なら一度に四杯、三食なら中食を二合とすると、朝夕とも三合を食べることとなる。国司が揃いも揃って大食《おおぐ》いで、下級部労働者は小食。そんなはずはなく、むしろ逆であろう。そこで筆者は、公定配給米の余分は売り払い、これと交換で副食を入手《にゅうしゅ》するのであろう、と推測したことがある（拙稿「律令制下の国司巡行」『天平の政治と争乱』笠間書院、六十七頁）。

馬場基《はじめ》氏著『平城京に暮らす』（吉川弘文館）は平城京内での暮らしぶりを描《えが》く書だが、そこに造東大寺写経所《しゃきょうしょ》に勤務する写経生への食米給与の記載がある。そこではもちろん写経業務の出来高に応じた給料分の銭貨が与えられるが、勤務中の食事も提供される。その量は、上記の国司《こくし》と同様で一日二升（現量の八合）。馬場氏も、三度に分けて食べても一食が二合七勺《ななしゃく》ほどになり、「どうも多すぎる」とみる。そこで『余米』といって副食物購入の費用に回された」との推測も紹介されるが、副食物の予算は別に立てられているので、その用途は疑わしいとする。それはその通りだろう。そこで帳簿に「不食米《ふしょくまい》」の項目が見られるから、じっさいに食した分との差額が不食米として写経生に渡された。すなわち隠れた給与だった、と推測している。だがこれは、いささか楽観的《らっかんてき》すぎだろう。不食米を手元《てもと》に残すためには、自分が生米を受けて炊爨《すいさん》しなければならない。でも写経事業のかたわら、写経生がそれぞれ炊飯できるものか。たぶんそのまま食せる飯の状態で用意され、支給されたはずだ。その場合、不食米を手にできるのは造東大寺写経所かその炊飯担当者である。予算はあくまでも写経所についていて、写経生についていたわけじゃない。それは余剰米を彼らにくれてやったら感謝されようが、役人がそれほど親切な善人だったとは思わない。

ともあれ、じっさいにこれほどの量を食べられるのかどうかはともかくとしても、古代の官人には一日八合、臨時雇用の准官人には一日白米《はくまい》六合が支給されていたのである。

田名網宏《たなあみひろし》氏著『古代の税制』（至文堂）では、年間の頴稲《えいとう》収入額から租稲・種稲を除いた可処分所得を四六二・六七束とみなし、日別の食料稲を一・八束（成人男子二・四把、成人女子二把、幼児〇・五把）と算定。年六六四・三束を消費するはずなのに、収穫は二五四日分しかえられていない、とされた。収入額は口分田を中田としてしかも賃租《ちんそ》（小作）における標準収穫高を根拠とするなど、問題も多い。それもあるが、成人男子四合八勺・成人女子四合・幼児一合という消費量は、はたして妥当だろうか。古代の規準は古代のなかで求めるべきで、現代生活の副食などの食糧事情や腹の感覚で想定してしまえば米飯量は変わってしまう。あまりに多いとして直《なお》してよいのか。直した数値に妥当性があるものか、はなはだ心許《こころもと》ない。とはいえ『続日本紀《しょくにほんぎ》』天平勝宝《しょうほう》四年（七五二）正月辛巳《しんし》条によると、諸国の百姓に殺生禁断《せっしょうきんだん》を命じた補償として「但《ただ》し縁海《えんかい》の百姓、漁《すなど》りを以《もっ》て業と為《な》し生存を得ざる者には、其の人数に随《したが》ひて日別に籾《もみ》二升を給ふ」とあり、籾二升つまり白米の一升で、現在の四合である。これが必要最低限の食糧米の補償とみなせるなら、田名網氏の推論には現実性が出てくる。

では、江戸時代ならどうか。武士には扶持米《ふちまい》が給付されている。たとえば五石三人扶持なら、五石が職務に対する俸給であり、扶持米が三人でじっさいに食する米の意味である。この場合の一人分の扶持米は米五俵が公定で、幕府なら俵に三斗五升（三五〇合）入っていた。五俵で一六五〇合、一日平均は四・五二合になり、一日三食なら一食は一・五合の計算になる。ただ一俵が四斗入りなら一食は五・四八合になるし、加賀藩《かがはん》では一俵が五斗入りであった。なお加藤淳子《じゅんこ》氏著『下級武士の米日記』（平凡社新書、七十七頁）での一人扶持は一日玄米五合であって、天保《てんぽう》十五年（一八四四）十月から弘化二年（一八四五）九月の一年間にあった七回の小の月（二十九日）には一斗四升五合の支給だったという。実例からすれば、一人一日で五合と定められていたとしてよさそうだ。

とはいえ、赤坂治績《ちせき》氏著『江戸の経済事件簿』（集英社新書、第二章一の1職人の暮らし）によると、『文政《ぶんせい》年間漫録《まんろく》』にある十九世紀初頭の大工《だいく》の収入は、日当銀《にっとうぎん》四匁《もんめ》二分《ぶ》＋弁当代銀一匁二分であった。一年（太陰暦《たいいんれき》で三五四日）の実働日数を二九四日とした場合、年間収入は銀一貫五八七匁六分となる。

大工の家族が妻と子の三人とした場合、主食の米は三石五斗四升で三五四匁、塩・味噌・醤油・薪《まき》・炭代《すみだい》が七〇〇匁《もんめ》、道具代・家具代が一二〇匁、衣服代一二〇匁、交際費一〇〇匁で、総計一貫五一四匁と算定される、とする。これだと夫婦・子の三人で一日十合を食べることとし、内訳としては夫婦が各四合、子が二合を消費するものと算定している。その一方で磯田《いそだ》道史氏著『武士の家計簿』（新潮新書）では、猪山《いやま》家の住人は祖母・父母・本人・妻・娘・家来・下女《げじょ》の八人で、その飯米《はんまい》は八石と計算されている。一人一石を三食・三六五日で割ると、一食は一合弱である。

　これだと扶持米が一日五合と計算されているのはかなり過剰《かじょう》ということになり、一人一日四合なのか、あるいは現代に近い感覚だが一人一日三合というのがよいか。支給額が多い分には紛争を生じないが、多い理由が必要である。俸給《ほうきゅう》的な意味合いが込められていたのか、または旧習に従ったかとか、である。あるいは多くなくて現実の数値とみるなら、都市民は下層《かそう》になるほど米飯への依存度が高いことになる。しかし小伝馬町《こでんまちょう》の牢屋敷《ろうやしき》内では、身分の高い容疑者の入る揚座敷《あげざしき》では、一日二食分として玄米《げんまい》五合四勺が、揚座敷外の平《ひら》囚人でも玄米四合五勺が支給されていた（山本博文氏監修『江戸「捕物帳」の世界』祥伝社）。雑用として三十文〜十五文が米以外に給されて菜などの購入に充《あ》てられているから、支給された米は全量現実に食《しょく》していたものとすべきだろう。

　都市にいない百姓たちはどうか。渡辺尚志《わたなべたかし》氏著『百姓たちの江戸時代』（ちくまプリマー新書、第二章百姓たちの暮らし）は、有薗正一郎《ありぞのしょういちろう》氏の説を採って一人年間〇・三四石としている。米の総生産額一六四〇万石から武士・町人など百姓以外の食料五〇〇万石、酒米二四五万石、種籾分八十二万石を除く八一二万石が、百姓の食用米である。人口二四〇〇万人で割ると、計算上は一人〇・三四石（三四〇合）当てとなる、とする。つまり一日一合にしかならず、米をほとんど食べられなかったという従来説を見直すことにはなるものの、雑穀をまぜた比率もかなり高いことになる。ただこの総生産額や身分別のおおざっぱな配分比率があっているかどうか、疑わしくもある。

これらを要するに、前近代の食生活の基本となりもっとも関心の高かったはずの米飯《べいはん》について、時代ごとのまたは階層ごとの一人あたりの日別消費量がよく分からない。法定額がどのような意味合いを持つのか。実態なのか、俸禄的な意味があるのか。しかもそれを解く私たちには、現代人的な思い込みがあって、「そんなに食べられるはずがない」と思いがちだ。指導教授・黛《まゆずみ》弘道《ひろみち》先生は、農繁《のうはん》期《き》には一升飯《いっしょうめし》がふつうだし、船に乗って漁網《ぎょもう》を引《ひ》き揚《あ》げる人たちは一升飯をしなければ身体がもたなかった、といわれていた。栄養源として主食の米への依存度が歴史を溯《さかのぼ》るほど高いとするなら、古代人ならじっさい八合食べられたのであろうか。「この時代の下層階級の人たちは虐げられており、生産していても厳しい収奪に曝《さら》されていた。そんなに米を食べられたはずがない」というのは、思い込みなのかもしれない。その思い込みには「現代人は仕合《しあ》わせで、江戸時代などは戻りたくない過酷《かこく》な社会状況にあったと思わせたい」という国家教育的な役割を果たすため。あるいは階級闘争の経済的社会的背景を過酷に描くことで、被支配者層の正当性を語らせたいという思惑《おもわく》もあろう。

こうした理念から発した記述ではなく、実態が知りたい。だが、それはなかなか難しそうだ。

最後に近代の例だが、塩見《しおみ》鮮一郎《せんいちろう》氏著『貧民の帝都《ていと》』（文春新書）によると、明治二年四月設置の救育所での八歳以上の大人《だいじん》への支給は南京《ナンキン》米（当初は碾割麦《ひきわりむぎ》）と国産米の混淆《こんこう》で四合と規定されたものの、すぐ五合に改められた。これは幕末のお救《すく》い小屋で大人五合が支給されていたからだという。

なぜ神々は本地垂迹説を受け入れ、仏の「従」となったのか

本地《ほんち》垂迹説《すいじゃくせつ》とは、「仏を本地とし、神を仏が垂迹《すいじゃく》したもの」と捉《とら》える宗教学説である。

その説で本地となるのは仏陀《ブッダ》・如来《にょらい》などすでに極限の悟《さと》りを得た仏たちで、その仏たちが高い悟りを得ようと鋭意修行中の菩薩《ぼさつ》などとともに衆生《しゅじょう》を教化・救済するために、日本には方便《ほうべん》として神の形を借《か》りてつとに姿を現《あらわ》していたとみなす。

かつて欽明《きんめい》天皇七年（五三八）［欽明天皇十三年（五五二）］十月に百済《くだら》・聖明王《せいめいおう》からはじめて仏教を伝えられたときには、物部尾輿《もののべのおこし》・中臣鎌子《なかとみのかまこ》らに「恒《つね》に天地社稷の百八十神を以て、春夏秋冬、祭《ま》拝《つ》りたまふことを事《わざ》とす。方《まさ》に今改めて蕃神《あたしくにのかみ》を拝みたまはば、恐るらくは国神《くにつかみ》の怒を致《いた》したまはむ」（『日本書紀』）つまり「ずっとたくさんの神々を一年中拝礼してきた。それなのにいま蕃国の神を祀《まつ》ったりしたら、国神がお怒りになるぞ」と拒否反応を起こした。しかし蘇我馬子《うまこ》が大臣《おおおみ》として国政の実権を握り、用明《ようめい》天皇・推古《すいこ》天皇と崇仏《すうぶつ》派の大王が立つと、国を挙《あ》げて仏法興隆策に転換した。大王家の主催事業として法隆寺《ほうりゅうじ》・大官大寺《だいかんだいじ》などを建て、氏族も蘇我氏の飛鳥《あすか》寺を皮切《かわき》りに、久米《くめ》寺《でら》・紀寺《きでら》など陸続《りくぞく》として仏教に理解があるところを示しはじめた。

神々は基本的に氏族単位で拝礼される祖先神であったが、仏教には氏族の枠を超えて国家安寧・鎮《ちん》護《ご》国家などが期待された。このため天武《てんむ》・持統《じとう》朝には、天照大神《あまてらすおおみかみ》を中心とした神々への祭祀体制を整えるものの、国家事業としては僧位僧官の整備・寺院建築・写経事業・得度《とくど》授戒《じゅかい》などおもに仏教施

策の充実に力を注《そそ》ぐこととなった。

そうなると各地の神々を奉《ほう》ずる祭祀《さいし》集団は、奉祭氏族や在地有力者との結合を緊密にしていくか、国家政策の赴《おもむ》くところを機敏に読み取って政治的飛躍を試みるか、そのどちらかしかなかった。その後者に先鞭《せんべん》をつけたのが、九州の宇佐《うさ》八幡《はちまん》神社であった。

聖武天皇は、金光明《こんこうみょう》経・最勝王《さいしょうおう》経・法華《ほけ》経など護国《ごこく》経典の功徳《くどく》によって国家鎮護を得たいとして毘盧遮那《ビルシャナ》仏を本尊とした寺院を（はじめは近江の甲賀寺に、ついで大和の東大寺に）建て、全国に国分《こくぶ》二寺を建てるよう指示した。天平十七年（七四五）八月に東大寺毘盧遮那仏の造顕《ぞうけん》がはじまったものの、大規模な事業でそう容易には捗《はかど》らなかった。天平勝宝《しょうほう》元年（七四九）十一月、おりよしと見た宇佐八幡神社は「八幡神が勅願の大仏鋳造を何とか成就《じょうじゅ》させようと願い、天神地祇《てんしんちぎ》を率《ひき》いて事業を助ける」との託宣《たくせん》があったと称し、神を輿《こし》に載《の》せて都に向かった。かねて戦争・災害・慶事《けいじ》にさいしての国からの供物《くもつ》などの恩恵は受けてきたが、大規模な国家事業の恩恵にほとんど浴《よく》することのない神社として、国家事業に入《はい》り込《こ》んで断《ことわ》られない手立《てだ》てを考えに考えたのである。これ以上ない、頭脳的な作戦であったろう。政府は八幡神の入京を鄭重《ていちょう》に迎え、神は東大寺境内《けいだい》の手向山《たむけやま》に鎮座（手向山八幡神社の発祥）して工事を助けた、という。しかしこれによって神は仏に奉仕する存在と自任《じにん》したわけで、みずから従属的な立ち位置を採《と》ったのである。

ところが、この宇佐八幡神社の動きよりはるか以前、奈良初期からあきらかに神社は寺院に、神々は仏に、すでに膝《ひざ》を屈《くっ》していたのである。

逵日出典《つじひでのり》氏著『八幡神と神仏習合《しゅうごう》』（講談社新書）によると、もっとも古くは天智《てんじ》朝というが、奈

東大寺境内にある手向山八幡神社

良初期から各地に神宮寺《じんぐうじ》が建てられている。神宮寺というのは神宮の横に建てられた寺院で、仏が神を守る役割を果たすための施設である。越前《えちぜん》の気比《けひ》大社には霊亀《れいき》元年（七一五）に気比神宮寺が、ついで養老年中（七一七〜七二四）に若狭比古《わかさひこ》神願寺《しんがんじ》が、神亀二年（七二五）に豊《ぶ》前《ぜん》・宇佐八幡神宮寺が、天平十七年に肥前《ひぜん》・松《まつ》浦《ら》神宮弥勒知識《じんぐうみろくちしき》寺が、天平勝宝年中（七四九〜五七）に常陸・鹿島神宮寺が、天平宝字二年（七五八）に摂津《せっつ》・住吉《すみのえ》神宮寺が、天平宝字《ほうじ》七年（七六三）に伊勢《いせ》・多度《たど》神宮寺が、というようにつぎつぎ創建されている。

もちろん神を守るための神宮寺であれば、仏こそが神の従者となったとか、あるいは神と対等な提携関係を結んだとも解釈できそうだ。だが縁起《えんぎ》の記すところを見れば、そんな関係でなかったことはただちに諒解《りょうかい》しうる。

すなわち延暦二十年（八〇一）十一月三日付

の『多度神宮寺伽藍縁起幷資財帳』（続群書類従本。西宮秀紀氏「多度神宮寺伽藍縁起幷資財帳の伝来と写本研究覚書」〔『専修大学人文科学研究所月報』二八七〕を参照）によれば、

> 桑名《くわな》郡多《ぐんた》度《ど》寺鎮三綱《でらちんさんごう》謹みて牒《ちょうじょう》上す　神宮寺伽藍縁起《がらんえんぎ》幷《なら》びに資財帳
> 去《さん》ぬる天平宝字七年歳次癸卯《きぼう》十二月庚戌《こうじゅつ》の朔、廿日の丙辰《へいしん》を以《もっ》て、神社以東に井於《いのうえ》道場有り。満《まん》願禅師《がんぜんじ》居住し、敬《つつし》みて阿弥陀《あみだ》の丈六《じょうろく》を造れり。時に人在り、神託《かみがか》りして云《い》はく、我は多度神《たどしん》也。吾、久劫《くごう》を経て、重き罪業《ざいごう》を作《な》し、神道の報《むく》ひを受く。今冀《いまねが》はくは、永く神の身を離れんが為《ため》、三宝《さんぽう》に帰依《きえ》せんと欲す。是《かく》の如《ごと》く託《つ》き訖《おわん》ぬ。忍ぶと雖も数偏、猶弥　託《なおいよいよかみがか》りして云々《うんぬん》す。茲《ここ》に於《おい》て満願禅師、神の坐《いま》す山の南辺を伐《き》り掃《はら》ひ、小堂及び神の御像を造り立て、多度大菩薩《たどだいぼさつ》と号《なづ》く。
> （二十七輯下、三五〇頁）

とある。少し約《つづ》めて纏《まと》めれば、満願禅師が丈六《じょうろく》の阿弥陀《あみだ》像を作っていたら、多度《たど》神がある人に神懸《かみが》かりして「私は多度神だ。私は久しく重い罪をなしてきたから、神として存在している。これからさきずっと神の身を離脱していたいので、仏法に帰依《きえ》したい」といった。そこで禅師は神の鎮座《ちんざ》していた山の南麓《なんろく》を開拓し、小堂を建て神像を安置して多度神に大菩薩《だいぼさつ》の称号を与えた、というのだ。つまり神となって生《しょう》じたのは重い罪を負《お》っているからであり、仏に帰依して救われたい。そして仏法によって、悟《さと》りを得ようとしている菩薩の地位を与えられた、というのだ。

　こんな低姿勢では、自我《じが》を主張して仏法と対抗したり、まして仏たちの上に立つことなど、思いも寄るまい。本地垂迹説において、インドの仏が本地・本来で、日本にいる神々はその垂迹・権現《ごんげん》つまり仮にその姿を取って現れただけだ、といわれて反抗できようはずもない。「重い罪業を懺悔《ざんげ》して、

仏法の庇護《ひご》のもとに入りたい」といい、仏に「救って下さい」とみずから願い出るようでは。

ともあれ日本の神々は、こうしたみずから帰依を願い出るという過程を経て、奈良時代にはすでに仏法の軍門に降《くだ》っていた、あるいは傘下《さんか》に収められてしまった。

仏教側は、こうした地元の神々との諍《いさか》いや習合にじつは馴《な》れていた。

仏教は、発祥《はっしょう》したインドでヒンドゥー教徒と争うなかで、異教徒の奉ずる神々を適宜《てきぎ》位置づけながら受け入れてきた。いま四天王《してんのう》・十二神将・二十八部衆《ぶしゅう》や吉祥天《きっしょうてん》・大黒《だいこく》天などという天部《てんぶ》の神々のほとんどが、ヒンドゥー教の神に由来《ゆらい》する。また布教していったさきざきでは、そこの土着神と争わずに、読み替えたりしながら包み込んでいった。そのなかでの日本神話に登場するような主要な神々は、天部ならば護法神といってもいわば使いっ走りであるが、多くが菩薩《ぼさつ》とされている。菩薩は極限の悟りにすでに達した如来《にょらい》に次ぐ悟りを得ている存在であり、まだしも高い地位を与えられたといえる。古代日本社会での神々の位置づけの高さが、それなりに反映された位置づけといえそうだ。

ちなみに天思兼《あまのおもいかね》命の本地は虚空蔵《こくうぞう》菩薩、伊弉冉《いざなみ》命は千手観世音《せんじゅかんぜおん》菩薩、天照《あまてらす》大神は十一面観世音菩薩、忍穂耳《おしほみみ》命は弥勒《みろく》菩薩、山幸彦《やまさちひこ》命は文殊《もんじゅ》菩薩、木花佐久夜姫《このはなさくやひめ》は浅間《せんげん》大菩薩などとされる。一方で、八幡神は阿弥陀《あみだ》如来、天照大神は大日《だいにち》如来を本地とするともいう。しかし八幡神は平将門《たいらのまさかど》の乱において登場したとき「八幡大菩薩、八万の軍を起こして」（『将門記』）と菩薩を称しており、修行中の菩薩ならば極限の悟りをすでに得ている如来より格下《かくした》である。如来が自称で菩薩が本来なのか、反本地垂迹説の影響なのか、などなど明瞭にできないが、複雑な歴史的経緯がありそうだ。

「天武皇統と天智皇統との鬩《せめ》ぎ合い」という構図は有効か

天平の廟堂《びょうどう》では、草壁《くさかべ》皇子の子・文武《もんむ》天皇、その子・聖武《しょうむ》天皇と皇位が嗣《つ》がれていったが、基王《もとい》・安積《あさか》親王が死没して断絶。そこで草壁系に代わる新皇統を天武天皇の子孫から探そうとして、新田部《にいたべ》親王系の塩焼《しおやき》王・道祖《ふなど》王や氷上《ひかみの》志計志麻呂《しけしまろ》・川継《かわつぐ》、舎人《とねり》親王系の船《ふな》王・池田王・大炊《おおい》王や和気《わけ》王らが取《と》り沙汰《ざた》された。その過程で、高市《たけち》皇子系の長屋《ながや》王や安宿《あすかべ》王・黄文《きぶみ》王が巻き込まれて落命《らくめい》した。多数の皇子が浮上しては消えていったが、候補者はいずれも天武《てんむ》系皇子で、天智《てんじ》天皇系皇子は埒外《らちがい》にあった。それが宝亀元年（七七〇）八月に称徳《しょうとく》女帝が死没するや、天智天皇の孫・光仁《こうにん》天皇が藤原永《なが》手《て》・百川《ももかわ》によって擁立《ようりつ》され、天智系の皇子が劇的な復権を果たす。おおむね、こうした理解である。

これに対し遠山美都男《とおやまみつお》氏は『古代の皇位継承』（吉川弘文館）で、「この時代の政治史を『天智系』対『天武系』という枠組《わくぐ》みでとらえることが果《は》たして妥当《だとう》なのであろうか。この枠組みに縛《しば》られることによって、大切な史実《しじつ》を見落としてしまうことはないであろうか」（三頁）と問いかける。

そういわれれば、たしかに天武天皇八年（六七九）五月に行われた吉野会盟では、草壁・大津・高市・河嶋《かわしま》・忍壁《おさかべ》・芝基《しき》の六皇子が集められ、天武天皇・鸕野《うの》皇后（のちの持統《じとう》天皇）から「朕《ちん》が男等、各異腹にして生れたり。然《しか》れども今一母同産の如《ごと》く慈《めぐ》まむ」（『日本書紀』）と声を掛けられている。表向きは六人を差別なく同等に遇《ぐう》する趣意《しゅい》だが、内実は草壁皇子の優位を出席者間で確認し合ったものである。そうではあるが、このうちの河嶋・芝基両皇子は天智天皇の子である。壬申の乱で大友皇子

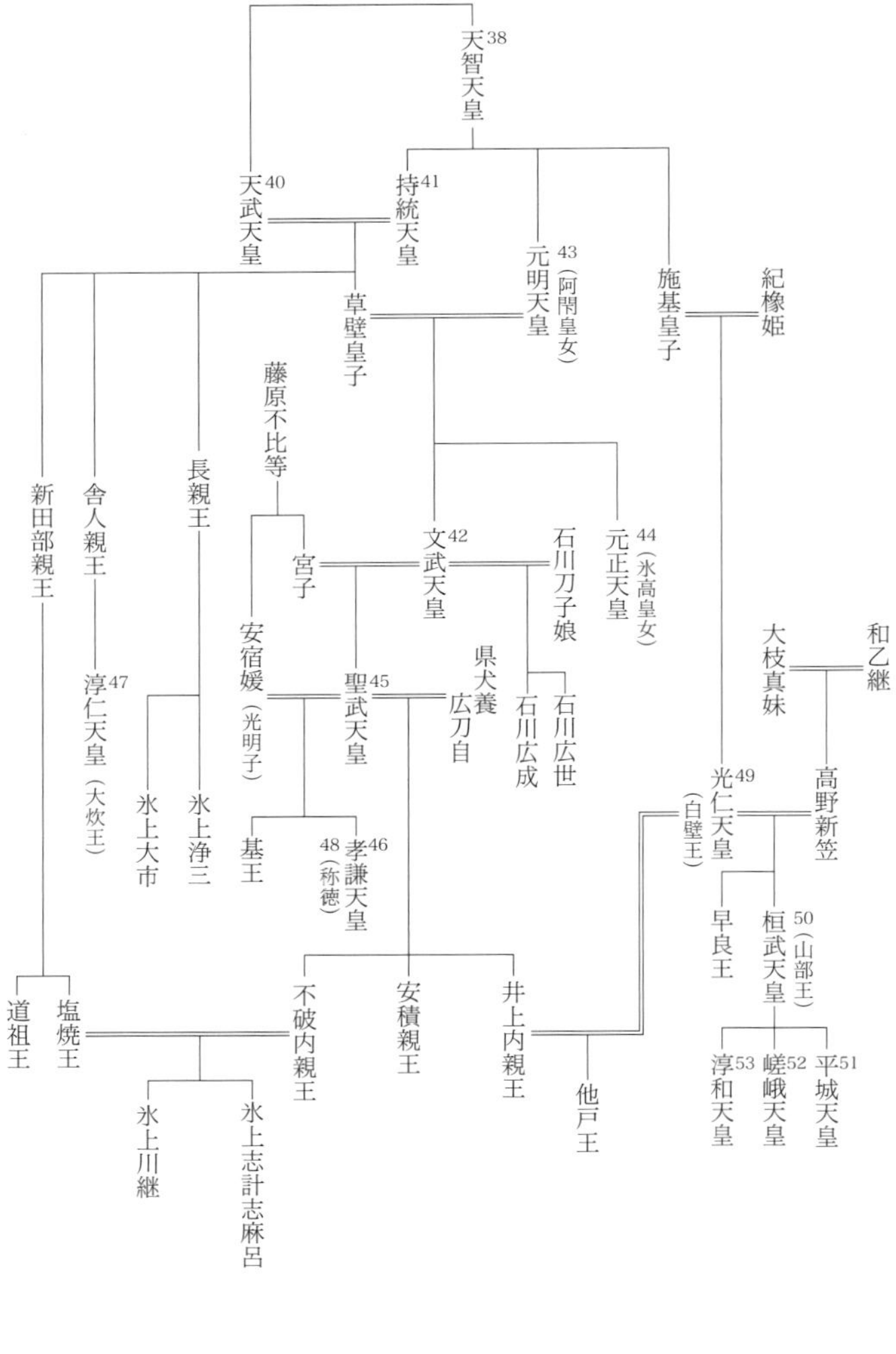

天智天皇 38
天武天皇 40
持統天皇 41
元明天皇 43（阿閇皇女）
施基皇子
紀橡姫
草壁皇子
藤原不比等
新田部親王
舎人親王
長親王
文武天皇 42
石川刀子娘
元正天皇 44（氷高皇女）
宮子
安宿媛（光明子）
聖武天皇 45
県犬養広刀自
石川広成
石川広世
和乙継
大枝真妹
淳仁天皇 47（大炊王）
氷上大市
氷上浄三
基王
孝謙天皇 46 48（称徳）
光仁天皇 49（白壁王）
高野新笠
早良王
桓武天皇 50（山部王）
道祖王
塩焼王
不破内親王
安積親王
井上内親王
他戸王
淳和天皇 53
嵯峨天皇 52
平城天皇 51
氷上川継
氷上志計志麻呂

が敗北したために天智系皇子は埒外《らちがい》に放擲《ほうてき》された、というわけではなかった。

それに文武天皇死没のあとを承《う》けた元明《げんめい》女帝は、皇太子格だった草壁皇子の嫡妻《ちゃくさい》でもあるが、天智天皇の娘という格付けを有していた。というのも、彼女は即位に当たって天智天皇が「天地《あめつち》と共に長く日《ひ》月《つき》と共に遠く改《あらた》むまじき常《つね》の典《のり》」（『続日本紀』慶雲《けいうん》四年〈七〇七〉七月壬子《じんし》条）と立てた法によったと宣言しており、天智天皇の意向を強調している。少なくとも天智天皇の権威を押し立てても、「天智天皇の子なんて拒絶したい」という抵抗など受けなかったわけである。

また白壁《しらかべ》王（芝基《しき》皇子の子。のちの光仁《こうにん》天皇）が龍潜《りゅうせん》のときつまり天皇になる前に、多くの皇族たちのように政変に巻き込まれて失脚・落命《らくめい》しないよう「或《あるい》は酒を縦《ほしいまま》にして迹《あと》を晦《くら》まし、故《ゆえ》を以《もっ》て害を免《まぬが》るるは、数《あま》たたびなり」（『続日本紀』光仁天皇即位前紀）とあり、聖武天皇の譲位以来、自分が皇位継承者に担《かつ》がれないよう身を隠してきた、という。つまりは天智系の王族でも区別なく皇位継承権を持っている、とみられていた。

そうなると遠山氏がいわれるように、「天智系だから」として先見《せんけん》的に疎外《そがい》されることはなかったとも受け取れる。草壁皇統の男子継承者が得られていないので、聖武天皇の娘婿《むすめむこ》のなかからの後継者探しがはじまった。聖武天皇は当初、娘・不破《ふわ》内親王の婿である新田部《にいたべ》親王の子・塩焼《しおやき》王を皇位継承者にしようと考えた。しかし彼は策謀家《さくぼうか》で聖武天皇の期待に反したので、代わりにその弟の道祖《ふなど》王を立太子させるよう遺詔《いしょう》してこの世を去った。その決定は光明皇太后《こうみょうこうたいごう》・孝謙《こうけん》女帝によって覆《くつがえ》され、後継者は舎人《とねり》親王系の大炊《おおい》王となった。その大炊王が廃帝《はいてい》とされたため、孝謙上皇の後継者としてあらたに浮上したのが井上《いのえ》内親王と白壁《しらかべ》王の子である他戸《おさべ》王だった。ただし他戸王は弱年《じゃくねん》なので、彼が成長するまでの繋《つな》ぎとして、他戸王の父・白壁王を即位させるか道鏡《どうきょう》を即位させるか。天皇と廷臣《ていしん》たちとの意見の違いは、そのていど。ここに天武系・天智系というこだわりはない、とされている。だが筆者の見るところ、天武系・天智系というこだわりはやはり強くあったように思える。

というのは、聖武天皇が後継に立てようとした塩焼王・道祖王も、孝謙女帝の後継者として光明皇太后・孝謙女帝が推《お》した大炊王も、諸臣たちが薦《すす》めた池田王・船王も、すべて天武天皇の子孫である。そのときに、天智天皇の子孫を推した人など独《ひと》りとしていない。

基《もとい》王のあとに男子が生まれないので、聖武天皇は塩焼王を後継候補とした。それは天武系皇子たちから任意に選んだのではなく、聖武天皇の娘婿だからである。つまりその間にできる子は、女系を辿《たど》れば草壁系の血脈を承《う》け継《つ》いでいる。それは白壁王も同様で、井上内親王を通じてその子・他戸王《おさべおう》が草壁系の血脈を承《う》けた皇子だからである。白壁王は、他戸王の後見人として即位を求められたのであって、天智系であっても天武系皇子と等しく天皇候補となりえていた、というのではない。あくまでも、彼が即位すると子の世代で草壁系の血脈が伝わる形になる。だから天皇に擁立された。彼が天武系の内親王と結婚していなければ、皇位候補から外《はず》されていた。龍潜時《りゅうせんじ》に韜晦《とうかい》したという話も、白壁王が聖武天皇の娘婿だったから、政争に巻き込まれる危険性を感じたのである。天智系皇子が一般的に天皇候補にされていたのではないし、しかもここでの天皇候補は天武系の血脈を承けた子・他戸王だった。天皇候補は天武系皇子のみが正統で、天智系皇子はなお度外視《どがいし》されていたのである。

称徳女帝の死没時、吉備真備《きびのまきび》らは長《なが》親王の子の文室浄三《ふんやのきよみ》・大市《おおち》を候補としたという（『日本紀略』宝亀元年八月癸巳条所引「百川伝《ももかわ》」）。ここでも、まず天皇候補としては天武系皇子のなかから立てるべしという諒解《りようかい》が、宮廷内に確乎《かっこ》たるものとして存した。宮廷内の雰囲気、廷臣たちを代表して、右大臣の立場で真備が発議《はつぎ》したもの、と思う（称徳女帝の意思を、吉備由利《きびのゆり》が真備《まきび》に伝えていたとも）。満場一致で、反対をうけるはずのない至当《しとう》な見解と思えたであろう。これに対して藤原永手《ながて》・百川《ももかわ》の掲げた遺詔《いしょう》では、白壁王《しらかべ》とした。筆者の見解を交えていえば、孝謙女帝の夫である大炊王《おおい》（淳仁天皇《じゅんにん》）が即座に即位できたのなら（拙稿「淳仁天皇の后をめぐって」『白鳳天平時代の研究』所収、笠間書院）、井上内親王の夫・白壁王が即座《そくざ》に即位しても穏当《おんとう》である。それが意想外の人選と憤激されたのは、白壁王が天智系の皇子だったからである。真備でも不破《ふわ》内親王の娘婿・塩焼王が後継候補になったのなら、次には井上内親王の娘婿も後継候補になると考えたろう。それでも候補に担《かつ》がなかったのは、天智天皇の孫だったからである。それほどに、天武系の皇子しか眼中になかった廷臣たちには、意想外な人選だった。天智系皇子は、なお候補者として論外・埒外《らちがい》と見なされていた。天武系と天智系にはやはり歴然たる枠《わく》があった、と見るべきである。

その意味では、倉本一宏《くらもとかずひろ》氏著『奈良朝の政変劇』（吉川弘文館）がいう通り、天智天皇の孫である光仁《こうにん》天皇の即位は画期的であった。画期的とはいえるが、それは倉本氏のいわれるように、天武系の二世王・三世王が殺戮《さつりく》されて、もはや適任者がいなくなっていたから。諸臣に一度降《お》りてしまった旧天武系皇子よりは、天智系でも二世王の方がまだいい。そういう理解で、よかろう。すくなくとも、かねて同格・同等に扱われてきたとか、両者に垣根《かきね》がもともとなかったとか、ではない。

ところでこの論法でいくならば、たしかに天智系の皇子が約一〇〇年ぶりに即位したことは血脈的に見れば画期的だが、それは草壁系の皇子に繋《つな》げるための方便《ほうべん》である。白壁王が選ばれたのではなく、草壁系皇子である他戸《おさべ》王を即位させるための中継ぎに過ぎない。継体《けいたい》天皇元年（五〇七）越前《えちぜん》にいた男大迹《おおど》王（継体天皇）は仁賢《にんけん》天皇の娘・手白髪《たしらか》皇女と結婚し、応神《おうじん》天皇皇統に入婿《いりむこ》した。そして欽明《きんめい》天皇を後継とさせることで応神皇統を繫げた。継体天皇の大和入りはたしかに画期的に見えるが、女系で応神皇統を続けるための方便。白壁王の役割も同じで、光仁天皇は草壁系・天武系の血脈を繫げるための駒《こま》であり、天智系の王朝を復活させたつもりではない。あくまで皇太子の他戸王が本命だが、かといってその父が存命中なのに即位させないわけにいかない。守仁《もりひと》親王（二条天皇）が廷内の本命だったのに、久寿《きゅうじゅ》二年（一一五五）十月あえて父・雅仁《まさひと》親王を後白河《ごしらかわ》天皇として即位させたのと事情が似ている。即位は画期的だったが、しょせん他戸王の後見役しか期待されていなかった。

そうなるとむしろ画期的なのは、桓武《かんむ》天皇の即位の方である。宝亀六年四月に他戸王とその母・井《い》上《え》皇后が巫蠱《ふこ》事件で失脚し、草壁系への継承計画は頓挫《とんざ》した。光仁天皇の指示だったのなら天智系王朝を復権させたといえるが、藤原百川《ももかわ》らの策略《さくりゃく》のようだ。あらたに立てられた山部王（桓武天皇）は、血脈上も非天武系で、天武系との繫《つな》ぎ役《やく》も担《にな》わされていない純粋な天智系の天皇である。

井上満郎《いのうえみつろう》氏著『桓武天皇』（ミネルヴァ書房、第四章・長岡京時代）によれば、桓武天皇には明瞭な新王朝樹立者としての意識・自覚があった、という。その証拠の一つとして、延暦四年（七八五）十一月に「天神を交野《かたの》の柏原に祀《まつ》る。宿禱《しゅくとう》を賽《さい》して也」（『続日本紀』）とあり、いわゆる郊祀《こうし》を行なっている。天神は天下・宇宙を司《つかさど》る神で、宇宙の最高神。中国・唐で冬至《とうじ》の日に昊天上帝《こうてんじょうてい》（天帝）を円丘に祀る祭祀があるが、これを模倣したのである。その儀式の祭文《さいもん》で、桓武天皇は光仁天皇を天神と見なし、そこから天命を承《う》けて新王朝を築いた、と主張している。そうなると光仁天皇が新王朝の始祖《しそ》のようだが、光仁天皇本人はあくまで天武系の中継ぎとしか自覚していない。対して桓武天皇は天武系を意識せず、また神武天皇も意識せず、光仁天皇を始祖とするとしたところに意義がある。天武系から自由であった桓武天皇は、新王朝を創立したという意識をはじめて懐《いだ》いたのである。

そして、延暦五年には天智天皇の創建した崇福寺《そうふくじ》に隣接させて、近江《おうみ》国滋賀《しが》郡にあらたに梵釈寺《ぼんしゃくじ》を建てさせている。また延暦十三年十一月には「近江国滋賀郡の古津は先帝の旧都なり。今輦下《れんか》に接す。昔の名を追ひて改めて大津と称すべし」とし、古津を大津に戻させた。これらには、もちろん曾祖父の顕彰の意味が込められていたであろう。

そして延暦十年三月、桓武天皇は天武系皇族の国忌《こき》を次々廃した。天武天皇・持統《じとう》天皇・草壁皇子・文武《もんむ》天皇・元明《げんめい》天皇・元正《げんしょう》天皇・藤原宮子《みやこ》・光明皇后・孝謙《こうけん》（称徳）天皇の国忌を、没した翌年（大同二年）には聖武天皇の国忌も廃されている。これに対し、入婿《いりむこ》であった光仁天皇はまったく天武系皇族の国忌に手を付けていない。つまり桓武天皇だからこそ天智朝を引き継ぎ、天武系王朝と袂《たもと》を別《わか》つことができた。国忌廃止はその宣言であり、天智系の新王朝を開闢《かいびゃく》したとの表明である。

ついでながら、桓武天皇による遷都も新王朝樹立の象徴である。天武系皇子の思惑《おもわく》が飛《と》び交《か》った藤原京・平城京を離れ、延暦三年五月に遷都先の長岡を視察させ、十一月に遷都した。ついで延暦十二年正月に葛野《かどの》を視察して、翌年平安京に遷都した。天武系皇子との繋がりを評価されて登極《とうぎょく》した光仁天皇では考え付けない行為である。

以上の経緯からみて、やはり天武系と天智系の枠組みは厳然としてあり、桓武天皇がもっとも天智系王朝への転換を意識していた。そういうことだったようだ。

III 平安時代

桓武天皇は、藤原百川になんでそんなに感謝しているのか

桓武《かんむ》天皇（山部王《やまべ》）は、藤原百川《ももかわ》にものすごく感謝していた。それは廷内《ていない》で知らぬ者のないほど明瞭な事実だが、その感謝は百川に留《とど》まらず、百川の長子・緒嗣《おつぐ》にも向けられた。人目も憚《はばか》らずとことん贔屓《ひいき》し、その理由として百川への報謝であることを度重《たびかさ》ねて表明している。

延暦《えんりゃく》七年（七八八）の春、緒嗣は十五歳になったので元服《げんぷく》することになった。そのとき加冠《かかん》してくれたのが桓武天皇だったのだ。元服は成人したことを社会に知らしめる儀礼で、髪を結《ゆ》い上《あ》げ（理髪）、頭に冠をかぶせる（加冠・引入）。儀式中もっとも重要なのはもちろん冠をかぶせる役で、ふつうの貴族の嫡子《ちゃくし》であれば家の主人が行なうが、正妻の子でなければ主人はかかわらない。だれが加冠するかで子の格付けがなされるわけで、さきざきの昇進でもこの差はずっと維持《いじ》される。加冠役が誰だったかは、その人生を左右《さゆう》する。そうした重みのある行事であるから、天皇に加冠して貰《もら》うのはこの上ない名誉であり、実利《じつり》としてこのさきの出世が約束されたといってもよい。

平安中期でも、天皇の前で加冠されるとか、天皇と同時に加冠されることはあるが、天皇みずからの加冠はそうそうない。仁和《にんな》二年（八八六）正月に摂政《せっしょう》関白《かんぱく》太政《だいじょう》大臣《だいじん》藤原基経《もとつね》の子・時平《ときひら》について内裏《だいり》の仁寿殿《じじゅうでん》で「天皇加冠」とあるが、天元《てんげん》三年（九八〇）二月関白太政大臣藤原頼忠《よりただ》の子・公任《きんとう》は『扶桑略記《ふそうりゃくき》』にこそ「殿上《でんじょう》に於《おい》て元服す。天皇手《て》づから冠を首に加ふ」とあるものの『日本紀《にほんき》略《りゃく》』などによればほんとうは左大臣源雅信《まさのぶ》が加冠していた。摂政太政大臣藤原道長の子・頼通《よりみち》でさえ

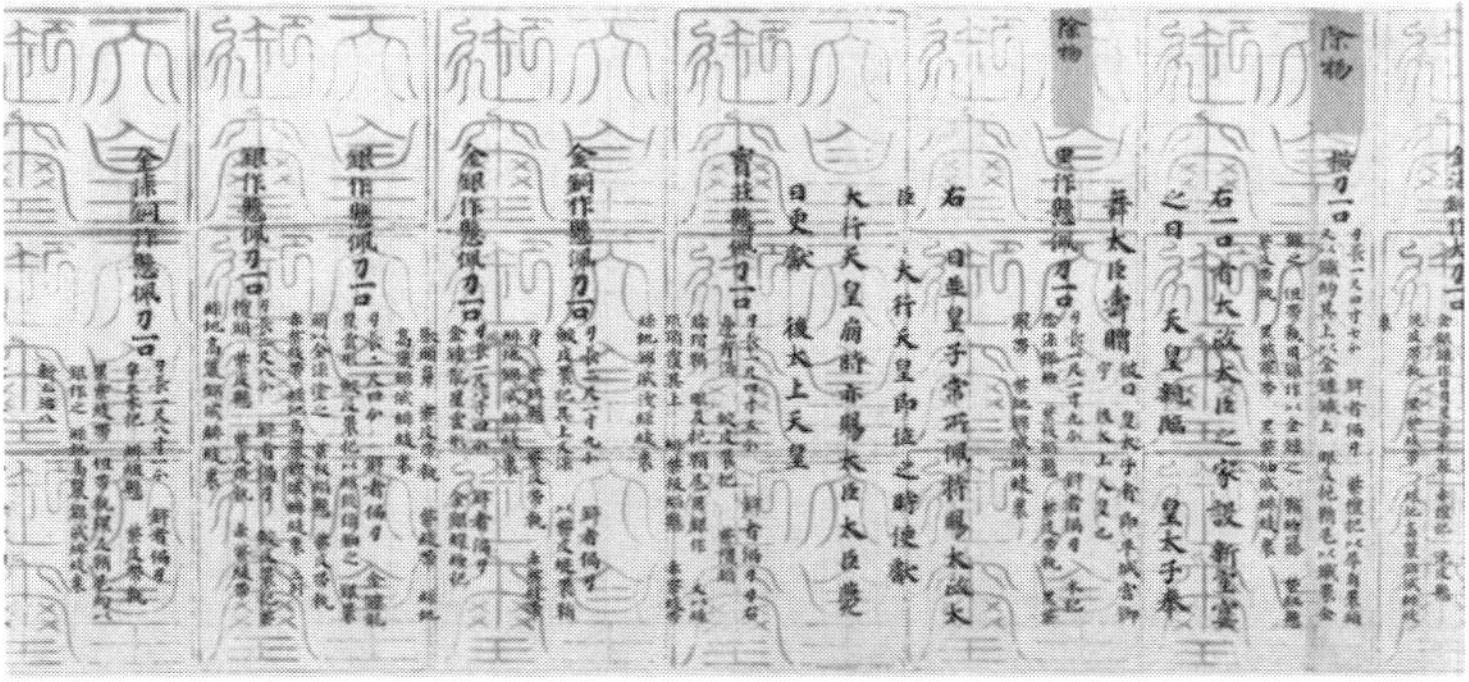

「国家珍宝帳」の黒作懸佩刀の項（正倉院宝物）

も、理髪が大蔵卿《おおくらきょう》 藤原正光《まさみつ》で、加冠は内大臣藤原公季《さんすえ》である。なお、このときは内裏が焼失していたため、道長邸の枇杷第《びわてい》で執《と》り行《おこな》われた（服藤早苗《ふくとうさなえ》氏著『平安朝の父と子』中公新書）。

さて緒嗣だが、天皇による加冠ののち、正六位上・内舎人《うどねり》に任ぜられた。しかも『続 日本後紀《しょくにほんこうき》』承和《じょうわ》十年（八四三）七月庚戌《こうじゅつ》条・緒嗣伝によれば、異例の封戸《ふこ》（戸に属する人の出す租庸調《そようちょう》が、封主《ふうしゅ》の収入となる）一五〇戸がついた。さらに天皇から劒《つるぎ》が渡され、「是《これ》、汝《なんじ》の父の献《たてま》つる所の劒也。汝の父の寿詞《よごと》、今に未《いま》だ忘れず。一《ひと》たび想像毎《おもいやるごと》に、覚はず涙下せり。今以《もっ》て汝に賜ふ。宜《よろ》しく失ふこと莫《な》かるべし」と説明を加えた。これは聖武天皇遺愛の品にあった黒作懸佩刀《くろつくりかけはきのたち》（東大寺正倉院蔵）の遺《や》り取《と》りを真似《まね》たものだ。劒の由緒書には「草壁皇子《くさかべ》→藤原不比等《ふひと》→文武天皇《もんむ》→不比等→聖武天皇《しょうむ》に渡った」とあり、草壁皇子の直系男帝に渡るまで不比等が預《あず》かる形になっている。つまり草壁皇子から付託《ふたく》された直系男帝への相続を不比等が果たしたとき、その刀を天皇に戻している。刀の遣り取りは、不比等が草壁皇子からの直系相続を護持《ごじ》していることを象徴するものだった。その故事《こじ》に倣《なら》って、百川が献上した刀を緒嗣に授け、桓武天皇直系の相続を護持する特別な役割を果たすよう求めた。役務を委《ゆだ》ねたというより、「それほどに格別な家と思う」という気持ちを若き緒嗣に伝えたかったのだろう。

それから三年後に従五位下となって貴族の列に入り、侍従《じじゅう》・中衛《ちゅうえ》少将兼常陸介《ひたちのすけ》・内厩頭《ないきゅうのとう》を経て衛門佐《えもんのすけ》。延暦十六年には、二十四歳で従四位下となって右衛門督《うえもんのかみ》兼出雲《いずも》守・造西大寺《ぞうさいだいじ》長官に任ぜられた。そして延暦二十一年六月の神泉苑《しんせんえん》行幸《みゆき》後の宴会で、緒嗣に倭琴《わごん》を弾《ひ》かせた。そこに皇太子・親王・右大臣（神王《みわおう》）らを招《しょう》じ入れ、桓武天皇は涙ながらに昔語りをした。そして「緒嗣の父（百川）がいなければ、予《よ》はどうして帝位を践《ふ》めただろうか。緒嗣が年少だとして臣下が（天皇の贔屓《ひいき》ぶりを）恠《あや》しんでいるのは知っているが、彼の父の功をなお忘れられない。（そこで、まだ二十九歳だが）緒嗣《おつぐ》を参議《さんぎ》に任じて（百川の）宿恩《しゅくおん》に報《むく》いよう」と、緒嗣の参議抜擢《ばってき》の理由を説明した。参議就任年齢の前例は、天平二十年（七四八）に藤原八束《やつか》が三十四歳で、天平宝字《ほうじ》八年（七六四）に藤原縄麻呂《なわまろ》が三十六歳で、宝亀八年（七七七）に藤原家依《いえより》が三十五歳で、延暦十三年に藤原乙叡《おとたか》が三十四歳で、それぞれなったことがある。しかし二十歳代の参議というのは、このときはまだ例がなかった。

では、桓武天皇が感謝しているという、百川の奉仕した「宿恩」の具体的内容は何だったのか。

それを窺《うかが》わせるのが『公卿補任《くぎょうぶにん》』宝亀二年条にある「宝亀元年八月四日高野《たかの》（称徳《しょうとく》）天皇崩《ほう》ず。未《いま》だ皇太子を立てず。時に議《はか》りて立つる所、群臣異論あり。（百川）公、右大臣永手《ながて》朝臣・内臣良継《ないしんよしつぐ》朝臣と與《とも》に策《さく》を定め、白壁《しらかべ》を立てて皇太子と為《な》す。……大臣素《もと》より心を桓武天皇に属《つ》け、龍潜《りゅうせん》之日、共に交情を結ぶ。宝亀天皇の践祚《せんそ》の日に及《およ》び、私《ひそか》に皇太子の為《ため》に計《はか》る。時に庶人他部《しょにんおさべ》、儲弐《ちょじ》の位に在りしも、公数々《しばしば》奇計を出《い》だして遂《つい》に他部を廃《はい》して、桓武天皇を太子と為す」という記事だ。

この記事の前半は称徳天皇の没後、右大臣・吉備真備《きびのまきび》らが天武系皇子の智努《ちぬ》王（文室浄三《ふんやのきよみ》）・大市《おおち》王（文室邑珍《おおち》）を次期天皇候補に推《お》したときの話で、百川は永手《ながて》・良継《よしつぐ》とともに天智系皇子の白壁《しらかべ》王（光仁《こうにん》天皇）を擁立《ようりつ》し、決定的根拠として称徳天皇の遺詔《いしょう》を持ち出した。これで山部《やまべ》王の父が天皇となったため、山部王は天智天皇の三世王から一世の親王になった。天皇候補に大きく前進したかのように見えるが、もともと山部王の格付けを上げる気などない。これは光仁天皇が聖武天皇の娘・井上《いのえ》内親王の夫なので、その間の子で聖武天皇の血を引く他戸《おさべ》王を継承者とするための策《さく》である。ほんとうに擁立したかったのは光仁天皇でなく、他戸王だった。その証拠に、井上内親王の子でない山部王・早良《さわら》王兄弟（母は高野新笠《たかののにいがさ》）は、ともに血筋が絶えるようにされていた。山部王は独身を強《し》いられていたようで、のちに皇太子になるまで子がいない。また早良王（親王禅師《しんのうぜんじ》）は十一歳で東大寺に入れられ、二十一歳で具足戒《ぐそくかい》を受けた比丘《びく》となり、大安寺《だいあんじ》東院に止住《しじゅう》していた。こんな処遇《しょぐう》に感謝などすまい。

すると後半の、皇太子となった他戸親王の追い落としが百川の策謀なのか。

事件は他戸親王の母・井上皇后の謀反《むほん》発覚にはじまる。筆者からみると、謀反立案の蓋然性《がいぜんせい》が高い。彼女からすれば、光明皇太后《こうみょうこうたいごう》・孝謙《こうけん》上皇（称徳《しょうとく》天皇）の後塵《こうじん》を拝し続けたが、光明皇后系の皇子女が絶えたあとは、縣犬養広刀自《あがたいぬかいのひろとじ》系の皇女の出番《でばん》である。いまや聖武天皇の血を引くのは他戸《おさべ》親王しかいないから、子が天皇になるのは当然だ。だが自分は、光仁天皇の皇后に留《とど》まっている。孝謙女帝が聖武天皇の娘という資格で天皇になれたのなら、自分も皇后でなく、そのまま天皇となれるはずだ。

そういう思いを懐《いだ》いておかしくない。その上での光仁天皇排除の策動の報《むく》いとして廃后《はいごう》されたのならば自業自得《じごうじとく》にすぎないが、ここでもし百川が山部王に「宿恩」と感じさせる行ないをしたとすれば、それは井上皇后が即位策動をするよう煽《あお》り、ついで謀反容疑で密告する。そして縁座《えんざ》で、他戸親王を廃太子《はいたいし》に追い込むことだろう。そうでもしなければ山部王に即位のお鉢《はち》は回ってこないし、あれほどに感謝もされまい。

あるいはこうか。他戸親王が失脚してからも、なお天智系直系の山部王は天皇候補から度外視された。またぞろ長《なが》親王（天武天皇の子）の子である文室浄三《ふんやのきよみ》・邑珍《おおち》兄弟の擁立が図《はか》られ、あるいは不破《ふわ》内親王（井上皇后の同母姉）を通じて聖武天皇の血を引く氷上《ひかみのしけしまろ》志計志麻呂・川継《かわつぐ》兄弟を推《す》す声もひとしきりあった。志計志麻呂は神護景雲《じんごけいうん》三年（七六九）五月に称徳《しょうとく》女帝によって配流《はいる》となっていたが、なお血は貴重だった。そうした天武系皇子にこだわる勢力の声を押し返して、百川は純粋に天智系である山部王の擁立を孤軍奮闘《こぐんふんとう》・力尽《ちからづ》くで図《はか》った。そういう隠れた政治工作の功績があったのかもしれない。

古代の東国とはどこのことか

東国《とうごく》というといまの関東地方すなわち上野《こうづけ》・下野《しもつけ》・常陸《ひたち》・武蔵《むさし》・相模《さがみ》・下総《しもうさ》・上総《かずさ》・安房《あわ》の八ヶ国か、せいぜい伊豆《いず》・甲斐《かい》をふくめた十ヶ国の範囲と思う。天気予報などがこの範囲を一《ひと》まとまりにして報道するので親《した》しみもあるのだろうが、こうした認識が固まるのは南北朝・室町時代以降である。鎌倉府《かまくらふ》がこの範囲を管轄下に置いたので、それがまとまった地域と考えられるもととなったようだ。

古代に溯《さかのぼ》ると、官制上・公式表現の東国とは北陸道《ほくろくどう》・東山道《とうさんどう》・東海道のことで、具体的には越前《えちぜん》国愛発関《あらちのせき》(福井県敦賀市内カ)・美濃《みの》国不破《ふわ》関(岐阜県関ヶ原町)・伊勢《いせ》国鈴鹿《すずか》関(三重県亀山市)より東側の地を指《さ》した。この三つの関所は、中央宮廷で上皇・天皇など政界実力者の死没で政権運営が不安定になりそうなとき、非常事態に備えて固関《こげん》(閉鎖)された。通行を遮断して、東国から畿内《きない》・京師《けいし》に軍兵が乱入するのを防ぐのかと思いきや、ぎゃくに畿内から出て東国に入るのを抑止《よくし》する措置《そち》であった。このことは、不破関址《ふわのせきし》の発掘調査で判明した。藤古川《ふじこがわ》の東側に三面を土塁《どるい》で固めた官衙址《かんがし》があり、そのなかほどを東西に東山道が通《とお》っていた。川を天然の水濠《みずぼり》として防衛に利用し、河岸《かがん》を登ってきた相手を施設内の兵士で討ち取るという構えである。ということは、仮想《かそう》された敵は西側の畿内方向から来ると目《もく》されていた(「第三章20不破関って、だれからだれを守っていたのか」『古代史の謎を攻略する　奈良時代篇』所収)。

これが政府見解の東国の範囲で、『万葉集《まんようしゅう》』の防人歌《さきもりうた》もこの範囲内に収まっている。それでもなにか漠然《ばくぜん》と広く設定されすぎている。越前や伊勢が異境《いきょう》・東国とされてもつね日ごろ商用で往復する範囲であって、辺土《へんど》という感じなどしない。当時の人々の生活実感とは、やや隔《へだ》たりがあったようだ。だから『古事記《こじき》』では「足柄《あしがら》の坂本に到《いた》りまして……（その坂の神を）打ち殺つ。かれその坂に登り立ちて、三たび歎《なげ》かして詔《の》りたまひしく『阿豆麻波夜《あづまはや》』と。かれその国に号《なづ》けて阿豆麻《あづま》といふなり」とあり、足柄坂の東をアヅマの国と意識していた。これは『常陸国風土記《ひたちのくにふどき》』も同じで「相摸《さがみ》の国足柄の岳坂《やまさか》より東の諸の県《あがた》は、惣《すべ》て我姫《あづま》の国と称《い》ひき」とあって足柄坂以東を東国としている。つまり

日本武尊の遺蹟。上総に渡る地点にある走水神社

「（足柄）坂東」が東海道諸国の東国であり、東山道では「山東」が東国とされた。『日本書紀』景行《けいこう》天皇四十年是《この》歳《とし》条で日本《やまと》武　尊《たけるのみこと》は「甲斐《かい》より北、武《む》蔵《さし》・上野《こうづけ》を転歴《めぐ》りて、西碓日坂《うすいざか》に逮《いた》ります。……故《かれ》、碓日嶺《うすいのみね》に登りて、東南を望《おせ》りて三たび歎きて曰はく、『吾嬬《あづま》はや』と。故因《かれよ》りて山の東の諸国を号《なづ》けて、吾嬬国と曰ふ」とし、上野・信濃国境の碓氷峠を堺《さかい》とする。これは『令　義解《りようのぎげ》』公式令朝集使条でも「東海道は坂東（駿河と相摸との界《さかい》の坂を謂《い》

ふなり)、東山道は山東(信濃と上野との界の山を謂ふなり)」とあって、朝集使が駅馬《えきば》を使用しうる東国の範囲が示されている。こちらの方が、都びとにとっては実感できる東国だったろう。

なお同じような意味で関東という言葉が使われ、それは江戸幕府が設定した箱根の関所より東の意味と受け取られている。しかしその言葉の起源を溯《さかのぼ》ると、荒井秀規《ひでき》氏(『古代の東国③　覚醒する〈関東〉平安時代』、吉川弘文館)によれば、当初こそ古代三関より東の意味だったが、『日本後紀《にほんこうき》』弘仁二年(八一〇)九月には愛発関が近江・逢坂関《おうさか》(滋賀県大津市)に変えられていたことが明らかになる。そして昌泰《しょうたい》二年(八九九)五月に足柄坂・碓日坂に「逓邏《ていら》の番所《ばんしょ》」(関所)が設置されてから(『類聚三代格』)、現代の関東地方の範囲を「関の東」と呼ぶことがはじまった、という。

乱・変・役・陣はどう使い分けられているのか

基本的にはどれもおおむね戦闘行為で、未遂《みすい》・未発《みはつ》をふくむが、現実場面は軍事などによる実力行使である。なかで戦っている兵士には区別の意味などなく、戦っているさなかにその名称を定められることでもない。これは歴史を振り返って叙述《じょじゅつ》しようというとき、叙述者の立場または支持する立場でそれぞれの戦闘の目的・性格や戦闘主体の立場などの評価によって呼《よ》び分《わ》けたものである。

乱は、主権者（歴史叙述では、多くが国家主権者）に対して刃向《はむ》かう軍事行動である。具体的には藤原広嗣《ひろつぐ》の乱・藤原仲麻呂《なかまろ》（恵美押勝《えみのおしかつ》）の乱・保元《ほうげん》の乱・平治《へいじ》の乱や前原一誠《まえばらいっせい》の乱（萩《はぎ》の乱）などがそれにあたる。天平十二年（七四〇）九州大宰府《だざいふ》で少弐《しょうに》の職にあった藤原広嗣は、大宰府管内《かんだい》の軍団兵士を動員して挙兵。国家主権者である聖武《しょうむ》天皇の命令を受けずに軍を率い、上京しようとして制圧された。また淳仁《じゅんにん》天皇を擁《よう》していた大師《だいし》（太政大臣）藤原仲麻呂は、より上位の国家主権を握っていた孝謙《こうけん》上皇に対抗すべく保持兵力を増やそうと画策《かくさく》したのが露見《ろけん》し、天平宝字《ほうじ》八年（七六四）挙兵に及んだ。保元元年（一一五六）の保元の乱は治天《ちてん》の君《きみ》を狙った崇徳《すとく》上皇が後白河《ごしらかわ》天皇に、平治元年（一一五九）の平治の乱は藤原信頼《のぶより》・源義朝《よしとも》が後白河上皇・二条天皇の人事《じんじ》に、それぞれ叛旗《はんき》を翻《ひるがえ》したものである。ともに主権者の意向に逆《さか》らって軍事行動を起こしているので、これらを乱と呼ぶ。

しかし乱かそれ以外かの類別はさほど明確でなく、乱と称してよいかためらわれるものもある。たとえば藤原仲麻呂の乱では、孝謙上皇は退位《たいい》しており、唯一《ゆいいつ》正当な国家主権は淳仁《じゅんにん》天皇にあった。

淳仁天皇が主権者だったのなら、彼を擁する藤原仲麻呂こそが正当な政権主体であり、上皇が乱を起こして仲麻呂と天皇を葬《ほうむ》ったことになる。とくに上皇側は、中宮院《ちゅうぐういん》から駅鈴《えきれい》と天皇御璽《ぎょじ》を奪おうと先制攻撃をしかけている。天皇の許諾《きょだく》なしに天皇のもとにあった鈴印を持ち出そうとしているのだから、上皇の乱と見なすべきである。とはいえ法制上は天皇に主権があることになっていても、このときは上皇の地位の方が高い。どちらを主権者とみるかで、乱かどうかの判断も動きかねない。それに孝謙上皇が勝利したため、上皇側としては「乱を起こしたのは自分でない。相手側の兵乱《へいらん》を受けて立った」とした方が聞こえがいいこともあって、今のところ仲麻呂が起こした乱のようにされている。

承久の乱にも、主権者をどちらと見るかで揉める要素がある。この乱は承久三年（一二二一）後《ご》鳥《と》羽《ば》上皇ら三上皇と仲恭《ちゅうきょう》天皇が鎌倉幕府の執権《しっけん》・北条義時《ほうじょうよしとき》に対して軍事力で挑《いど》んだ戦いだが、これを乱と名付けていいのか。日本史では、法制的には天皇がつねに国家主権者である。乱は主権者に向けた戦争であり、天皇は乱を起こす立場でないので、論理上は乱を起こせない。主権者として発意《はつい》して仕掛《しか》ける戦いならば役《えき》だが、役ならば発令された側は悪者で、成敗《せいばい》されて終わらなければならない。ところが承久の乱では、上皇・天皇側が発意して軍を興《おこ》したのに敗《やぶ》れた。負けてしまうと、役とはいえない。あらたに主権者になった勝者からみれば、負けた上皇・天皇側の方が乱を惹《ひ》き起《お》こしたことになる。しかし上位に立つ者は理論上乱を起こしえないので、長い間、この事件を承久の変と称してきた。それが近年、上皇・天皇など朝廷側と鎌倉幕府側の現実的政治力の実態を踏まえ、鎌倉幕府をそのときの国家主権者とみなし、承久の「乱」とみなすこととなった。だが、乱以前の鎌倉幕府に国家主権があったといえるのか。幕府は、そもそも国家主権など持とうとしたことがあったか。乱後に鎌倉幕府に国家主権が移ってしまった、またはこの「乱」で幕府のもとに統一されてしまった。それが実態ではなかったか。勃発《ぼっぱつ》時の現実ではなく、事後の状態を溯《さかのぼ》らせて判断している観《かん》がある。

なお、乱は大きな兵力が現実に動かされた場合であり、少数者の反乱や反乱が未遂《みすい》・未発《みはつ》だった場合には、大逆《たいぎゃく》事件・三無《さんむ》事件（昭和三十六年）など事件とか変とか称する。

変は、右に述べたように反乱計画が小規模であったり未発・未遂の場合、あるいは軍乱《ぐんらん》でも矛先《ほこさき》が主権者に向かわずその周辺の臣下同士で起こされた場合をいう。乙巳《いつし》の変・橘奈良麻呂《たちばなのならまろ》の変・承和《じょうわ》の変・応天門《おうてんもん》の変、あるいは本能寺《ほんのうじ》の変などがそれに該当《がいとう》する。

皇極《こうぎょく》天皇四年（六四五）の乙巳《いつし》の変は、中大兄《なかのおおえ》皇子が大臣《おおおみ》の蘇我入鹿《そがのいるか》とその父・蝦夷《えみし》を軍事力で倒した宮廷の内紛。天平宝字《ほうじ》元年（七五七）の橘奈良麻呂の変は「参議《さんぎ》・橘奈良麻呂が太政官《だいじょうかん》政治を蔑《ないがし》ろにする紫微内相《しびないしょう》・藤原仲麻呂《なかまろ》を排除しようとした」と見るなら臣下間の諍《いさか》いだが、仲麻呂を取り立てた孝謙《こうけん》天皇・光明《こうみょう》皇太后を倒して新天皇の擁立まで策《さく》している。実行されれば乱だが、未遂なので変となる例である。承和《じょうわ》九年（八四二）の承和の変も伴健岑《とものこわみね》・橘逸勢《はやなり》らが恒貞《つねさだ》親王を擁《よう》して東国に入り、仁明《にんみょう》天皇の退位を求めるのが決起の趣意《しゅい》だったようだ。実行されれば乱だが、計画だけなので変である。貞観八年（八六六）の応天門《おうてんもん》の変は応天門が炎上《えんじょう》した事件の放火犯をめぐる政争で、大納言《だいなごん》伴善男《とものよしお》が左大臣源信《みなもとのまこと》を追い落とすために行なったと裁定《さいてい》された。臣下同士の争いで、主権者に刃向《はむ》かうものでなかった。天正十年（一五八二）の本能寺の変は、形式上は正親町《おおぎまち》天皇または幕府の臣下である織田信長《おだのぶなが》と、信長の家臣であった明智光秀《あけちみつひで》の内輪《うちわ》の諍《いさか》いである。大規模な軍事行動を伴ったが、主権者に向けられた反抗ではないので、乱とされない。なお大同《だいどう》四年（八一〇）の薬子の変は、平城上皇《へいぜい》の寵愛を受けていた尚侍《ないしのかみ》藤原薬子が権力の回復を求め、兄・藤原仲成《なかなり》と手を組み、平城宮を拠点に軍事力を行使して平城上皇を重祚《ちょうそ》させようと図《はか》った事件とされる。一臣下がかってに画策《かくさく》したとされているので薬子の変というが、内容的には上皇本人が実弟・嵯峨《さが》天皇を意識的に強制排除しようとしたもので、ほんらい平城上皇の乱（軍事力が小規模とみれば変か）とすべきである。上皇を乱人と名指しするのを避けようとして、策謀の責任を臣下になすりつけた命名《めいめい》である。

役は国家主権者が発意《はつい》・主催して起こす戦争で、具体的には前九年・後三年の役、文永・弘安の役、文禄《ぶんろく》・慶長《けいちょう》の役、西南の役、征台《せいたい》の役などがある。役後には国家から功労者への褒賞《ほうしょう》が行われる。

前九年《ぜん》の役は永承《えいしょう》六年（一〇五一）から十二年間行われたもので、俘囚《ふしゅう》長・安倍頼時《あべのよりとき》とその子たちが正当な支配圏域とされる奥六郡《おくろくぐん》より南下して勢力を伸ばしたことに端《たん》を発《はっ》し、源頼義《よりよし》・義家《よしいえ》父子が制圧にあたった。後《ご》三年の役は安倍氏滅亡後に東北の雄となった清原氏の相続に介入し、清衡《きよひら》に味方した源義家が永保三年（一〇八三）から四年かけて家衡《いえひら》を制圧した戦いである。前者は政府が発意して起こした征役で、安倍氏側に反抗する意思・反乱した自覚があったと認められれば乱とされよう。安倍氏に乱を起こした自覚がないのに政府側の判断・都合《つごう》で成敗《せいばい》したので、役とされている。後者は源義家が清原氏の勢力を殺《そ》ごうと画策した私闘《しとう》の性格が強く、政府が発意した戦争とはいえない。国家の恩賞もなかったから、役と称すべき理由がない。この命名は、前九年の役と一体の戦闘とみさせたい源氏側の宣伝が奏功《そうこう》した結果だろう。明治十年（一八七七）の西南の役は、明治政府軍の発意で、鹿児島県士族《しぞく》を率《ひき》いて上京しようとする西郷隆盛《さいごうたかもり》を阻止した戦いである。不平士族の反乱の一つだからほんらいは乱だが、隆盛人気に配慮してか、対等な立場となる西南「戦争」ということが多い。

文永・弘安の役は蒙古襲来・元寇《げんこう》などともいい、鎌倉幕府が侵入する元・高麗《こうらい》連合軍を斥《しりぞ》けたもの。文禄・慶長の役は、中国・明《みん》の制圧を企図《きと》した関白《かんぱく》・豊臣秀吉《とよとみひでよし》が李氏朝《りしちょうせん》鮮軍と交《まじ》えた戦いである。日本ともに主従関係にない外国勢力との戦いなので、相手国の戦闘行為を乱などと名付けられない。日本国にとっては、相手国からの侵略を受けて立つとかあるいは国土拡張の意思をもって攻め入ったとか、意図や経緯《いきさつ》に差はあろうが、支配関係のない相手国に対してみずから発意して戦闘行為を行なう場合には、これを役と命名している。ただし、明治七年の征台の役も外国である台湾《たいわん》への出兵なので役とされているが、近時は台湾出兵ということが多い。これは役の場合、対象者が悪いことをしたために誅伐《ちゅうばつ》されるというニュアンスがふくまれるので、そうした善悪評価を免《まぬが》れるための言《い》い換《か》えである。

陣は、比較的長期にわたる、あるいは広範囲に行われた戦争の一場面ごとにつける名である。慶長十九年（一六一四）・元和《げんな》元年（一六一五）の大坂冬の陣・夏の陣は、徳川家康・豊臣秀頼《とよとみひでより》間の二年にわたる戦争である。かりに二十年・三十年もかかる長期戦であれば、空白期間もある。戦闘が断続的に行われていたとすれば、その一場面・一戦闘の名称が必要になることがある。あるいは戦いは短期間でも、戦闘地が一ノ谷《いちのたに》・屋島《やしま》・壇ノ浦《だんのうら》と転々とかわっていくとき、その地域ごとの戦闘名が必要になる場合がある。一回目の衝突・二回目の戦いというかわりに冬の陣・夏の陣、一ノ谷の陣なと使えばよい。羽柴秀吉《はしばひでよし》のしてきた数々の戦闘も、国内統一戦争として大きく捉《とら》えればその一つ一つの戦闘は対北条氏については小田原の陣、対島津氏については九州の陣と名付けられる。冬の陣・夏の陣では場面ごとの名のまま通用しており、大坂の陣（第二版角川日本史辞典）・大坂の役《えき》（詳説日本史改訂版）という総称はまだ歴史用語として定着していない。というのもかりに大坂の役《えき》とすると、家康は服《ふく》さない秀頼を討伐する軍を国家主権者として発動したこととなる。しかし家康は秀頼の父・秀吉に臣従《しんじゅう》しており、秀頼にも形式的には臣従していた。主筋《しゅすじ》にあたる秀頼を臣下のはずの家康が倒したのなら、筋からいえば徳川家康の乱となる。理念・建前《たてまえ》は別にして実態を重視し、成立している江戸幕府こそが主権者とみて役《えき》とするのだろうが、のちの時代の江戸幕府はたしかに主権者だが、慶長末年の時点で国家主権を握っていたといえるのかやや疑問である。

ところで弘安八年（一二八五）に鎌倉幕府の御家人《ごけにん》・安達泰盛《あだちやすもり》と得宗家《とくそうけ》の内管領《うちのかんれい》・平頼綱《たいらのよりつな》とが争った内戦は、霜月《しもつき》「騒動」とされている。幕府に向けられた軍事行動でないので乱といわないのは理解できるが、変と称してもよい場面である。宝治《ほうじ》元年（一二四七）の宝治合戦では、三浦泰村《やすむら》が執《しっ》権《けん》・北条時頼《ときより》に討たれている。時頼側からすれば征伐・役である。騒動・合戦は互角《ごかく》・対等な表現だが、こうしたのは当時の鎌倉将軍・執権を国家主権者と見てよいか難しいからだろう。あくまでも建《たて》前上《まえじょう》は京都の朝廷が主権者であり、その朝廷にとっては陪臣間《ばいしんかん》の争いにすぎない。そうした見方に配慮して、判断を保留した命名《めいめい》ともいえる。前掲の大坂の「役」の命名でも、戦闘者相互の立場や実態的な力関係が疑わしく、後世の視点も入っている。多様な評価のある事柄に、特定立場での歴史用語を当《あ》て嵌《は》めるのは難しい。そういう場合は、応天門事件・関ヶ原の合戦・台湾出兵など彼我《ひが》の政治的関係を表現しない事実の記載（事件・騒動・合戦・戦い）だけで済ませておく、という手立《てだ》てもある。

以上の事柄を家庭内の出来事になぞらえると、実権者である母に対する父・子の反抗は乱。小規模な乱や未遂の計画がばれれば変。父と子の内輪《うちわ》揉《も》めも変。母が父・子にお仕《し》置《お》きするのは役。衝突の時期・場所により朝食前の陣・お八つの陣、トイレ前合戦・台所騒動・玄関前事件、などとなろうか。

摂関政治の基盤は、良房・道長の例が典型だったのか

寛仁《かんにん》二年（一〇一八）十月十六日、藤原道長《みちなが》は満面《まんめん》の笑《え》みを湛《たた》えて、「此《こ》の世《よ》をば　我《わ》が世《よ》とぞ思ふ　望月《もちづき》の　かけたることも　無しと思へば」（『小右記』）と詠《よ》み、周囲の者たちに唱和《しょうわ》させたという。その日、道長の三女で女御《にょうご》だった威子《いし》が後一条《ごいちじょう》天皇の皇后に立てられ、すこぶるご機嫌《きげん》だったのだ。これによって長女・彰子《しょうし》が一条天皇の中宮、次女・妍子《けんし》が三条天皇の中宮となっていたから、道長は三人の后《きさき》を立てることに成功した。もちろんこのさき中宮・皇后が男子を産めば、それを天皇とすることで天皇の母の父つまり外祖父《がいそふ》として権力を行使できる、というわけである。天皇の子がつぎの有力な天皇候補だから、まさに前途《ぜんと》洋々《ようよう》の安定した権力基盤を構築しえた自負心《じふしん》を誇示《こじ》したのである。

こうした権力基盤の作り方は、藤原良房《よしふさ》以来連綿《れんめん》と続いてきた。承和《じょうわ》九年（八四二）七月の承和の変で恒貞《つねさだ》親王が廃太子《はいたいし》されたことを承《う》け、仁明《にんみょう》天皇は良房の姉妹・順子《じゅんし》との間に生まれた道康《みちやす》親王（文徳《もんとく》天皇）を皇太子にした。良房は文徳天皇に娘・明子《めいし》を納《い》れ、その間に生まれた惟仁《これひと》親王（清《せい》和《わ》天皇）を天皇とすることで、外祖父として幼帝・清和天皇の摂政《せっしょう》となったのである。この天皇の母の父である「外祖父の地位こそが、摂関政治の権力基盤」と説明されてきた。それが成り立った理由として、娘が天皇の子を身籠《みご》もると実家に里帰《さとがえ》りする。生まれた皇子は母とともに、つまり外祖父のもとで育てられる。だから実家の外祖父に馴染《なじ》みがあって、即位後は外祖父を摂政・関白《かんぱく》としてそのいうがままになるのだ、と。また、摂関家に嫁《とつ》いだ女子は「跡取《あとと》りの数名の男子とたくさんの女子の

出産を」と望まれ、娘が後宮《こうきゅう》に入ると今度は「多数の男子のみ産んでほしい」と祈られる、とも。

　しかし、その説明・認識は事実といささか異なる。

良房から道長までの間の天皇は、陽成《ようぜい》天皇から三条《さんじょう》天皇までの十一人である。

　陽成天皇の母は藤原高子《たかいこ》であり、外祖父は長良《ながら》である。しかし長良は斉衡《さいこう》三年（八五四）に権中《ごんちゅう》納言《なごん》で死没していたので、摂政・関白は伯叔父《おじ》の太政大臣・基経《もとつね》が務《つと》めた。光孝《こうこう》天皇の母は藤原沢子《さわこ》で、外祖父は総継《ふさつぐ》になる。総継は出世する前に従五位上・紀伊守《きいのかみ》在任中に死没していたので、関白は太政大臣・基経が再任された。基経と総継の関係は、基経の祖父《そふ》・冬嗣《ふゆつぐ》が総継の再従兄弟《はとこ》である。宇《う》多《だ》天皇の母は班子《はんし》女王で、外祖父は仲野《なかの》親王である。藤原氏の関係者はいないが、関白は太政大臣・基経が再任された。醍醐《だいご》天皇の母は藤原胤子《いんし》で、外祖父は高藤《たかふじ》である。高藤は醍醐天皇即位時に中納言で、のち内大臣《ないだいじん》となって死没した。このときの権力者は左大臣・時平《ときひら》で、その没後は時平の弟で右大臣・左大臣と進んだ忠平《ただひら》が権力を握っていた。外祖父の地位を得ていても、権力の座に就《つ》けなかった例だ。朱雀《すざく》天皇・村上天皇の母は藤原穏子《おんし》で、外祖父にあたるのは基経であった。しかし基経は寛《かん》平《ぴょう》三年（八九一）に死没していたから、朱雀天皇の摂政・関白は天皇の伯叔父《おじ》にあたる太政大臣・忠平。村上天皇の関白も太政大臣・忠平で、しばらく間をおいて康保《こうほう》四年（九六七）に忠平の子で朱《す》雀《ざく》天皇には従兄弟にあたる左大臣・実頼《さねより》が関白に就任している。冷泉《れいぜい》天皇・円融《えんゆう》天皇の母は藤原安子《あんし》で、外祖父は師輔《もろすけ》だった。師輔は村上朝の天徳《てんとく》四年（九六〇）に死没したので、冷泉天皇の関白は大《おお》伯父《おじ》の太政大臣・実頼。円融天皇の摂政は同じく太政大臣・実頼にはじまり、伯叔父《おじ》の太政大臣・伊《これ》尹《ただ》となり、伊尹の没後は関白に伯叔父《おじ》の内大臣（のち太政大臣）・兼通《かねみち》が務めた。兼通が致仕《ちし》したあと

藤原摂関家と天皇関係図

□内は天皇

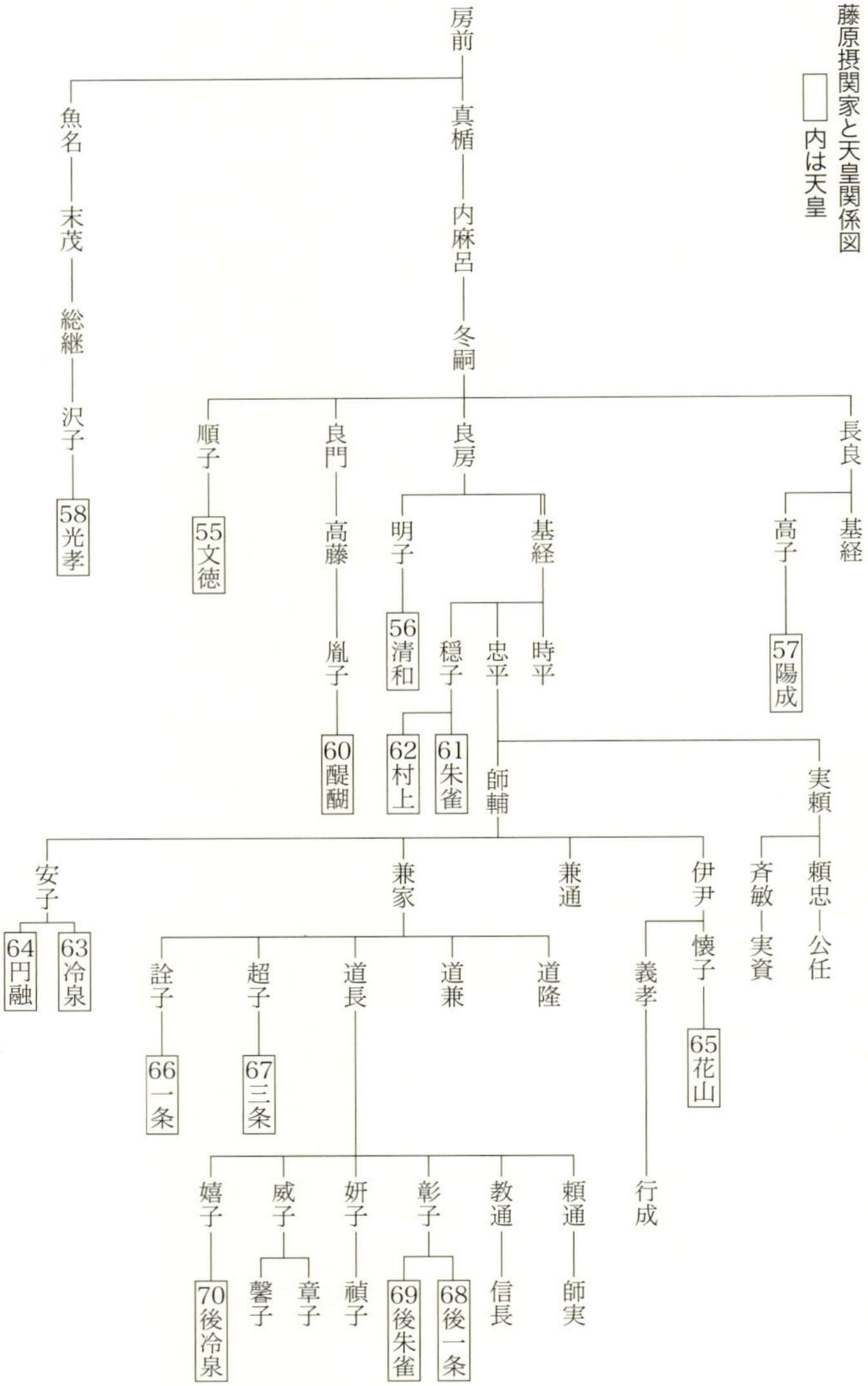

は、母の従兄弟にあたる関白太政大臣・頼忠《よりただ》が関白となった。花山《かざん》天皇の母は藤原懐子《かいし》で、外祖父は伊尹である。伊尹は円融朝の摂政在任中に死没していたから、関白は外祖父の従兄弟《いとこ》にあたる太政大臣・頼忠が務《つと》めた。ここまでは外祖父と摂政・関白がほとんど一致していないが、このあとの二天皇ではちょっと一致した。一条天皇の母は藤原詮子《せんし》で、外祖父は兼家《かねいえ》である。摂政には右大臣・兼家が就《つ》いたからだ。しかし兼家の致仕《ちし》後、摂政・関白は兼家の子で伯叔父《おじ》にあたる内大臣・道隆《みちたか》となった。その道隆の病没後は、道隆の弟で同じく伯叔父《おじ》である右大臣・道兼《みちかね》が関白となった。そのあとに即位した三条天皇は母が藤原超子《ちょうし》で、外祖父は兼家《かねいえ》である。兼家は既述のとおり死没していたので、摂政には兼家の子で伯叔父《おじ》にあたる左大臣・道長《みちなが》が就《つ》いた。

右に記した通りで、あとを辿《たど》れば分かるように、天皇の外祖父として摂政に就いたのは兼家くらいのもので、ほとんどいない。伯叔父《おじ》か従兄弟《いとこ》が多いが、外祖父の従兄弟などという遠縁《とおえん》の者までが就任している。となると懐妊《かいにん》した娘が里帰《さとがえ》りし、皇子が実家で育てられるために外祖父と親しくなり、外祖父の指導を受け入れるので摂政・関白にされたという話は、まったく虚妄《きょもう》の説明だといえる。

あるいは、なおこういわれるかもしれない。「外祖父が死没している場合、伯叔父は里下がりしていた娘の兄弟である。伯叔父と甥（天皇）は一定期間同一の家で育っているから、外祖父と同じ立場に立ち得たのではないか」と。つまり外祖父が本質で、伯叔父ではそれがやや崩れるが、同一の家で一緒に育つという本質的な形を継承している、というわけだ。しかしどうしても外祖父を基本とするという理解に、そこまでこだわりたいか。かりに伯叔父・甥の関係なら同一邸内で育つ期間があるとしても、従兄弟はどう考えても同一の家で育った人でない。それ以外の「外祖父と従兄弟」「母の大伯叔父」などという関係は説明できず、こんな遠縁の人を摂政・関白にするなら、ほかに妥当な身近な血縁者がいたろう。もはや迂遠《うえん》な説明は要《い》るまい。摂関政治の時代は、基本的に藤原氏のなかでもっとも高位・高官にいた者が、摂政・関白となっているのだ。外祖父かどうかは、じっさいにはどれほどの価値もない。外祖父で存命していた兼家はたしかに一条天皇の摂政となったが、醍醐天皇の外祖父で存命していた高藤は摂政・関白に就けなかった。つまり良房の摂政就任はきっかけである。一度容認《ようにん》された権限代行の地位は、藤原氏のなかで盥回《たらいまわ》しされた。権限が認められたきっかけが外祖父だったとしても、以降ずっとそうでなければ就けない地位だとまでは見なされてないのである。

　これに対して院政《いんせい》の権限は、天皇の父でなければ振《ふ》るえない。院政への移行は、母権《ぼけん》から父権《ふけん》への流れという問題でなく、摂政・関白の権力基盤のあやふやさが原因ではなかったか、と思う。

　ちなみに、道長の思惑《おもわく》は果たされたのかどうか。彰子と一条天皇の間の子が後一条《ごいちじょう》天皇と後朱雀《ごすざく》天皇で、その後一条天皇に威子《いし》が嫁《とつ》いだのだが、その間には章子《しょうし》（後冷泉天皇の中宮）・馨子《かおるこ》（後三条天皇の中宮）の女子二人。妍子《けんし》と三条天皇の間には禎子《ていし》内親王（後三条天皇の母）のみ。後一条天皇が即位して外祖父の立場に立った長和五年（一〇一六）正月から翌年三月までは道長が摂政したが、のち子の内大臣・頼通《よりみち》に譲った。天皇にとっては、伯叔父が摂政・関白となった。後朱雀天皇のときも、伯叔父である左大臣・頼通が摂政・関白となった。道長は摂政の地位に固執《こしつ》せず、二年後には出家して政界を引退し、寛仁三年（一〇一八）十二月に死亡している。なお道長の娘・嬉子《きし》も後朱雀天皇に嫁いでいて、後冷泉《ごれいぜい》天皇を産んだ。その後冷泉天皇の関白は前代と同じく左大臣（のち太政大臣）・頼通で、天皇の伯叔父《おじ》にあたる。頼通の最晩年に、弟の左大臣・教通《のりみち》が関白を譲られている。

同じ物語でも、時代によって書き替えられてしまうことがあるとは

『源氏《げんじ》物語《ものがたり》』はいまでこそ日本が世界に誇《ほこ》れる古典文学とするが、色好《いろごの》みな男の女性遍歴《へんれき》を描《えが》いたふしだらな物語として忌避《きひ》されたこともある。『宇治《うじ》拾遺《しゅうい》物語』（新編日本古典文学全集本）一八六には、十市《とおち》皇女が吉野宮にいる父・大海人《おおあま》皇子に鮒《ふな》の包《つつ》み焼《や》きを送り、大友《おおとも》皇子の攻撃計画を報《しら》せる書簡をその腹に詰めておいた、という話がある。夫を捨て、父を助けようとしたのだ。しかし江戸時代には、だから十市皇女を悪女とみなした。嫁に行けば夫の家の人となるのだから、夫をこそ助けるべき。夫を裏切り、実家の父に夫を討たせるとはとんでもない女だというわけである。このように一夫一婦制の観点から光源氏の行動が断罪され、男系の家制度の建前《たてまえ》から十市皇女の行為が酷評《こくひょう》される。時代社会の違いによって、同じ物語がまったく違う評価をうけることは、めずらしくない。これらは同じ話なのに時代社会の違いによってまったく異なる評価になる例である。

これに対して、もとは同じ話であったはずなのに、時代社会に影響され、その読み手にあわせそうとして設定が書き替えられてしまった例もある。

『日《に》本《ほん》霊異《りょうい》記《き》』（新編日本古典文学全集本）中巻三十四縁は、平城《へいじょう》右京《うきょう》にいた孤児《こじ》の娘が主人公である。父母の在世中は裕福で、家や倉を建て、仏殿に二尺五寸の観世《かんぜ》音菩《おんぼ》薩《さつ》の銅像を造って安置・供養《くよう》していた。だが父母が亡くなると、「奴婢《ぬひ》は逃げ散《あか》れ、馬牛死に亡《う》す。財《たから》を失ひ家貧し」いなかで一人暮らしをしていた。そこに結婚話が持ち上がり、相手の男が雨に降《ふ》り込《こ》められたために女の家に逗《とう》

留《りゅう》することになった。食材もなくて食事が出せずに困っていると、隣家《りんか》の富裕な家からの使いとして、そこの乳母《うば》がご馳走《ちそう》を運んできた。その乳母はじつは観世音菩薩の化身《けしん》だった、という話である。

右の話を載せた『日本霊異記』は平安初期の成立だが、この話と筋書きがとても類似《るいじ》している『今《こん》昔《じゃく》物語集』（新編日本古典文学全集本）十六巻第八になると、孤児の娘の貧窮な状態の描き方が変わってしまう。すなわち家の状態が「仕《つかえまつり》ける従者共も皆行き散り、領《りょう》じける田畠も人に皆押取《みなおしとられ》などして、知る所も無かりければ、不合《ふごう》に成る事、日を経て増《まさ》る」と改まっている。

つまり『今昔物語集』が成立した十二世紀前半では、富裕であることを思わせる資産内容は、奴婢や牛馬でなくなっていた。奴婢はすでに解放されていてほとんど見かけなくなっていたし、牛馬の所有数は富裕度の指標《しひょう》とされなくなっていた。雇用《こよう》している従者の数と田畠の領有面積こそが富裕度の象徴であり規準であった。ほぼ三〇〇年のあいだに富裕度を測《はか》る指標が変わっていたので、いまの読み手が眼にしている現実に合わせて共感して貰《もら》おうと、話の舞台装置を脚色《きゃくしょく》しなおしたのである。

ついで『今昔物語集』十九巻第二「参河《みかわの》守《かみ》大江《おおえの》定基《さだもと》出家語」には、円融《えんゆう》天皇の時代に三河守だった大江定基の話が載せられている。定基は前からずっと同棲《どうせい》してきた本妻がいたが、その上に若く女盛《おんなざか》りで美形の女を好きになって、どうしても別れがたい思いをしていた。それを「本の妻強《あながち》に此れを嫉妬して、忽《たちま》に夫婦の契《ちぎり》を忘れて相ひ離《はなれ》にけり」つまり本妻が強く嫉妬し、たちまち夫婦の縁が切られてしまった。そのあと定基は若い女を伴《ともな》って三河に赴任したが、そのさきで女は罹患《りかん》して病没する。遺体を葬らずに添《そ》い寝《ね》していたが、腐爛《ふらん》がはじまって諦《あきら》めることとなった。そのさいに道心《どうしん》を生じ、猪《いのしし》や雉《きじ》の調理されるさまを見てさらに道心《どうしん》が昂《こう》じて、ついに出家して三河入道・寂照《じゃくしょう》と名乗《なの》った。京に戻って喜捨《きしゃ》を求めて乞食《こつじき》していると、とある家に呼び込まれた。その家の女主人がかつての本妻で「この乞食め。こんなふうにいつか物乞《ものご》いするのを見ることがあると思っていたよ」と罵《ののし》られたが、彼はその侮辱《ぶじょく》に堪《た》えた。そののち中国・宋に渡って真宗《しんそう》（九九七〜一〇二二年在位）に認められ、高僧として遇《ぐう》されて円通大師《えんつうだいし》という称号を贈られた、という話である。

ところが『宇治拾遺物語』巻四の七（第五十九話）「三河入道、遁世《とんせい》の事」になると、同じ定基《さだもと》が主人公だがやや話が異なっている。若く美貌《びぼう》の女にひかれ、三河に伴《ともな》ったこと、女の病死、遺骸《いがい》に添《そ》い寝《ね》していたことなどは同じだが、「もとの妻をば去りつつ、若くかたちよき女に思ひつきて」としている点が違う。『今昔物語集』では本妻が夫・定基を離縁《りえん》していると書かれているのに、『宇治拾遺物語』では定基が離縁したことに変えられている。これはすなわち『今昔物語集』がまとめられた時代ならば、夫婦関係にある妻の方から夫を離縁することがあった。しかし鎌倉時代初頭に作られた『宇治拾遺物語』では、その時代社会のなかで妻方《つまがた》から夫を離縁する形はすでに見られなくなっていた。二〇〇年ばかりの間に、婚姻形態がかわったのだ。そこで時代社会にあわせ、読む人が違和感《いわかん》を持たないよう書き替えた（服藤早苗《ふくとうさなえ》氏著『平安朝の女と男』中公新書）。そういうことである。

ついでながら著名な話として、中国の七夕詩《たなばたのうた》では織女星《しょくじょせい》（女性）が豪奢《ごうしゃ》な車に乗り、天の川に架《か》かる橋を渡って牽牛星《けんぎゅうせい》（男性）のもとを目指《めざ》す。しかし『万葉集《まんようしゅう》』（日本古典文学全集本）ではたとえば「ひさかたの　天《あま》の川瀬に　舟浮《う》けて　今夜《こよい》か君が　我《わ》がり来《き》まさむ」（巻八―一五一九）とあって、牽牛が小舟を漕《こ》いで織女のもとに通《かよ》う。日本は妻問《つまど》いをする社会で、しかも多くの河川には橋が架《か》かっていなかった。だから日本の実情にあわせて、話を変えたのである。

同じ話が時代・時代で違う読まれ方をすることは、すでに述べたようにありうることだろう。それを越えてなお読《よ》み継《つ》がれていくのが古典であり、古典の作品には人間通有《つうゆう》の普遍《ふへん》的《てき》な価値が盛《も》り込《こ》まれている。だから、どの時代でも共感され、読み継がれていくのだ。しかし作品が時代によって書き替えられているとなると、「その話は古くからある」といわれていたとしても、「だから、昔ながらのもの」を読んでいるのではなく、話が通過した時代の人の好《この》みによって書き替えられている蓋然性《がいぜんせい》がある、ということになる。話は、作られた当初の姿のままに伝わっていないのかもしれない。

古典は時代をこえて通有の普遍的価値が認められているといったものの、例えば『源氏物語』『枕草子《まくらのそうし》』などにそうした書き替えの可能性はないのか。たとえば、すべて自筆本《じひつぼん》なのだが、本人がときとともに書き直していた。そういう場合もあるだろう。また本人の自筆本は一つだったが、書き写した人のさかしらでその時代にあわせて書き直されてしまったものもあろう。「あるものをあるがままに写していくのが写本《しゃほん》だ」というのは現代人の感覚や建前《たてまえ》であって、写している自分が「これでは意味がわからない」と思えば、自分に解《わか》るような文章にしてしまう。それは、学識《がくしき》に自信を持っている学者ならば、普通の行為だ。私たちは、現代的な思い込みなのだろうが、写本の書き手はあるがままを書き写すという性善説《せいぜんせつ》のような考えを持ちすぎているのではないか。

そうした意味で、ほとんどが写本でしか伝わっていない古代史料についても、よくよくの注意が肝《かん》要《よう》である。古い時代の史料であって、これを元《もと》にすれば、かつてはこういう感覚だったことがわかる。そういう時代を窺《うかが》う上での基礎資料とみなしているものが、通過したある時代にあるいは近年に書き替えられたものであった。そういう虞《おそ》れがあることは、つねに弁《わきま》えておく必要がある。

平仮名が発明されなければ、物語文学はできなかったのか

平安後期に、国風《こくふう》文化を象徴するものとして物語文学が開花する。紫《むらさき》式部《しきぶ》が『源氏物語《げんじものがたり》』を著《あらわ》し、源《みなもとの》国頼《くにより》女《のむすめ》の『狭衣《さごろも》物語』、菅原孝標《たかすえ》女《のむすめ》の『浜松《はままつ》中納言物語』『夜半《よわ》の寝覚《ねざめ》』、小式部《こしきぶ》ら作の『堤《つつみ》中納言物語』など優《すぐ》れた作品がつぎつぎ登場する（『狭衣物語』以下の作者は確定していない）。これら物語文学の担《にな》い手《て》の多くが女性であり、この時代の女性は平仮名を日常的に使用していたことから、「平仮名が成立した十世紀以降にならないと物語文学は発生しない。物語文学は、国風文化の産物である平仮名《ひらがな》を女性が駆使《くし》するようになったからこそはじめて発生した」という筋書《すじが》きで説明されてきた。

そうはいうが、この論の立て方は何かおかしくないか。

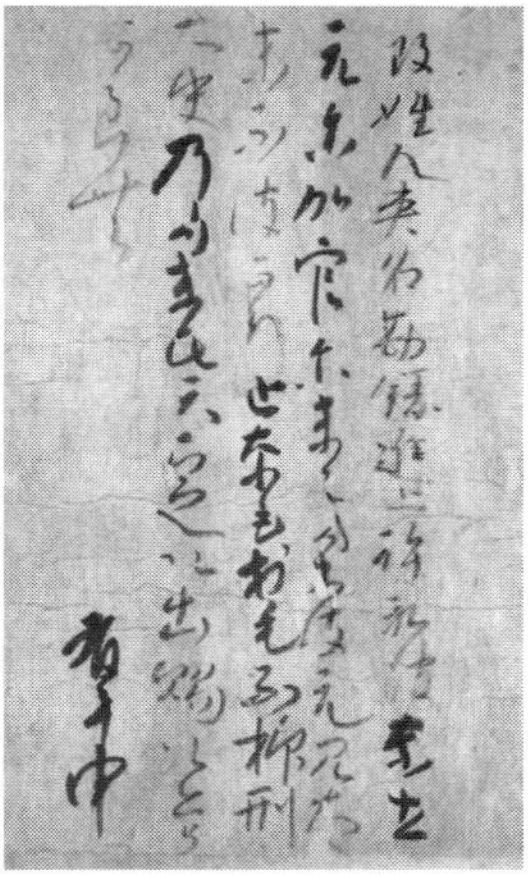

藤原有年の平仮名
（東京国立博物館蔵、「改訂版詳説日本史」。1987年3月より転載。）

まずは、物語は平仮名でなければ書けないのか。平仮名書きの初見《しょけん》は、貞観《じょうがん》九年（八六七）の讃岐国司《さぬきのこくし》・藤原有年《ありとし》の申文《もうしぶみ》にある「許礼波奈世无尓加、官尓末之多末波无（これはなせむにか、官にましたまはむ）」（東京国立博物館蔵）ということになっている。官以外の部分の字が草仮名《そうがな》よりずっと抄略《しょうりゃく》が進んでおり、平仮名書

きの最初と目《もく》されてきた。表意文字《ひょういもじ》として用いる漢字（官はツカサ）と仮名部分（残りは、漢字の意味に関係がなく一字一音で日本語に当てている）が明瞭に区別され、たしかに読み取りやすくなっている。日本語のなかに漢語を交えた現在のような文章が、日本語の文章表記として確立した記念碑的なものであると認めてもよい。これで頭に描《えが》き心に浮《う》かんだことがそのままに自在《じざい》に書けるようになった。そして平仮名は女手《おんなで》といわれ、女性がおもに用いる筆記法だから女性の書く物語文学が一斉《いっせい》に花開いた。その理解も、女性に即《そく》してはそれでいい。

しかし不審《ふしん》なのは、平仮名が成立しなければ物語文学はできないものなのか。漢文を用いて、日本漢文の物語が成立していたっておかしくない。「漢文学では物語が書けない」とされる理由は見あたらない。漢文によって『桃花源記《とうかげんき》』が書かれているし、『遊仙窟《ゆうせんくつ》』『三国志演義《さんごくしえんぎ》』『水滸伝《すいこでん》』『紅楼夢《こうろうむ》』『西遊記《さいゆうき》』などもりっぱに表現できている。とすれば当時の男性が物語を手がけようと思わなかったか、物語は出来《でき》ていたがいまに伝わることなく消えてしまったか、である。中国・南開《なんかい》大学の劉《りゅう》雨《う》珍《ちん》教授によれば「中国で男子が文章を書くのは、政治の志を述べるときである」といい、だから「中国には、筆記された恋愛詩《れんあいし》が少ない」（聞き書き）という。小説という言葉の原義は、取《と》るに足《た》らない話の意であるらしい。そういう意識が日本にいつからあるのかを推定するのはむずかしいが、かりに遡《さかのぼ》れる感覚ならば漢文でまたは男性が物語を書くべきでないとする古代社会の抑制が働いた結果かもしれない。仮にそうでも、すくなくとも日本人が漢文で日本を舞台にした物語を書けたことは間違いない。書こうとしさえすれば、それまで消化してきた文字文化の教養のなかで書けるのである。

それでも「平仮名が成立しなければ、日本語でやりあう物語場面は書きにくい」とはいえるが、「だから、それまでは物語が書けようはずもなかった」とまではいえまい。外国語では日本的情緒がうまく伝わらないという意見は承知しているが、では、日本人が外国語の英語で小説を書くことはまったくできないことだろうか。似たような表現を探すか、表現を工夫するのではないか。それに、日本語で物事をつづりたければ、その方法として万葉仮名《まんようがな》という表記法が社会的な承認をすでにうけていたからだ。溯れば、難波《なにわ》長柄《ながら》豊碕《とよさきの》宮跡《みやあと》出土木簡《もっかん》に「皮留久佐乃皮斯米之刀斯《はるくさのはじめのとし》□」(「木簡研究」三十一―三十四頁)とあり、七世紀半ばにはその使用例がある。しかも「留・久・佐・乃」などよく見かける用字からすると、日本語表記法としてどの漢字を日本語のどの音の表音文字として使うかとの合意《ごうい》が宮廷内でおおむねなされていたようにも思える。

とはいえ万葉仮名ならば、たとえば「春野尒《はるののに》霞多奈毘伎《かすみたなびき》宇良悲《うらがなし》許能暮影尒《このゆうかげに》鶯奈久母《うぐいすなくも》」という表記になる。ゴチック体の春野霞悲暮影鶯の七文字は表意文字として用い、そのほかは一字一音の表音文字として用いる。その表意部分と表音部分の使《つか》い分《わ》けが、書き手と読み手で異なり、意思《いし》の疎通《そつう》がはかりにくい。そういわれてきた。だから平仮名の成立が希求《ききゅう》されたのだ、とも。だが、少なくとも奈良時代後半には宣命《せんみょう》小書体《しょうしょたい》ができあがっていて、貴族・官吏《かんり》の間には承知されていた。天平勝宝《しょうほう》九歳(七五七)三月二十五日付の中務卿《なかつかさきょう》による小書体の宣命が、『正倉院古文書影印集成』(二―三十頁)に実例として残っている。前掲の歌を小書体で表記すれば、「春野尒霞多奈毘伎宇良悲許能暮影尒鶯奈久母」となる。すなわち表音文字部分を小《こ》書《が》きにし、あるいは二列に分《わ》かち書《が》きの形にすればいい。それだけで、どれが表意文字として読まれるのか一目瞭然《いちもくりょうぜん》である(拙稿「太安万侶と宣命小書体」『古代の豪族と社会』所収、笠間書院)。かつてのワードプロセッサでは、同じ行《ぎょう》は同じ字体で同じポイント活字にしかできなかった。けれど書き手は機械じゃないのだから、書き分けることなど雑作《ぞうさ》もない。平仮名の方が画数が少なく、書くに楽《らく》なことはさもあろう。しかし「だから物語文学が生じなかった」というなら、それは書くのを諦《あきら》めるほどの障碍《しょうがい》となるのか、と聞き返したい。書きたいという強い欲求が存在し、書きたくて・読ませたくて仕方《しかた》なかったのなら、筆記するさいの画数の多さなどさしたる問題にはなるまい。

以上のことからすると、平安後期いわゆる国風《こくふう》文化期に物語文学が盛行《せいこう》する理由は、平仮名表記の成立とかならずしも連動すべきものでない。それまでに物語を書く技術はあったが、書こうという意欲がなかった。または作られていたが、たとえば口承《こうしょう》文学であって書記《しょき》されないままに消滅した。あるいは中国文学の導入・消化に専念しすぎていて、自国の物語まで気《き》が回《まわ》らなかった。つまり唐絵《からえ》の技法に習熟できた段階で、日本の風景を描けばそこに大和《やまと》絵が生ずる。それのように、中国文学に憧憬《しょうけい》し、それを血肉《ちにく》とするなかで、我が身《み》の廻《まわ》りのことを題材に書きはじめたのが物語文学となっていった、とか。

しかし、これまでは国風文化以前に物語文学が生じていなかったかのようにあえて述べてきたが、平安前期にも『伊勢《いせ》物語』（九世紀末から十世紀半ばに成立）・『竹取《たけとり》物語』（九世紀末の成立か）・『大和《やまと》物語』（十世紀半ばの成立）・『平中《へいちゅう》物語』（十世紀中葉の成立）・『宇津保《うつぼ》物語』（十世紀第四四半期ごろの成立）・『落窪《おちくぼ》物語』（十世紀末の成立）・『篁《たかむら》物語』（平安末期の成立）がある。だから、そもそも物語は平安後期つまり国風文化ならではの文学ともいえない。

となれば、結論はこうだ。要《よう》は、平安後期になると優秀な人材が出て、秀逸《しゅういつ》な物語作品ができた。

それにつきるのであって、そうした作品が評価される社会的な場つまり宮廷サロンのようなものが競《きそ》い合《あ》いながらしかも継続的に生じていたことが大きい。現代でもそうだが、プロ野球球団が高額な給与で人材を求めれば、身体能力が高く運動神経の良い人がそこを目指《めざ》して鍛錬《たんれん》し、優《すぐ》れた人材が集まる。ついでプロ蹴球《サッカー》団体であるJリーグが結成されて高額報酬で人材を募《つの》れば、そこにそれに応じられる能力のある人が自然に寄っていく。そういう力のある者が出現するあるいは優秀な人材が掘り出される前提として、能力の高い人が目指《めざ》し集まって活躍できる場がそこに作られているかどうか、それが人々の才能をどこでどう開花させるかを決めているのである。

漢字の音読みは、反切法でどうすれば会得できるのか

むずかしい質問に遭遇《そうぐう》してしまった。ある特定の漢字を音読《おんよ》みしようとするとき、私たちは反《はん》とか切《せつ》とか書かれている字をもとにしてその発音を推測する。たとえば日本において僊《せん》という字（発音を知りたいもともとの字を帰字《きじ》という）の発音を出したいときは「相然の切」と記されているので、上字s-ouの子音sと下字n-enの子音《しいん》以外を組み合わせたs＋enつまりセンとなる。この方法で唐《とう》の読みは「徒郎の反」だからd-oとl-aŋの帰字《きじ》の発音はd+aŋで、日本ではt-o／l-ouのtとouとでトウを得る。反切法《はんせつほう》は例とする字音に配慮が必要だが、便利な発音指南《しなん》である。

このていどの説明で済むならよいのだが、質問の内容は「西洋との交渉もなくローマ字など知られていない時代なのに、どうやってこの子音＋母音《ぼいん》を組み合わせられるのか」というのである。反切は中国の南北朝時代にすでにあったと見られるが、その当時にローマ字表記が普及していたはずもない。それは古代日本も同じである。ではどうやって、反切によって帰字の発音を会得《えとく》できたのか、という疑問である。

もとより筆者にこうしたことの知識があるはずもないので、中村雅之《まさゆき》氏「古代反切の口唱法《こうしょうほう》」（「KOTONOHA」十号）に則して、筆者の理解し得た範囲で説明していくこととしよう。

結論からいうと、やり方はどう想定するにしても、反切法で字音を知るには口で唱《とな》えて発音を学び取るほか術《すべ》はない。二つの反切字音を口にしながら、帰字の発音を会得するのだ。ローマ字は知らな

いし、中国で発音記号が発明されてないのだから、自分の口で声に出して唱えつつ、自分の耳でその変化したさまを聞き取って会得するほか考えがたい。ともかく当時の人たちは、反切が書かれていればそれができたのであるから。

ではどのようにして、自分で帰字の発音を造り出せたのか。その方法は、二つ想定される。

第一の方法は縮合式口唱法と名付けられており、じっさいにはこうなる。

上字と下字の音を密接に続けて発音する。それを繰り返すなかで、上字の韻母《いんぼ》にあたる部分と下字の声母《せいぼ》にあたる部分の音を緩《ゆる》めていき、そのうち間の音を外《はず》していって一音節に約《つづ》めていく。この方法は宋代《そうだい》以降にさかんに用いられるようになり、とくに清代には韻尾《いんび》を持たない上字と声母のない下字を組み合わせて反切の二字の接合をなるべく容易にすべく工夫している。すなわちじっさいにそうやっていたから、より接合しやすい方法を工夫しようとしたわけである。

第二の方法は、中村氏が声母代入式《だいにゅうしき》口唱法（双声法）と名付けている。東を帰字《きじ》として、その反切《はんせつ》が徳紅である場合を例とする。この説明には発音記号を用《もち》いてその変化の過程を示しておくが、古代中国・日本の人たちは結論に記した通り繰り返し口で唱えることで変化させるのである。徳紅の現代中国音は「tak-ɦuŋ」であるが、これを繰り返し唱えることで下字の声母を同じにした「tak-tuŋ」の字音を造り出す。この下字が東の発音になっている、というものである。自分で試みても、それなりにできる。反切の二字を繰り返し唱えて約《つづ》めていくよりは、字音を得やすい方法である。

この方法は唐代《とうだい》以前からある反切法であり、その淵源《えんげん》は南北朝時代に反語《ほんご》を造り出すためにまず双声にし、ついで畳韻語を造っていた。そのやり方が応用されたものだ、という。

具体的にいうと灼良から反語の章略をつくる過程は、「灼良 tɕiak-liaŋ」から上字の声母《せいぼ》を下字に代《だい》入《にゅう》して「tɕiak-tɕiaŋ」と上下とも等しい双声語《そうせいご》を造り、ついで下字の韻《いん》を「tɕiak-liak」と揃《そろ》える。この結果得られた「tɕiaŋ + liak」で章略を得る。このうちの上字によって下字の音を替《か》える方法が、反切に応用されたという次第《しだい》である。もちろんこれも発音記号などないのだから、口唱法によって口と耳で変化させて造り出したのである。

ほかに、表音文字であるサンスクリッド語（梵語《ぼんご》）の仏典に触れたことで創出されたと推測する説もある。しかしこの説は支持できないようだ。というのは、反切法は梵字《ぼんじ》研究の隆盛前に成立しており、時期が異なる。もしもつとに研究の隆盛期前から僧侶が開発してはじめていたとするなら、反切法の普及は僧侶界が中心になるはずだが、そうした事実はない。また何より、梵字で反切を示した反切の例が見当たらない。この梵字の影響という因果関係は想像の域を出ないようだ。

武士は、貴族が武装してはじまったものだったんだって

平安中期、公地公民制《こうちこうみん》が解体して貴族は国家支配を十分に貫《つらぬ》けなくなり、とくに都から離れた遠隔地域が大きな社会不安に陥《おちい》った。治安《ちあん》が悪化する状態のなかで、国衙《こくが》の名《みょう》・荘園の名《みょう》を基盤《きばん》として有力農民が成長し、彼らが周囲の敵または国家権力と争いながら自発的に武装《ぶそう》し、地域の有力者がその軍事力を組織して武士団を形成する。かれらは自衛にとどまらず自己本位に反社会的行動をすることもあり、天慶《てんぎょう》二年（九三九）の天慶の乱では平将門《たいらのまさかど》を担《かつ》いでその潜在的《せんざいてき》な力量を発揮《はっき》してみせた。ただこのときには階級的な自覚がなくて結束できず、貴族政権や国衙《こくが》側につく武士と反国家・独立勢力として活動する武士にわかれて同士討ちを繰り返してしまった。やがて彼らは宮廷に積極的に取り入り、天皇・貴族も寺院勢力や瀬戸内海の海賊などの地方争乱を抑《おさ》えるために彼らの武力を活用した。たしかに都の付近では、武力が発揮される場がたくさんあった。それでも当初の武士は身分も低く、貴族の意《い》のままに使われる飼《か》い犬・持《も》ち駒《ごま》にすぎなかった。それが保元《ほうげん》元年（一一五六）の保元《ほうげん》の乱・平治《へいじ》元年（一一五九）の平治《へいじ》の乱において、ついに貴族政権の帰趨《きすう》を決定する力を発揮することとなった。そこから平氏一門が摂関家《せっかんけ》や院政《いんせい》すら押さえ込む事態に発展し、武士が政界を牛耳《ぎゅうじ》る前例を開いた。さらに源頼朝《みなもとのよりとも》の開いた鎌倉幕府によって時代の主役となっていった。武士の成立から政権奪取までの経緯《けいい》をおおむねこのように理解してきた。

つまり、貴族と対立するものとして武士が存在し、下位《かい》の武士がやがて貴族の力を凌駕《りょうが》する。あ

源氏系図

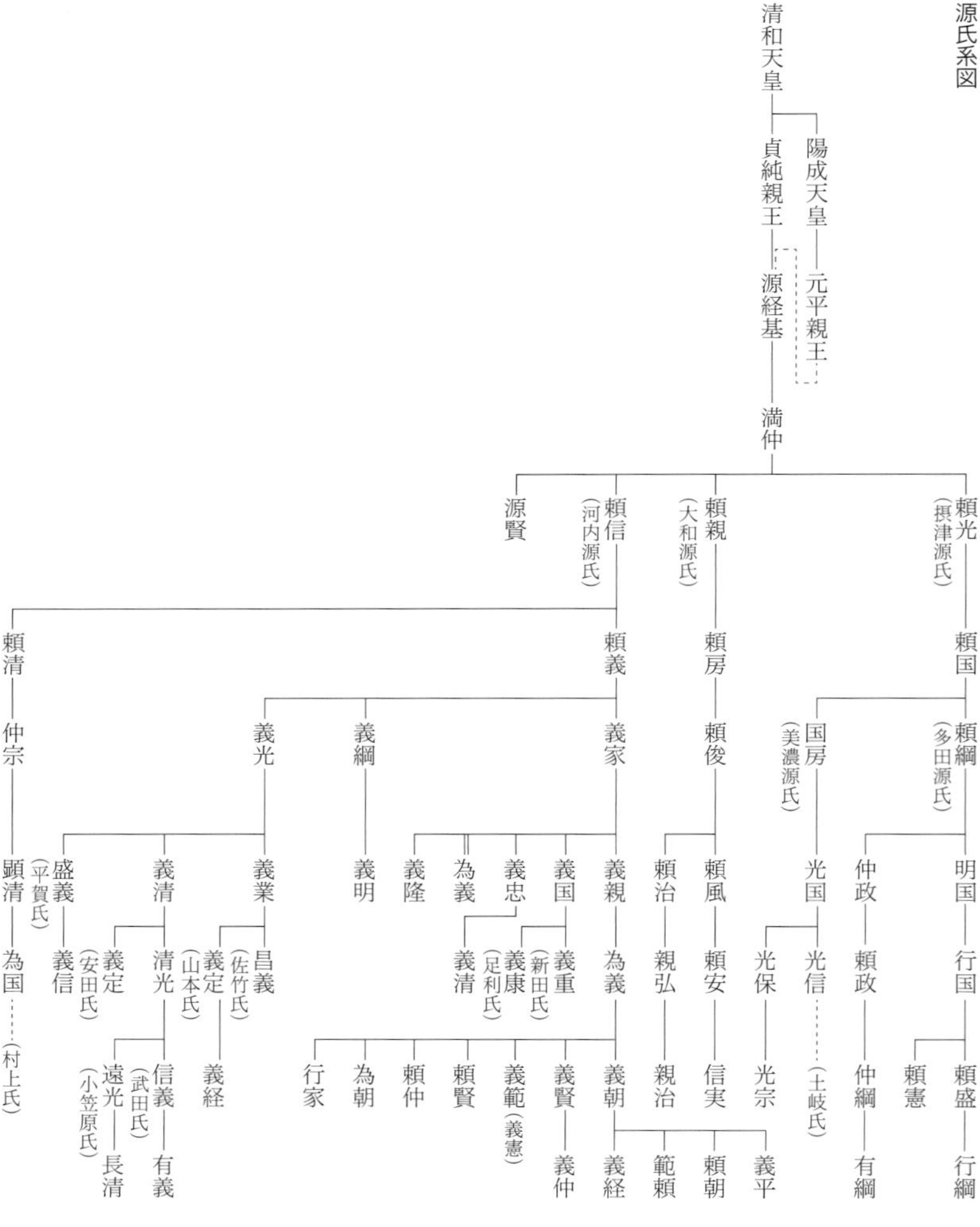
清和天皇
陽成天皇
元平親王
貞純親王
源経基
満仲
頼光（摂津源氏）
頼親（大和源氏）
頼信（河内源氏）
源賢
頼国
頼綱（多田源氏）
国房（美濃源氏）
明国
行国
頼盛
行綱
頼憲
仲政
頼政
仲綱
有綱
光国
光信
（土岐氏）
光保
光宗
頼房
頼俊
頼風
頼安
信実
頼治
親弘
親治
頼義
義家
義親
為義
義朝
義平
頼朝
範頼
義経
義賢
義仲
義範（義憲）
頼賢
頼仲
為朝
行家
義国
義重（新田氏）
義康（足利氏）
義忠
義清
為義
義隆
義綱
義明
義光
義業
昌義（佐竹氏）
義定（山本氏）
義経
義清
清光
信義（武田氏）
有義
遠光（小笠原氏）
長清
義定（安田氏）
盛義（平賀氏）
義信
頼清
仲宗
顕清
為国
（村上氏）

るいは地方の混乱に乗じて武装《ぶそう》してときには荒《あら》くれ者とも呼ばれようとまた反社会的な勢力ともいわれようと地元《じもと》に独自の実力支配を打《う》ち樹《た》てて集団的武力を蓄《たくわ》えて台頭《たいとう》してきた武士が、都にいて政権を握っていた貴族を包囲して押さえ込み、ついに彼らに打《う》ち克《か》って武士を国家の頂点とするあたらしい社会を造り上げた。そういうのが時代の趨勢《すうせい》・流れだった、と諒解《りょうかい》してきた。貴族と武士は対立概念で捉《とら》えられ、武士が階級闘争を勝ち上がった。そういう構図《こうず》で考えられた。マルクス主義的な階《かい》級闘争史《きゅうとうそうし》観《かん》が、その先見《せんけん》的に存在した論理が、時代の境目《さかいめ》をそのように描《えが》かせたのである。

しかし事実は、そうでなかった。元木《もとき》泰雄《やすお》氏著『河内《かわち》源氏』（中公新書）によれば、武士になったのは五位以上の位階を帯《お》びた貴族本人だったのだ。

清和《せいわ》源氏の嫡系《ちゃくけい》で見れば、将門《まさかど》の乱討伐の征東《せいとう》副将軍となった経基《つねもと》は従五位下で武蔵介《むさしのすけ》・大宰権《だざいごんの》少弐《しょうに》など、安和《あんな》の変で陰謀を密告した満仲《みつなか》は正五位下で越前《えちぜん》・摂津《せっつ》・武蔵《むさし》・常陸《ひたち》の国守や左馬《さま》権頭《ごんのかみ》など、平忠常追討使《ただつねついとうし》として名を挙《あ》げた頼信《よりのぶ》は美濃《みの》・甲斐《かい》・石見《いわみ》・伊勢《いせ》・常陸《ひたち》の国守など、前《ぜん》九年の役《えき》を制《せい》した頼義《よりよし》は相模《さがみ》・武蔵・下野《しもつけ》の国守や鎮守府《ちんじゅふ》将軍など、後《ご》三年の役を私闘《しとう》と認定された義家《よしいえ》は正四位下で河内《かわち》・相模《さがみ》・武蔵・信濃《しなの》・出羽《でわ》・下野《しもつけ》・伊予《いよ》・陸奥《むつ》の国守や左馬権頭など、追討されたものの義親《よしちか》も従五位上・対馬《つしま》守、保元の乱で斬首された為義《ためよし》は従五位下で左衛門尉《さえもんのじょう》・検非違使《けびいし》、義朝《よしとも》は平治《へいじ》の乱以前に正五位下で下野《しもつけ》守・左馬頭《さまのかみ》など、をそれぞれ歴任《れきにん》していた。その上で、院や摂関家との間に主従関係を取り結んでいた。貴族の周辺にいる卑賤《ひせん》な従者である「さぶらひ（侍）」などではなく、従者となっている武士本人もれっきとした貴族の一員だったのである。これは嫡流の特殊性とかいう話でない。義家の孫で為義の従兄弟《いとこ》にあたる足利義康《あしかがよしやす》は、鳥羽《とば》上皇の建立《こんりゅう》した安楽寿院《あんらくじゅいん》が所有する下野《しもつけ》国足利荘の下司職《げししき》（荘官）を務《つと》めていたが、都にあっては院の北面《ほくめん》の武士《ぶし》であって、左衛門尉・検非違使から陸奥守にもなっている。藤原秀郷《ひでさと》の後裔《こうえい》にあたり三浦《みうら》氏と勢力を競《きそ》っていた相模国在庁官人の波多野《はたの》遠義《とおよし》も従五位下の貴族で、崇徳《すとく》天皇の蔵人所衆《くろうどころしゅう》でもあった。また頼光《よりみつ》の後裔である美濃源氏の源光保《みつやす》は、位階の上では清和《せいわ》源氏の正嫡《せいちゃく》だった義朝《よしとも》より四階も高い正四位下であった。武士は貴族。その一門も五位・六位のあたりにいる貴族か貴族予備軍だったのである。つまり武士は貴族が時代に応じて武装したものであり、そもそも貴族と対立する存在でなかった。

もっとも貴族が武装しさえすれば兵（つわもの）と呼ばれるわけではなく、関幸彦氏（「都大路の暗殺者たち」『武士の原像』所収、PHP研究所）によれば反乱や海賊などの追捕使《ついぶし》・追討使《ついとうし》を務《つと》めたり鎮《ちん》守府《じゅふ》将軍《しょうぐん》などにしばしば就《つ》いて、武力に携《たずさ》わる家柄《いえがら》と認められて、はじめて兵の家とみなされた。その一門の人たちは武装して武士となるが、彼らの長は摂関家《せっかんけ》と主従関係を結んで衛門府《えもんふ》などの武官や国司などに推挙《すいきょ》され、一族も国守の目代《もくだい》（職務代行者）や六位ていどの介・椽・目など国司のうちの任用《にんよう》国司といわれる役職、または地方に赴《おもむ》く国司（受領《ずりょう》国司《こくし》）の郎従《ろうじゅう》などになる。しかし武士の長はいずれも都との間を行《ゆ》き来《き》し、五位以上のいわゆる貴族の身分を維持《いじ》する。貴族としての権威をもとにして各地の土着勢力を郎従などの配下に組み込むが、基本的には軍事貴族となった彼らがそのまま武者《むしゃ》となる。みんなを纏《まと》めるための象徴的存在として頂点に立って武士たちを率《ひき》いるというお飾《かざ》りではなく、彼ら自体が戦場に赴いて騎馬《きば》に乗って武士としてじかに戦闘する。名主《みょうしゅ》が育っていって武士に成り上がったのではなく、貴族本人が戦場の最前線で命を懸《か》けて戦っていたのである。

古代史の常識では、貴族にまでなったのなら、他者《たしゃ》に命《めい》じて武力を行使させる。実力行使など、みずから手を染《そ》めることでない。そう思うところだ。なぜなら貴族といえるのは五五〇万人中のせいぜい一六〇人ほどであり、爪《つめ》の先《さき》いや毛の先ほどの人数しかいないエリート（特権階層）である。その彼らが命《いのちが》懸けの戦闘に従《じゅう》事《じ》するなど考えがたい。それがこうなったのは、おそらく平安時代に貴族の数が増え過ぎ、五位以上だから「特権階層にいる」などともはや自覚できなかった。政権中枢には高度に固定化したエリート集団が別に存在していて、五位の貴族層にいることで社会の特権階層にいるとの自《じ》覚《かく》など持てなくなっていた。そういうことであろう。

また系図は、概《がい》して信用できないとの思いもあった。明治四年（一八七一）八月明治政府は臣民に苗《みょう》字《じ》（名字）の登録を義務づけ、明治八年二月には「自今《いまより》必ず苗字相唱《あいとな》え申すべし」と命じた。これによって地名や通称を名乗る者もいたが、藩主《はんしゅ》の名やあこがれていた名を称した者も多かった。数世代経《た》つとその由来が忘れられ、現有の苗字からじかに祖先探しをはじめる人たちが出る。江戸時代には盛行《せいこう》していたが、本人の望みに応じて著名な一族の系図に自分の家を結びつける商売があった。その偽系図《にせけいず》をもとに、一般の人たちが「自分は藤原氏の末裔《まつえい》である」と言い出す。系図を繋《つな》げるなどたやすく、五人の子がいる系図に「従来知られていなかった」六人目を付《つ》け足《た》し、ご落胤《らくいん》だったとすればいい。ご落胤とはいいところのお坊ちゃん・お嬢さんの意味などでなく、系図に載《の》せられないほど生母《せいぼ》が卑《ひ》姓《せい》なので「後胤《こういん》系図から落と」したという意味だったが。ともあれ偽の系図作りなど雑作《ぞうさ》もない。それと同じに考えて、源氏の出・藤原氏の出《で》というのも眉唾《まゆつば》ものと見《み》做《な》してきた。

しかしどうやらそれらと同様ではなかったようだ。武士はそもそも貴族世界のなかに生じたもので、同格の貴族が作った武装集団がみなもとであった。そういうことであるらしい。

源為義・義朝父子は、保元の乱でどうして敵味方となったのか

関ヶ《せきが》原《はら》合戦のさい、真田《さなだ》昌幸《まさゆき》は子・信繁《のぶしげ》（幸村）とともに西軍・石田《いしだ》三成《みつなり》に与《くみ》し、子の信幸《のぶゆき》（のち信之）は東軍・徳川家康《とくがわいえやす》方についた。信幸は家康方の重臣である本多忠勝《ただかつ》の娘・於子亥《おねい》（稲姫・小松殿）を家康（秀忠とも）の養女として娶《めと》っており、徳川家の娘婿《むすめむこ》となっていた。そうした姻戚《いんせき》関係も理由とされたろうが、どちらが勝つか分からないときに両者に分かれて味方し、勝敗がどうなろうとも一族が絶《た》えてしまわないよう図《はか》る。そうした行動は、乱世ならふつうに働く知恵である。その後《のち》信幸は自分の恩賞を返上《へんじょう》して父と弟の助命《じょめい》を願い、それを認めさせた。つまり二手《ふたて》に別れたことは、真田家として大成功であった。そうした知恵のあらわれとして、保元《ほうげん》の乱の為義《ためよし》と義朝《よしとも》の背反した去就《きょしゅう》を看《み》取《と》る向きもあるのではないか。

だが、そうならそれはまったくの見当違《けんとうちが》いである。元木《もとき》泰雄《やすお》氏著『河内源氏』（中公新書）によれば、これには摂関家《せっかんけ》と院とのいずれの政治勢力につくかを選んできた長い過程があり、その結果だという。

保延《ほうえん》六年（一一四〇）時《じ》点《てん》で、義朝は東国に赴き、三《み》浦義明《うらよしあき》の娘婿となって義平《よしひら》を儲《もう》けている。つまり東国に拠点を築き、定着していた。翌年に大庭御厨《おおばのみくりや》で紛争を生《しょう》じたさいも「字《あざな》、上総曹司《かずさのそうじ》」と称せられており、中央官司の職務を帯《お》びていない。これに対して弟の義賢《よしかた》は東宮《とうぐう》・体仁《なりひと》親王（のちの近衛天皇）の側近として帯刀先生《たてわきせんじょう》（皇太子を警固《けいご》する帯刀舎人《たちはきのとねり》を指揮する官職）の職務にいて、中央政界

で光り輝いている。ようするに義朝《よしとも》は保元の乱より十四年も前の時点で廃嫡《はいちゃく》されていて、河内《かわち》源氏・為義《ためよし》の正嫡《せいちゃく》は義賢《よしかた》に移っていたのである。

もともと為義はかなり未熟でかつ粗暴《そぼう》な人であった。永久《えいきゅう》二年（一一一四）河内源氏の傍流《ぼうりゅう》・源行《ゆき》遠《とお》の郎従《ろうじゅう》を殺害した犯人を自宅に匿《かくま》い、堀河《ほりかわ》天皇御願寺《ぎょがんじ》・尊勝《そんしょう》寺の年貢を強奪《ごうだつ》した集団の一人・公《きみ》政《まさ》を庇《かば》って検非違使《けびいし》からの召喚《しょうかん》を拒んだ。為義の郎等《ろうとう》・家綱《いえつな》が下野《しもつけ》国司から税物強奪《ぜいもつごうだつ》で訴えられても、「わが郎等《ろうとう》にあらず」といって解決に応じない。また太政大臣藤原信長の後家《ごけ》からも、為義の二人の郎従を追い払うよう求められていた。大治四年（一一二九）には鳥羽院《とばいん》の寵僧・長円を殺害した犯人の一味である僧・信実《しんじつ》を匿《かくま》い、院から叱責《しっせき》されている。保延元年（一一三五）に瀬戸内海の海賊追討使を選ぶ席で鳥羽院は「為義を派遣すれば、途次《とじ》の諸国が滅亡してしまう」といい、兵粮《ひょうろう》・兵士などを強引に徴発して諸国を疲弊《ひへい》させるだろうことを懸念《けねん》した、という話まである。もはや鳥羽院への取り入りはむずかしく、軍事貴族が多く登庸《とうよう》されてきた受領《ずりょう》国司になることすらできなかった。その窮状《きゅうじょう》のなかで院にかわる庇護者《ひごしゃ》を探して、摂関家《せっかんけ》の重鎮《じゅうちん》である藤原忠実《ただざね》に近づいていった。

忠実は摂関家の主として、応徳《おうとく》三年（一〇八六）に成立していた白河《しらかわ》上皇の院政を警戒し上皇との距離の取り方に苦労した。たとえば白河《しらかわ》院は忠実の娘・泰子《やすこ》を鳥羽《とば》天皇の後宮《こうきゅう》に入内《じゅだい》させるよう求めたが、忠実はこれを辞退。しかし鳥羽《とば》天皇から再度求められると断り切れずに受諾《じゅだく》した。このために白河院の怒りを買い、保安元年（一一二〇）十一月に忠実の内覧《ないらん》が停止された。翌年一月に形式的に復活させたのち、三月に子・忠通《ただみち》が関白・氏長者《うじのちょうじゃ》となり、忠実は宇治に隠居させられた。白河院が死没して鳥羽院の院政がはじまると、長承元年（一一三二）忠実は関白の実務内容である内覧《ないらん》の院宣《いんぜん》を受けて政界に復帰する。白河院に擦《す》り寄《よ》った関白忠通を忌避《きひ》してついには義絶《ぎぜつ》し、仁平《にんぴょう》元年（一一五一）忠通の弟・頼長《よりなが》に氏長者《うじのちょうじゃ》と内覧の権利を譲った。しかし久寿《きゅうじゅ》二年（一一五五）に近衛《このえ》天皇が死没し、それが忠実と頼長の呪詛《じゅそ》だとする噂が流れると、鳥羽院から嫌われて権力を一気に失った。それまで揺るぎない権勢を保ってきた摂関家だったが、あたらしい政治主体として姿をあらわした院の言動にはげしく翻弄《ほんろう》されつづけたのである。

忠実から見れば、為義は白河院の近臣《きんしん》である藤原忠清《ただきよ》の娘を娶《めと》って、義朝を産んだ人物。白河院との関係が深い。為義・義朝ごと嫌っておかしくない。そうであるのに為義を近づけた理由は、財力の一本化に努めてきた結果として集積した莫大《ばくだい》な摂関家領荘園の管理が必要になったかららしい。これらの荘園を管理するための預所《あずかりどころ》・下司《げし》などの荘官職を武力を持った者たちに委《ゆだ》ねたい。荘園のある現地では、新規開墾地の存否や納税額をめぐって国衙《こくが》から派遣された検田使《けんでんし》との間に紛争が多く、放置しておけば法外な収奪にさらされることもあった。そこで国衙と対峙《たいじ》できる、武力を持った現地管理人が必要だったのである。たとえば康治二年（一一四三）には義賢が能登荘《のとのしょう》を委ねられたのは、その一つである。また忠実の懸案だったのは興福寺の動静で、院の人事介入《じんじ》に反発した僧たちが事件を起こし、そのために氏長者《うじのちょうじゃ》である摂関家がその責任を問われてしばしば窮地《きゅうち》に陥《おちい》っていた。

為義は保延二年（一一三六）ごろ忠実に臣従《しんじゅう》して必要に応じて用を務《つと》め、康治二年に忠実の子・頼長と主従関係を取り結んだ。忠実の家人《けにん》である源頼盛《よりもり》・源惟正《これまさ》間の私闘を鎮《しず》め、忠通の義絶《ぎぜつ》にさいしては忠通から東三条殿《ひがしさんじょうでん》や御倉町《みくらちょう》を接収する仕事を警衛《けいえい》し、頼長の嫡子・兼長《かねなが》が春日祭上卿《かすがさいのしょうけい》を務めると華麗《かれい》に着飾《きかざ》って随行《ずいこう》したりした。ついでながら『台記《だいき》』（頼長の日記）によれば、義賢は頼長の男《だん》色《しょく》の相手も務めた、という。為義らは忠実・頼長父子と強く結びつき、この姿勢は保元の乱まで一貫していた。

これに対し嫡子だった義朝は、父・兄弟の間で孤立《こりつ》していた。父から廃嫡《はいちゃく》されただけでなく、弟たちも義朝一家を毛嫌《けぎら》いした。『保元物語《ほうげんものがたり》』によれば、頼仲《よりなか》は「義朝は狭量《きょうりょう》で自分だけの栄達《えいたつ》を遂《と》げようとする」と評している。一族残存や家のために泣く泣く敵味方に分かれた、という悲話などでなかった。

なぜ廃嫡されたのか。その経緯は明らかでない。義朝もはじめは為義とともに忠実に仕え、摂関家領荘園の管理にあたっていた。関東地方に下向《げこう》して鎌倉に拠点を築いたのも、そもそもはそうした仕事を果たすためだったろう。白河・鳥羽両院や摂関家の忠実・忠通らの権威をちらつかせながら、東国武士間の利害を調整してそれぞれとの関係を取り結んでいった。相模国高座郡《こうざぐん》の大庭御厨《おおばのみくりや》をめぐり国衙《こくが》側にたって大庭《おおば》氏を二度も攻撃したのは、院の意向に添《そ》ったもの。また千葉常重《つねしげ》から御厨《みくりや》を奪おうとしていた下総守《しもうさ》・藤原親通《ちかみち》の動きを制止《せいし》したのは、摂関家の意向を承《う》けたもの。ようするに、両方の顔を立てながら、その手足となって働いた。しかし中央政界で院と摂関家が争い、摂関家が分解して力を殺《そ》がれはじめると、義朝は為義らと袂《たもと》を別《わ》かち、摂関家主流を見限《みかぎ》っていく。鳥羽院の寵姫・美福門院に荘園を寄進して接近し、美福門院の養女・藤原呈子（九条院）の雑仕女《ぞうしめ》・常葉《ときわ》（常盤御前）を娶《めと》った。美福門院との関係強化は、すなわち摂関家主流の大殿《おおとの》・忠実と頼長を敵に回すことであり、鳥羽院に取り入ることに肚《はら》を決めた。そんなとき、久寿二年（一一五五）義朝は関東南部から関東北部に勢力を拡《ひろ》げようと、下野守《しもつけ》となった。これに対抗するため弟・義賢は京から上野《こうづけ》・多胡《たご》

（高崎市）に赴いて北関東を固めさにらに武蔵の豪族・秩父《ちちぶ》重隆《しげたか》の娘婿となって武蔵国に拠点を築こうとした。この動きに対し、義朝の子・義平《よしひら》は比企郡《ひきぐん》の大蔵館《おおくらのたて》（比企郡嵐山町）を襲撃し、重隆・義賢を討ち取ってしまった（大蔵合戦）。もはや河内源氏宗家《そうけ》の決裂と武力対決は、だれにも止められなくなっていた。

この啀《いが》み合いの最終決着が都で図《はか》られた。それが保元の乱の分裂行動だった、というわけである。

木曽義仲は、後白河院にとって助けの神じゃなかったのか

治承《じしょう》元年（一一七七）六月一日、鹿《しし》ヶ谷《たに》での謀議《ぼうぎ》が発覚《はっかく》し、多数の捕縛者《ほばくしゃ》を出す事件となった。もともと後白河《ごしらかわ》天皇（後白河院）は、保元《ほうげん》元年（一一五六）七月に起きた保元の乱で平清盛《たいらのきよもり》軍を主力とする武士団に助けられて崇徳《すとく》上皇・藤原頼長《よりなが》を倒したのだし、つづく平治《へいじ》元年（一一五九）十二月の平治の乱でも源義朝《よしとも》・藤原信頼《のぶより》のクーデタを制《せい》して危急を救ってくれたのは清盛だった。廷内で清盛の評価が高まるのは当然で、ややおだて過ぎとは思うものの、軍事貴族（武士）出身者としては異例の太政大臣《だいじょうだいじん》にまで上《のぼ》せたのもこれまでの勲功《くんこう》やこれからの期待値からすれば相応《そうおう》の待遇ともいえた。

だが清盛は、当時の皇室内で本命《ほんめい》政権と目《もく》されていた二条天皇が親政するのを支持しており、旧来通りの院政《いんせい》復活を志す後白河上皇とはもともと溝があった。したがって永万《えいまん》元年（一一六五）八月の二条天皇の死没により、後白河院が政界の中心となったものの、かならずしも同心《どうしん》していなかった。承安《じょうあん》元年（一一七一）十二月に清盛は娘・平徳子《とくこ》を高倉《たかくら》天皇の後宮《こうきゅう》に入内《じゅだい》させ、婿となった高倉天皇を擁《よう》した。高倉天皇の即位つまり六条《ろくじょう》天皇の退位は、後白河院とたまたま利害が一致して共同戦線をはったものの、やがては高倉天皇と徳子との間の子に生まれる皇子を擁して天皇親政を実現させるつもりだったろう。隙を生じはじめた平氏一門に対する後白河院側からの攻勢が、鹿ヶ谷の謀議である。院の近臣《きんしん》の権大納言《ごんだいなごん》・藤原成親《なりちか》と弟の西光《さいこう》（藤原師光《もろみつ》）や法勝寺《ほっしょうじ》執行《しぎょう》・俊寛僧都《しゅんかんそうず》などが俊寛の

東山山荘《ひがしやま》で、平氏打倒の密議を巡《めぐ》らした、という。

打倒計画は清盛に未然《みぜん》に制圧されたものの、権力の行方《ゆくえ》を巡る後白河院との確執《かくしつ》は、その意思があからさまになったことでかえって止《と》めがたくなった。治承三年（一一七九）十一月十四日、清盛は兵数千を率いて福原から上京。翌日に関白《かんぱく》・藤原基房《もとふさ》の解任を奏請《そうせい》し、清盛の娘・盛子《もりこ》（白川殿）の義理の子で、清盛の娘・寛子《かんし》の婿でもある藤原基通《もとみち》を代わりに関白に任じさせた。十七日には太政大臣・藤原師長《もろなが》や後白河院の近臣三十九人の官職を停止させ、師長は尾張《おわり》に流された。さらにその三日後には後白河院を鳥羽殿《とばどの》に幽閉し、院政を軍事力で完全に封殺《ふうさつ》してしまった。

清盛の強攻策はとりあえず成功し、徳子の子で三歳（実質一歳半）となった安徳《あんとく》天皇を即位させ、高倉上皇に形ばかりの院政をさせ、政界の目先の混乱は鎮《しず》められた。だが、思わぬところから反抗の火の手があがった。それが治承四年五月の以仁王《もちひとおう》の挙兵である。後白河上皇の第二子でありながら親王宣下《せんげ》すら受けられず、二条天皇・六条天皇・高倉天皇と皇位が渡っていくのを見送ってきた。その不満を爆発させたのが、源頼政《よりまさ》や興福寺《こうふく》・園城《おんじょう》寺の僧兵らと語らっての反平氏の軍乱だった。平氏政権のもとで呻吟《しんぎん》している源氏勢力の決起に望みを託《たく》し、この状況を覆《くつが》そうと諸国に以仁王の令旨《りょうじ》（命令書）を配布した。うまくいけば平氏政権と互角《ごかく》に対峙《たいじ》し、地方から宮廷を包囲する。そういう構想だったが、反乱計画ははやばや漏《も》れ、以仁王・頼政ともさし当たっての追手《おって》すら振り切れずに全滅した。

ところが各地の源氏勢力に届けられた以仁王の令旨《りょうじ》は、結果として源氏の各家の人たちを決起させることとなった。以仁王が呼びかけた内容に同意・同調して立ち上がったのではなく、以仁王の令旨を見てしまったことで、「それに呼応《こおう》するのではないか」と平氏に与《くみ》する周囲の人たちが自分を疑うからである。その疑念は討伐・暗殺の理由になりかねない。「それならば、座《ざ》して死を待つより」という気持ちになる。そしてまずは令旨を持ち回った源行家《ゆきいえ》が、八月半ばに伊豆《いず》で源頼朝《よりとも》が、九月はじめに信濃《しなの》の木曽義仲《よしなか》・甲斐の武田信義《のぶよし》が、つぎつぎ決起していった。この連鎖《れんさ》反応は偶然でなく、決起しないでいても「どうせ彼らのように決起するだろう」と疑われ、黙っていれば殺されること必《ひっ》定《じょう》となったことで促進されたのであった。

全国的な源氏勢力の蜂起《ほうき》。この混乱の収拾《しゅうしゅう》に本腰で取り組む直前の治承四年十二月、清盛は後白河院の幽閉《ゆうへい》を解《と》いた上で院政の復活を奏請《そうせい》した。後白河院との対立を緩和して院・貴族・寺院間の分断状況を修復し、後顧《こうこ》の憂《うれ》いを除いて中央政権内の結束をはかるつもりだったろう。だが後白河院政の再開そうそう、養和《ようわ》元年（一一八二）閏二月に清盛が死没した。平氏の総帥《そうすい》は平宗盛《むねもり》となったが、憤怒に燃え策謀に飢《う》えている後白河院の動きを抑《おさ》えられる人などもはやどこにもいなかった。

清盛の軍事力によって政治活動を停止され、自由を奪われて一室に押し込められた。その恨《うら》みの深さを考えれば、木曽義仲の都に向けた快進撃は助けの神の到来であり、あたふたと都を去って行く平家一門の喧噪《けんそう》は悪魔が退散《たいさん》する足音《あしおと》と聞こえたろう。

たしかに源頼朝はいち早く挙兵していたが、都に上《のぼ》り平氏を追い出して後白河院のもとに伺候《しこう》する気配《けはい》がない。石橋山《いしばしやま》の戦いで敗《やぶ》れてから房総半島で態勢を立て直して、治承四年十月初めに鎌倉に入ったものの、そのまま動かない。十月末に平氏側が征討のために送り込んだ平維盛《これもり》軍を富士川《ふじかわ》の合戦で斥《しりぞ》けたのだから、追走してそのまま上京すればよいものを。追い払っただけで、あいかわらず関東地域の武士団の糾合に留《とど》まり、背後の佐竹氏・奥州《おうしゅう》藤原氏の動きを気にしている。

その点、木曽義仲《きそよしなか》の進軍は見事《みごと》である。当初こそ父・義賢《よしたか》の地盤としていた上野国《こうづけ》に進もうとしたが、頼朝との勢力争いを避けて信濃《しなの》に戻った。平家方の越後《えちご》・城長茂《じょうながもち》（資永《すけなが》・資職《すけもと》とも）軍を千曲川《ちくまがわ》畔の横田河原《よこたがわら》（長野市篠ノ井）に、都から送られてきた平通盛《みちもり》軍を越前《えちぜん》・水津《すいつ》（敦賀市）に邀《むか》え撃ち、北陸道を制圧。かねて乳父《めのと》・藤原重秀《しげひで》（讃岐前司《さぬきのぜんじ》）が連れて落ち延《の》びていた以仁王《もちひとおう》の遺児・北陸宮《ほくろくのみや》を擁《よう》し、寿永《じゅえい》二年（一一八三）六月平維盛《これもり》・通盛率いる一〇万の大軍を越中《えっちゅう》・倶利伽羅《くりから》峠の戦い（砺波《となみ》山合戦）で撃破し、勢いをつけて都になだれ込んだ。後白河院を押さえつけ、栄華をほしいままにしてきた平氏一門。その家々は空《あ》き家となり、練《ね》り歩いていた公達《きんだち》の姿は都から一掃された。

そうであれば後白河院は、いち早く都に駆けつけ、度重《たびかさ》ねて敵対し自分を抑圧した平氏一門を追い払った義仲に、感謝の念を懐《いだ》かぬはずがない。大きな期待感をもって迎え入れ、動きが悪く去就《きょしゅう》の分からぬ頼朝よりも高い評価を与えよう。筆者がこの立場だったら、思わずそうしてしまいそうだ。

ところが、そこがさすがに後白河院である。

永井《ながい》晋《すすむ》氏（「後白河院」『悪の歴史　日本編上』所収、清水書院）によると、後白河院は賊軍・平家の都落《みやこお》ち後の論功行賞《ろんこうこうしょう》で、一位を頼朝（従五位上＋京官）、二位を義仲（従五位下＋国司）、三位を源行家《ゆきいえ》（従五位下＋国司）とした。また義仲の功績を治承寿永の内乱の動きの一部分とみなし、平氏一門を追い詰めていく全体的動きのなかで、相対的に位置づけた。つまり「いちばんの功労者だった」などと持ち上げなかった、というのである。

この評議のようすを『玉葉《ぎょくよう》』寿永二年七月三十日条でおっていくと、左大臣・藤原経宗《つねむね》から「以下の条項について審議せよ」との指示があった。その検討事項とは「一、仰《おお》せに云《いわ》く、今度《このたび》の義兵、造意《ぞうい》頼朝に在《あ》りと雖《いえど》も、当時成功《せいこう》の事は、義仲・行家なり。且《か》つは賞を行《おこな》はんと欲さば、頼朝の欝測《うつはか》り難《がた》し。彼の上洛を待たんと欲す。また両人賞の晩《おそ》きを愁《うれ》ふるか。両 个《りようこ》の間、叡慮《えいりよ》決し難し。兼ねて又、三人の勧賞《かんじよう》等差《しな》有るべきか。その間の子細《しさい》計り申すべし」という内容だった。つまり義仲が平氏一門を都から追い落としたことについての論功行賞ではなく、平氏を賊軍とみなして「義兵」を興したところからの行動の評価を議題とし、一連の行動の「造意《ぞうい》」は頼朝が伊豆で挙兵したことにはじまるもので、当面した入京・都落ちについては義仲・行家の成 功《じようごう》（功績）だとした。入京の部分だけで論功行賞をすれば、この場にいない頼朝は不快に思うだろう。口火《くちび》を切って全体を動かしてきた頼朝が上 洛《じようらく》して、三者が同時に並ばなければ正当な論功行賞《ろんこうこうしよう》などできない。しかしそれでは義仲と行家が論功行賞の遅さに苛立《いらだ》つだろう。どうするか。また三者の功績の差をどう評価するか」という叡慮《えいりよ》（後白河院の意見）を審議した。そして公卿《くぎよう》の会議では「頼朝参洛の期を待たるるべからず。彼の賞に加へ、三人同時に行はるべし。頼朝の賞、もし雅意《がい》に背《そむ》かば、申請に随《したが》ひ改易《かいやく》し、何の難有《なんあ》らんや。その等級に於ては、且《か》つは勲功の優劣に依りて、且《か》つは本官の高下に随ひ、計り行はるべきか。惣《すべ》てこれを論ず。第一頼朝、第二義仲、第三行家なり」とし、後白河院の叡慮にそって頼朝をふくめた論功行賞とし、頼朝を治承寿永の内乱の最高功労者と位置づけた。義仲の行動は、「造意、頼朝に在り」として頼朝の計画のうちのことと見做《みな》した。そこが後白河院の老獪《ろうかい》な政治感覚である。義仲の動きは、頼朝の意図のなかで起きたことで、いわば頼朝の別働隊《べつどうたい》のように位置づけられてしまったのだ。

もちろんじっさいは、頼朝と義仲の間は険悪で、連携などしていないしまして配下になどなっていない。まったく独立して行動してきた。というのも、もともと義仲が信濃《しなの》にいたのは、義仲の父・義《よし》賢《かた》が頼朝の兄・義平《よしひら》に武蔵の大蔵《おおくら》合戦（埼玉県武蔵嵐山町）で敗《やぶ》れて殺されたため、北関東にいられなくなったからである。頼朝は親の敵《かたき》すじにあたる。しかも義仲の入京直前、関東の掌握をめざす頼朝勢力と上野《こうづけ》国で衝突し、あわや交戦という局面になった。これに手間《てま》取《ど》って軍を返していたら、平氏を討つ雰囲気は失せ、義仲に味方する人たちも離れてしまう。だから義仲は子・義高《よしたか》（清水冠者《しみずのかじゃ》）を人質《ひとじち》として鎌倉に送ることで、交戦を回避《かいひ》した。そんな状況だから義仲が頼朝と組んでいるとか、頼朝の別働隊だとかという認識は、まったく不正解である。

目の前にいてしかも現に平氏一門の重包囲《じゅうほうい》から救出した人よりも、この場に間《ま》に合《あ》ってすらいない頼朝の方が功労が上とは。ともかく、これで平氏一門を都落ちさせたこと・義仲が入京したことについての論功行賞は、終了してしまった。この評価が後白河院の思い込みだったのか、誤解は承知の上でわざととぼけてその功労の高みを削平《さくへい》したのか。その本心・真意は、後白河院にしかわからない。だが廷臣たちは義仲への過度な挑発が強い仕返《しかえ》しを呼ぶことを怖れており、説得もしていたことからすると、後白河院の迂闊《うかつ》な思い込みとはいえなさそうだ。誤解ではなく、功績ある者を掌《たなごころ》の中に入るていどに縮《ちぢ》めて権力の均衡をはかる。そのための周到で確信的な政治工作の一つであろう。

というのも、義仲には北陸で庇護《ひご》し擁立していた北陸宮《ほくろくのみや》の問題があったからだ。義仲は以仁王《もちひとおう》の令旨《りょうじ》を承《う》けて決起した。その命令を下《くだ》した以仁王の子である北陸宮を擁立しているのなら、義仲は出奔《しゅっぽん》した安徳《あんとく》天皇にかわる天皇に北陸宮を推《お》すだろう。それは皇位継承問題に臣下が容喙《ようかい》することで、後白河院のもっとも嫌うところである。また北陸宮を即位させれば、彼を庇護《ひご》した義仲が側近となって権勢をふるう。だから功労第一の臣と認めたくなかった。次期天皇は、治天《ちてん》の君《きみ》である院政の主《あるじ》として独自に決めたい。そのために以仁王が呼びかけたという功績や北陸宮の存在は切り離し、伊豆《いず》挙兵から先の論功行賞をしたのだ。義仲の功績は第一でないし、北陸宮については評価しない。なにしろ以仁王挙兵の罪を解《と》いて名誉を回復させることすら、後白河院はしなかった。以仁王の挙兵からはじまったはずの昨今《さっこん》の全国動乱は、じつは令旨《りょうじ》での呼びかけに応じて起きたのじゃなくて、すべて頼朝が独自の判断ではじめた反平氏の軍乱とみなした。それが本当かどうかではなく、廷内ではそう見做《みな》すこととしたのだ。

平氏一門から都を取り返して宮廷を自分の保護下に置いたことが特別な功績と評価されないのなら、以仁王の令旨に応じていることが評価されないのなら、義仲が北陸宮をいくら天皇に推挙《すいきょ》してもそれは後白河院の権限への無遠慮《ぶえんりょ》な干渉でしかあるまい。義仲の意向《いこう》など功績第一の頼朝より下位者の存念であるし、北陸宮はそもそもまだ謀反人《むほんにん》・以仁王の子にすぎないのだから。一番乗りの軍功をあげて第一の功労者と自負《じふ》して入京した義仲だったが、「それでも、私の意向は……」といって廷内で自己の意思を押し通すための拠《よ》り所《どころ》は後白河院から何も与えられなかった。

寿永二年十一月に後白河院の法住《ほうじゅうじ》寺殿《どの》を軍事力で襲って決定的な対立に及んだのは、後白河院を操《あやつ》れないもどかしさが爆発したからであった。後白河院の政治工作が卓抜なのか、翻弄《ほんろう》された義仲があまりに愚かだったのか。ともあれまったく後白河院の政治感覚に太刀《たちう》打ちできず、まるで赤子《あかご》が手をひねり上げられるようにしてやられた、というところだろう。

平家の滅亡は、望まれていたのか

「（平家の）一門にあらざらん者は、みな人非人《にんぴにん》たるべし」（『平家物語』日本古典文学大系本）と豪語《ごうご》するほどに栄華をほしいままにした平家。嘉応《かおう》二年（一一七〇）七月三日、内大臣重盛《しげもり》の子・資盛《すけもり》は女車《めぐるま》に乗っていたが、法勝寺《ほっしょうじ》八講《はっこう》に赴こうとしていた摂政《せっしょう》・藤原（松殿《まつどの》）基房《もとふさ》の一行と行《ゆ》き合《あ》って無礼に及び、車を壊《こわ》された。『玉葉《ぎょくよう》』によれば、相手が資盛と知った基房は下手人《げしゅにん》を引き渡して謝罪したが、重盛はその謝罪をかたくなに拒絶。『愚管抄《ぐかんしょう》』（日本古典文学大系本）によれば、重盛はその後も執拗《しつよう》に意趣返《いしゅがえ》しの嫌《いや》がらせをし続けた、という。宮廷世界では、もとより官位の高下《こうげ》で礼儀が決められている。祖父や父の官位が高くても、資盛本人の官位が低ければ下位の者として相応の礼儀をとるべきである。それがどの時代でもどこの世界にも通用する、本来の姿である。

だから重盛は資盛に対して「出世してから物を言え」と教えなければいけないはずだ。それなのに重盛は高下の礼儀を乱した子・資盛を庇《かば》い、基房を恨《うら》んだ。親馬鹿《おやばか》だ。こんないやな奴《やつ》らはいない。権勢の大きさをいいことに、秩序を乱して遣《や》りたい放題《ほうだい》。そんな成り上がり者たちが滅亡したのだから、都びとはさぞや溜飲《りゅういん》を下《さ》げてせいせいした心地《ここち》のはず。そう思えるところだが、そうでもなかったようなのだ。

平家の滅亡後、京都の町は平家の怨霊《おんりょう》にしばしば悩まされ、怯《おび》えていた。元暦《げんりゃく》二年（一一八五）三月二十四日、平家一門は壇《だん》ノ浦《うら》の戦いで敗《やぶ》れて、海の藻屑《もくず》と消え果てた。その三ヶ月後の七月九日、

屋島城址

京都は激しい地震に襲われた。

　鴨長明《かものちょうめい》は目《ま》の当《あ》たりにした惨状《さんじょう》を『方丈《ほうじょう》記《き》』（日本古典文学大系本）に「そのさま、よのつねならず。山はくづれて河を埋《うづ》み、海は傾きて陸地をひたせり。土裂けて水湧《わ》き出《い》で、巌《いわお》割れて谷にまろび入る。……都のほとりには、在々所々、堂舎・塔廟、一つとして全《まった》からず。或《ある》はくづれ、或はたふれぬ。塵灰たちのぼりて、盛りなる煙の如《ごと》し。地の動き、家のやぶるる音、雷《いかづち》にことならず」と記している。また『平家物語』も「七月九日の午刻《うまのこく》ばかりに、大地おびたゝしくうごいて良久《ややひさ》し。赤縣《せきけん》のうち、白河のほとり、六勝寺《ろくしょうじ》皆やぶれくづる。九重の塔もうへ六重ふりおとす。得長寿院《とくちょうじゅいん》も三十三間の御堂《みどう》を十七間までふりたふす。皇居をはじめて人々の家々、すべて在々所々の神社仏閣、あやしの民屋《みんおく》、さながらやぶれくづる。くづるゝ音はいかづちのごとく、あがる塵は煙のごとし。

天暗うして日の光も見えず。老少ともに魂をけし、朝衆悉《ちょうじゅことごと》く心をつくす。又遠国《えんごく》近国もかくのごとし。大地さけて水わきいで、磐石《ばんじゃく》われて谷へまろぶ。山くづれて河をうづみ、海たゞよひて浜をひたす。汀《なぎさ》こぐ船はなみにゆられ、陸《くが》ゆく駒は足のたてどをうしなへり。洪水みなぎり来《きた》らば、岳《おか》にのぼツてもなどかたすからざらむ。猛火もえ来《きた》らば、河をへだててもしばしもさんぬべし。たゞかなしかりけるは大地震なり」（巻十二・大地震）と描き、このとき罹災《りさい》した建物として法勝寺の九重塔が下の三重を残して振り落とされ、三十三間堂もそのうち十七間が倒壊したなどと伝えている。

まぁ、大震災のさまはいま描いてもこのような状態になる。大地震の威力は想像をはるかに超え、その被害は底知れない。人智を尽くした堅牢《けんろう》なはずの建造物でも、それが建つそもそもの基礎となっている地面が揺さぶられてしまっては、しょせん空《から》のマッチ箱を積み重ねたかのように他愛《たあい》ない造りでしかない。自然現象の前には、いまさらながら人間の無力を感じる。

ところで、問題はこの地震という自然災害の受け取り方である。兵藤裕己《ひょうどうひろみ》氏（『琵琶法師』岩波新書）によると、都びとはこれを平家一門が怨霊《おんりょう》と化《か》して祟《たた》ったものと受け取った、という。

九条兼実の弟・慈円の著した『愚管抄《ぐかんしょう》』には、「元暦二年七月九日午刻ばかり、なのめならぬ大地震ありき。……竜王動くとぞ申し、平相国《へいしょうこく》、竜になりてふりたると世には申しき」とする。平相国つまり平清盛の怨霊が五竜王の地神《ちしん》（地心）となって天変地異を起こした、と考えた。それは人々にも伝わり、『平家物語』も「十善の帝王、都を出でさせ給ひて、御身を海底にしづめ、大臣・公卿《くぎょう》、大路をわたしてその頸《くび》を獄門《ごくもん》にかけらる。昔より今に至るまで、怨霊はおそろしき事なれば、世もいかがあらんずらんとて、心ある人は歎《なげ》き悲しまぬはなかりけり」としていて、八歳で没した幼帝と平家一門の怨霊の仕業《しわざ》と受け取っていた様子が窺える。

文治三年（一一八七）四月二十三日幼帝に安徳《あんとく》天皇という諡号《しごう》が奉《たてまつ》られたが、『玉葉《ぎょくよう》』によればそれは「延暦《えんりゃく》の例なり」とあり、早良《さわら》親王の例に倣《なら》ったものだった。早良親王は兄・桓武《かんむ》天皇の皇太子だったが、桓武天皇が子・安殿《あて》親王に嗣《つ》がせようとして、陥《おとしい》れた。そのため無念の死の後は怨霊となり、桓武天皇を悩ませた、という。その早良親王の例に倣い祈りを込めて「安徳」と名付けたのであれば、罪のない天皇の水死《すいし》に罪悪感を懐《いだ》いていたこととなる。つまり宮廷としては幼帝の無念さを思いやって、不幸な死にざま・死のいきさつに怨霊となるような怨念を感じてきたわけである。しかも安徳天皇は八歳であったが、『法華経《ほけ》』巻五「提婆達多品《だいばだったほん》」に娑羯羅《しゃがら》竜王の八歳の娘が登場する。文殊菩薩《もんじゅぼさつ》が海底で法華経を説き、経の功徳《くどく》でその娘は悟《さと》りを得て、さらに成仏《じょうぶつ》のために変成男子《へんじょうなんし》（女性から男性に変身すること）した。『愚管抄』では平家の奉祭する「厳島《いつくしま》と云ふは、竜王のむすめなりと申したり。この御神の、心ざしふかきにこたへて、我身のこの王と成りて、生まれたりけるなり。さて、果てには海へかへりぬるなりとぞ」つまり厳島神社の女神は竜王の生まれ変わりで王になったから、海に帰った、と考えた。「この事は誠ならんとおぼゆ」つまり本当のことと思える、と評している。

竜王の娘を奉じていたのならば、平家一門は竜王の眷属《けんぞく》（親族）である。『平家物語』（灌頂巻《かんじょうのまき》）で建礼門院《けんれいもんいん》（平徳子《とくこ》。安徳天皇の母）は「先帝をはじめ奉て、一門の公卿殿上人《てんじょうびと》みなゆゝしげなる礼儀にて侍《さぶら》ひしを、都を出て後《のち》かゝる所はいまだ見ざりつるに、『是《これ》はいづくぞ』ととひ侍ひしかば、二位の尼と覚《おぼえ》て、『龍宮城《りゅうぐうじょう》』と答侍ひし時、『めでたかりける所かな。是には苦はなきか』ととひさぶらひしかば、『龍畜経《りゅうちくきょう》のなかに見えて侍らふ』という遣《や》り取《と》りを夢に見たという。滅ぼされた一門は、竜宮城で竜王の眷属として竜王の八歳の娘（厳島女神）を守っていた、と語っている。これは建礼門院の言葉とされているが、都びとのまたは宮廷人の一般的な受け取り方を代弁《だいべん》し反映させているのだろう。

私たちは平家一門の滅亡を知識として持っており、奢《おご》りすぎて傍若無人《ぼうじゃくぶじん》に振る舞った平氏が滅びるのも当然だと思っている。しかし、それは『平家物語』が普及させた諸行無常《しょぎょうむじょう》・盛者必衰《じょうしゃひっすい》の筋書きである。その時代を生きていた宮廷人や都びとは、この結果をすこしも望んでいなかったんじゃないか。

寿永三年（一一八四）、後白河院は、源頼朝に東国を、西国《さいごく》を平宗盛《むねもり》に委《ゆだ》ねようと構想していた。朝廷の旧官位を復《ふく》し、讃岐《さぬき》を宗盛の知行国《ちぎょうこく》と認める。一ノ谷合戦の直前には、平氏の支持基盤を弱めた上で、やがては朝廷の上級貴族として帰順《きじゅん》させる方針だった。それは三種神器《さんしゅのじんき》奪還のためのその場凌《ばしの》ぎの方便《ほうべん》にすぎない、ともいえまい。宮廷は、そもそも義仲と平氏、頼朝と平氏、義経と頼朝という対立構図のなかで自分に競って奉仕してくれることを希望していた。平氏の滅亡など、望んでいなかった。だから大地震に、予想外の死にあって怨霊となった者たちが悪さしていると直感したのである。

50 頼朝は、なぜ鎌倉に幕府を開いたのか

治承《じしょう》四年（一一八〇）八月十七日、源頼朝《よりとも》は配流《はいる》先の伊豆で妻・政子《まさこ》の実家・北条《ほうじょう》氏や佐々木兄弟らに助けられ、兵九十で反平氏を掲げて挙兵し、目代《もくだい》の山木兼隆《やまきかねたか》を討ち取った。兵三〇〇ばかり集めたものの、八月二十四日には三〇〇〇の追討軍の前に石橋山《いしばしやま》の戦いで敗北。敗北は事前に予測していたようで、八月二十八日真鶴岬《まなづるみさき》から海路をとって、落ち合う場所と決めていた安房国平北郡猟島《あわのくにへいほくぐんりようしま》に翌日上陸。総勢三〇〇騎で上総《かずさ》に入った。各地に使者を送って召集をかけ、三〇〇騎を率いた千葉常胤《つねたね》など在地の武士たちを九月十七日に下総国府《しもうさこくふ》に集め、公称で四〇〇〇騎ほどになった。兵力結集の前提には、三浦氏らを中心として関東の在地武士団の間に緩《ゆる》やかな連携ができていたことがあっただろう。そして関東地方でも屈指《くっし》の二万の兵を擁《よう》する上総広常《かずさひろつね》に対峙《たいじ》した。これと戦うには兵力が少なく、これが味方となれば一気に関東全体の制圧が視野に入ってくる。そうした緊張する場面が続き、しばらく様子見《ようすみ》をしていた広常だったが九月十九日に頼朝の麾下《きか》に入り、これを見た武士たちも駆けつけた。九月二十九日の頼朝軍は、一気に二万七〇〇〇を超える大軍に膨《ふく》れあがった（頼朝の兵力は、細川重男氏著『頼朝の武士団』［洋泉社］を参考にした）。広常を迎え入れるさい、頼朝は喜ぶそぶりを見せず、「すこぶる彼の遅参《ちさん》を瞋《いか》り、あへて以《もっ》て許容の気なし」（『吾妻鏡』）つまり叱りつけて大物《おおもの》の風貌《ふうぼう》を見せた、という話は著名である。

十月二日に大井・隅田《すみだ》の河を渡り、三万騎で武蔵に入った。そして十月六日に、何のためらいもな

く頼朝は相模《さがみ》の鎌倉に入った。それ以来、生涯のほとんどを鎌倉で過ごし、ここに鎌倉幕府という武家政権の根拠地を造り上げた。鎌倉時代だけでなく室町時代になっても鎌倉は東国の中心でありつづけ、鎌倉公方《くぼう》・関東管領《かんとうかんれい》が置かれて半独立的世界の不動の拠点となっていた。

　では、どうしてここが鎌倉幕府の本拠地となったのか。都から遠く離れていて、貴族政権からの圧力を受けづらい。京都の朝廷を遠隔操作するのには、ほどほど離れていてよい。鎌倉は周囲を山に囲まれていて、攻めるに固く守るに易い要害堅固《ようがいけんご》の地形である。そういう軍事的・政治的な解釈を施せばいろいろと思いつこうが、それほどむずかしい理由ではない。

石清水八幡宮を勧請した鶴岡八幡宮

　ここは、もともと平《たいらの》直方《なおかた》の鎌倉館《かまくらのたて》があった場所で、その娘と源頼義《よりよし》が結婚したのだ。直方は高望王《たかもちおう》の末裔《まつえい》で、平将門《まさかど》を討ち果たした貞盛《さだもり》の曾孫にあたる。彼は長元元年（一〇二八）に起きた平忠常《ただつね》の乱を追討する役に任じられたが、鎮圧できないまま三年後に更迭《こうてつ》された。かわって源頼義が追討使《ついとうし》となり、干戈《かんか》を交えずに制圧してしまった。こうした経緯から、直方は頼義を娘婿に迎え、その傘下《さんか》に入ったのである。直方が父祖から受け継いできた館《たて》・所領や東国で培《つちか》ってきた郎従《ろうじゅう》あるいは桓武《かんむ》平氏嫡流の権威さえもが娘を介《かい》して子・義家《よしいえ》に伝えられ、関東における河内《かわち》源氏嫡流の経営拠点となった（元木泰雄氏著『河内源氏』中公新書）。その証拠に、康平《こうへい》六年（一〇六三）八月には頼義が石清水《いわしみず》神社から神を勧請《かんじょう》して鶴岡《つるがおか》八幡宮を由比郷《ゆいごう》に営《いとな》み、永保元年（一〇八一）義家が修理する。源氏の最前線と位置づけ、氏の守護神を安置したのだ。そして義家の曾孫・義朝《よしとも》のとき、ふたたび脚光を浴びる。義朝は天養元年（一一四四）以前に鎌倉館を伝領していて、ここに居住していた。ここで相模《さがみ》の在庁《ざいちょう》官人《かんじん》・三浦義明《よしあき》の娘との間に長男・義平《よしひら》を儲《もう》けて主従関係を築く一方、他方では相馬御厨《そうまのみくりや》の紛争に介入・調停したり、大庭《おおば》御厨の紛争で大庭氏と軍事衝突もしている。頼朝は義朝の子として、こうした父祖伝来の策源地《さくげんち》としてゆかりのある鎌倉に拠点を定めたのである。

鎌倉幕府の成立は、一一八五年なら今度こそ正解なのか

鎌倉幕府の成立つまり鎌倉時代のはじまりは、語呂《ごろ》で「イイクニ作ろう鎌倉幕府」と長く覚えさせられてきた。しかし一一九二年（建久《けんきゅう》三）は源頼朝が征夷《せいい》大将軍《たいしょうぐん》になった年であり、江戸時代が慶長八年（一六〇三）徳川家康《とくがわいえやす》の征夷大将軍就任ではじまったことをもとに、政権幕開《まくあ》けの指標《しひょう》とされたものであった。じっさいの鎌倉幕府にとっては、頼朝の征夷大将軍就任などさほど重要でなかった。奥州《おうしゅう》藤原氏の討滅《とうめつ》が宮廷から私闘《しとう》と扱われていたのが、征夷大将軍となったことで東北地方に公的支配権を認められた。そのくらいの意味しかないから、建久五年十月、就任してわずか二年四ヶ月で辞職した。もし征夷大将軍でいることが武家政権の指標とされるのなら、鎌倉幕府は二年四ヶ月しか続かなかったことになってしまう。

そうした疑義《ぎぎ》もあって、ほんとうに鎌倉幕府の成立そして鎌倉時代の幕開けといえるのはいつか、という議論が闘《たたか》わされてきた。筆者が昭和四十一年に史学科に入学したとき、すでに中世史の安田元《やすだもと》久《ひさ》教授は「教科書に書かれている一一九二年なんか、まったく指標にならない。そんなのを覚えてちゃいけないよ。中世史研究者の間では、一一八五年がおおむね妥当《だとう》だということになっている」と、私たち学生に教えており、「学界はやっぱりレベルが違うんだ」とか思ったものだった。それから五十年がすぎ、いまは教科書もようやく書き替えられて多くは一一八五年説を採《と》っているそうだ。

では長いこと待たされたものの、学界の研究成果をすなおに受け入れたことで、教科書の誤った記

述はただされたのだろうか。それが、そうともいえないのだ。

一一八五年（文治元）説の根拠は、第一に、この年の三月二十四日に源氏が壇ノ浦合戦に勝利したことにある。後白河《ごしらかわ》上皇・二条天皇と即《つ》いたり離《はな》れたりしながらも、平清盛《きよもり》に率《ひき》いられた平家一門は平安宮廷を支配し、知行国《ちぎょうこく》は国の半数以上を占め、宮廷を支える唯一の武力となっていた。それが清盛の没後、後白河上皇との確執《かくしつ》のなかで寺院勢力の抵抗や源氏の反乱を抑《おさ》えきれず、ついに頼朝の派遣した源義経《よしつね》・範頼《のりより》軍の軍門《ぐんもん》に下《くだ》った。これにより中央政界には、頼朝に武力で対抗できる勢力がいなくなり、宮廷の武家権門《けんもん》として優越《ゆうえつ》した政治的地位を確立した。

第二に、十一月末、頼朝は守護《しゅご》・地頭《じとう》の全国配置を認可された。『吾妻鏡《あずまかがみ》』（岩波文庫）文治《ぶんじ》元年十一月二十八日条によれば、「諸国平均に守護地頭を補任《ぶにん》し、権門勢家《けんもんせいけ》庄公《しょうこう》を論ぜず、兵粮米《ひょうろうまい》［段別五升］を充《あ》て課《か》すべきの由《よし》、今夜、北条殿、権中納言経房卿《つねふさきょう》に謁し申す」とある。守護は追捕使《ついぶし》の職務内容を継ぐもので、警察事務をこととした。地頭になると、公領・荘園を問わず当該《とうがい》国内の田圃《たんぼ》から一段当たり五升の兵粮米を取ることができた。この措置《そち》によって、宮廷にはもとより武力で対抗できるものもなく、全国には上からくまなく支配の網《あみ》をかけた終えたわけで、なるほど全国政権として認めてよいと思われるだけの体裁《ていさい》が整った。

しかしよくよくみれば、壇《だん》ノ浦《うら》合戦の後も、武力は源氏が独占してなどいなかった。東北地方には奥州《おうしゅう》藤原氏が蟠踞《ばんきょ》しており、藤原秀衡《ひでひら》は国衙《こくが》権能も併《あわ》せながら私的支配権を樹立し、院の近臣《きんしん》の藤原基成《もとなり》の娘を娶《めと》って泰衡《やすひら》を儲《もう》けてもいた。また守護・地頭を全国に置く権利を得たのは事実だが、その権利内容ははやくも翌年に撤回《てっかい》されてしまっていた。『吾妻鏡』文治三年三月二日条所引の後白河《ごしらかわ》上皇の院宣《いんぜん》によれば、宮廷では、守護はともかく、地頭の権限につよい難色《なんしょく》が示されていた。

もともと守護・地頭設置の発想は、頼朝がみずからなしたものでなかった。後白河上皇が発案して源義経《よしつね》に与えた権限だった。義経は鎌倉殿である兄・頼朝の代官として軍を率い、平家一門を壇ノ浦に葬った。だが異母弟を御家人《ごけにん》並《なみ》に位置づけようとする頼朝の待遇を甘受《かんじゅ》せず、袂《たもと》をわかった。この鎌倉政権内部の争いを勢力削減《さくげん》の好機《こうき》と見た後白河上皇は義経に近寄り、頼朝討伐を促《うなが》した。義経と頼朝を競わせ、両者のバランスをとりつつ政治的発言力を高めようとの肚《はら》づもりだった。西国《さいごく》に向かおうとしていた義経のつよい要請によるものとはいえ、義経に対抗者としての軍事力・経済力を手《て》っ取《と》り早《ばや》くつけさせるため、十一月三日、義経に九国《きゅうこく》地頭《じとう》、義経に味方する叔父《おじ》の源行家《ゆきいえ》に四国《しこく》地頭という強大な権限を与えた。一国一人の地頭という地位につけ、その地域の支配権を与えて公領の所《しょ》当官物《とうかんもつ》・荘園の年貢《ねんぐ》雑物を納入する役務を与えるとともに、同時にその全域から徴収する兵粮米《ひょうろうまい》をもとに軍を募《つの》って養《やしな》っていけという意味である。これがほんとうに実行されていれば、それが発効した時点で貴族（摂関家《せっかんけ》・国司《こくし》）・寺社が抗議していたろう。だが義経は挙兵してみたものの、味方がほとんど集まらなかった。そのため、この地頭任命は現実的問題と意識されなかった。しかし頼朝は、大江広元《おおえのひろもと》の助言を受けてここを狙《ねら》った。頼朝討伐を命じたことがまちがいだったと後白河上皇に認めさせた上で、「義経に与えられたものが、頼朝に与えられないはずがない」として義経・行家に与えたものと同等の地頭権限の承認を迫った。この時点では、義経らは全国のどこに逃げ込んだのか分からなかったから、たしかに全国に探索《たんさく》の網《あみ》を掛けておく必要があった。

後白河《ごしらかわ》上皇の義経登庸《とうよう》策は失敗し、怒る頼朝からの要求は飲まざるをえない。だがそれは、しょせん後白河上皇一人の失態《しったい》である。貴族・寺社にとっては、自分が蒔《ま》いた種じゃない。貴族・寺社の所有地のすべてから、地頭は段別《たんべつ》五升の兵粮米《ひょうろうまい》を取る。稲の収穫量が増すわけじゃないのなら、貴族・寺社はそれだけの取り分を横取《よこど》りされて減収になる。しかも一〜二年とかの時限立法《じげんりっぽう》でなく、地頭という制度上の官職が設置されるのだから、これからずっとそのままかもしれない。また支配地に口を出される手がかりを与えることも、不安材料である。「凡《およ》そ言語の及ぶ所に非《あら》ず」（『玉葉《ぎょくよう》』）つまり「あきれてものがいえない」と右大臣・九条兼実《くじょうかねざね》にいわれ、認めがたい暴挙《ぼうきょ》とする公家《くげ》側の猛反対をうけた。それでも一国に一人の国地頭《くにじとう》として、北条時政《ときまさ》が七ヶ国地頭、梶原景時《かじわらかげとき》が播磨《はりま》・美作《みまさか》、土《ど》肥《ひ》実《さね》平《ひら》が備中《びっちゅう》・備後《びんご》、天野遠景《あまのとおかげ》が鎮西《ちんぜい》九国（『延慶《えんぎょう》本平家物語』）の地頭に任ぜられたらしい。しかし公家の支持・協力関係も築きたい頼朝は公家の反発に配慮して譲歩し、翌年三月二日には北条時政が七ヶ国地頭を辞任し、結局この職制が廃止されることとなった（『吾妻鏡』）。したがってこれ以降にみられる地頭は国地頭の意味でなく、一つ一つの経済単位になっている荘園や郡郷などに置かれている個々の地頭職《じとうしき》のこととなる。この地頭を荘郷《しょうごう》地頭というが、その任命ならばすでに治承《じしょう》四年（一一八〇）の挙兵以来見られており、反乱に踏み切った頼朝に武士たちが名簿《みょうぶ》を捧《ささ》げて服属してきたとき、頼朝は彼らの支配権を安堵《あんど》・承認する意味で地頭職に任命してきた。頼朝の各地に任命してきた荘郷地頭が公認されたというていどの話なら、一一八六年の荘郷地頭設定にはほとんど画期性《かっきせい》などない。

つまり一一八五年が時代を画《かく》する年とみなしてよいかどうかが、はなはだ疑問なのだ。むしろ画期的なのは、鎌倉政権が宮廷より優位・上位に立ったときではないか。それは、旧政権の頭目《とうもく》たる後鳥《ごと》羽《ば》上皇らを捕捉《ほそく》して処罰した承久三年（一二二一）である。こちらの方が、よほど画期的である。

暦の上の迷信は笑えるか

奈良時代・平安時代の天皇と貴族とには、陰陽寮《おんみようりよう》所属の暦博士《れきはかせ》が作成する具注暦《ぐちゅうれき》という暦が配《くば》られた。半年分で一巻なので、ふつう二巻が渡される。具注とはつぶさにしるす意で、天の運行であれば二十四気・七十二候、日の出・日の入りの時刻などが、吉凶ではその一日に何をするのがよくて何をしてはならないかなどが記される。

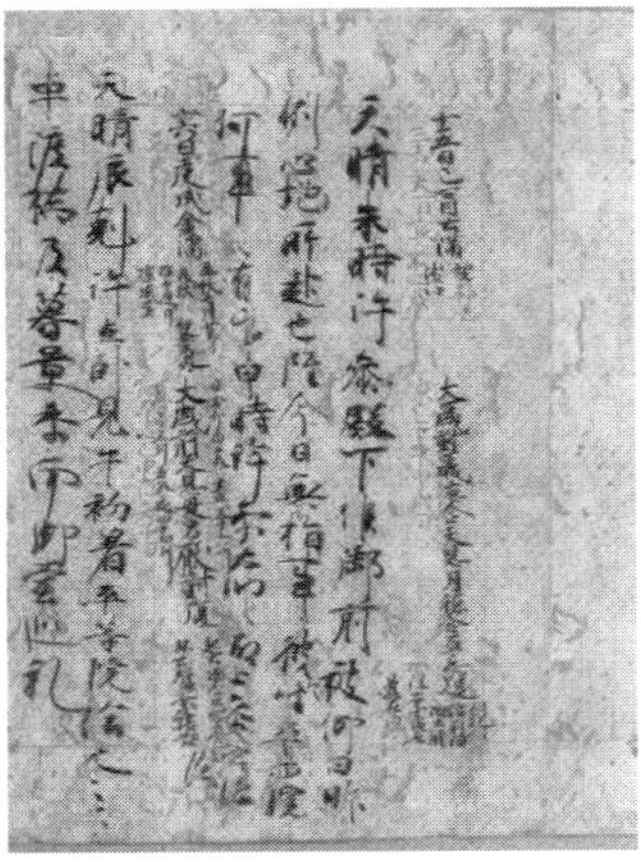

たとえばの奈良時代の年紀不明の「具注暦断簡《だんかん》」(「続修東大寺正倉院文書」十四)には、「加冠《かかん》・結婚・入学・移徙《わたまし》・修宅・起土《つちおこし》・作竈《かまどづくり》に吉」「種蒔《たねまき》・斬草《くさきり》に吉」「祭祀《さいし》・拝官《はいかん》・治碓《ちたい》・葬に吉」などとあり、元服のさいに冠を着ける加冠《かかん》、場所を移動する移徙《わたまし》、邸宅の修繕や土木作業のための土起こし、種蒔き・草刈りや祭祀・葬儀に適した日まで設定されていて、「やるならこの日にしなさい」というわけだ。こういう日にやらないと、結婚生活が先行き破綻《はたん》したときとか建築物が傾いたりしたとき、「これは、あの日にやらなかったせいだ」とかと思い当たってしまうことにもなる。ことを行《おこな》うのに吉《よ》い日があれば、してはいけない忌《い》み日もある。血忌日《ちいむひ》・帰忌日《きいむひ》・往《おう》

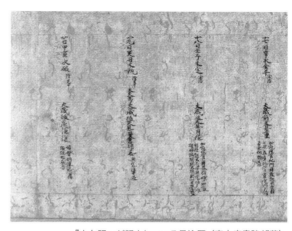

『水左記』が記されている具注暦（宮内庁書陵部蔵）

亡《もう》日・坎日《かんにち》・日遊《にちゆう》・人神などがそれで、血忌日には出血が忌《い》まれ、針灸《しんきゅう》・死刑執行や狩猟などが憚《はばか》られた。帰忌日・往亡日はともに遠出《とおで》が憚られた。帰忌日は天培星の精が門前にいて帰宅を妨害するといわれており、往亡日には進軍・移徙・婚礼などが取りやめにされた。坎《かん》日は万事に凶とされる日で、一月は辰《たつ》の日、二月は丑《うし》の日などとされ、十二月まで十二支によって指定された。日遊は日遊神が家に留《とど》まっているので、屋舎《おくしゃ》のうちを掃除するのは凶。人神は針灸をしてはいけない日、などと決められていた。

やがて平安中期に仮名文字が成立すると、仮名文字で注記された暦も作られるようになった。現存最古の仮名暦《かなごよみ》は、東洋文庫蔵の安貞《あんてい》二年（一二二八）のものだそうだ。はじめの買い手はおもに女子で、漢字の具注暦のたんなる和訳《わやく》ではなく、仏教行事なども組み込んだ多彩《たさい》なものとなっていた。

『宇治拾遺《うじしゅうい》物語』（新編日本古典文学全集本）巻第五・八話には、ひどい話が載《の》っている。ある新参者の若い女房が、その家にいた若い僧侶に「仮名暦、書きて給《た》べ（書いて下さい）」とお願いした。僧侶は「やすき事」といって請け負ったが、はじめこそきちんと「神、仏によし（神事・仏事によい日）、坎日《かんにち》・凶会日《くえにち》」などと書いていたが、終わりの方になると面倒になったのかあるいはふざけ心が湧《わ》いたのか、「物食《ものく》はぬ日」とか「これぞあればよく食ふ日」などと書きはじめた。渡された女房は、風変わりな暦とは思ったが、何か理由があるのだろうと思って、その記載の通りに従って生活していた。だが、あるところには長めの凶会日《くえにち》（万事に忌む日で、吉事を行うと凶）であるかのように「はこすべからず（大便をするな）」が何日も続けて書き込まれていて、二〜三日は我慢もしていた。しかしついにはとても我慢できず、しばらくは両手で尻を抱えて「いかにせん、いかにせん」と身をよじっていたが、気が遠くなって粗相《そそう》してしまった、とある。

こんないい加減な暦注《れきちゅう》に従って生活していた女房を、科学的思考を標榜《ひょうぼう》する現代人は笑うだろうか。私たちが迷信的なものをいっさい排して、合理的に暮らしているかといえば、そうでもない。病院では死・苦を連想するので四・九のつく病室番号を避ける。あるいは結婚式では終える・閉じるといわずに、「会をお開きにします」とかいう。友引に葬式をしないことにも、合理的理由などない。もっとも友引《ともびき》の日は葬儀がないので、この迷信のおかげで葬儀社の社員は休暇が取れるのだそうだが。

53　地名は、貴重な文化遺産である

郵便配達や観光業者の都合によるのか、現代の地名には「駅前×丁目」「ひばりヶ丘」など安易《あんい》な名称が多い。そのなかで原宿の名は駅にわずかに残るが、周辺はすべて「神宮前×丁目」となった。昭和七年には本両替町《ほんりょうがえちょう》・北鞘町《きたさやちょう》・金吹町《かねふき》・本革屋《ほんかわや》町・常盤《ときわ》町・本銀《ほんしろがね》町の全域または一部が日本橋本石《ほんごく》町に、品川町・十軒店《じゅっけんだな》町・駿河町・安針《あんじん》町・伊勢町・瀬戸物町・長浜町・本革屋町・金吹町・本町・本小田原町・本船町・炭町などの全域または一部が日本橋室町《むろまち》に、それぞれ編入された。このうちの金吹町は小判を作る金座《きんざ》の置かれていた場所で、安針町は三浦按針《みうらあんじん》（ウィリアム・アダムス）の屋敷地である。歴史を物語る地名だった。これはいまは存在しないから貴重なのだが、東京急行電鉄（東急）東横線の駅名には都立大学・学芸大学とあるが、いま降《お》りても大学などない。昔日《せきじつ》の思い出ならばよいが、いまは別の場所にあるとなると、受験者は地名に惑わされることになりかねない。

地名の消滅といえば、太平洋戦争直前に父・松尾聰《さとし》は「渋谷区穏田《おんでん》一ノ四」の今泉《いまいずみ》嘉《か》一郎《いちろう》（日本《にほん》鋼管《こうかん》（株）の創業者、衆議院議員）宛に書翰《しょかん》を出そうとしたことがあって、その表書きをインク消しで消した状態の封筒が残されていた。穏《おだ》やかな田とあるが、もともとは領主に対して隠《かく》していた田、非課税の田圃《たんぼ》の意味だろうか。渋谷区にいま穏田という地名はないのだが、穏田神社《おんでんじんじゃ》（神宮前五―二十六―六）が存在する。神名・神社名には、地名が残される例が多い。また筆者の居住地近くの電柱には「久良岐《くらき》」と書かれているが、これはここが旧武蔵《むさし》国久良岐《くらき》郡にあたるからである。古い地名は

存外残っていて、ありし日を思い起こさせる貴重な手がかりとなる。

和銅《わどう》三年（七一〇）平城宮《へいじょうきゅう》へ遷都すると、奈良盆地南部にあった旧都・藤原《ふじわら》宮はしばらくは留守《るすの》司《つかさ》などが管理していたが、古代国家の瓦解《がかい》とともに消息《しょうそく》を絶《た》った。その跡地《あとち》は山野・田畠となり、人々の記憶から消えていった。しかし周辺住民が「ここはかつて××だったんだ」といっていた呼び名が、地名という記憶媒体によって子孫に受け継がれた。藤原宮は版築《はんちく》で作られた基礎事業の上に殿舎《でんしゃ》が作られたので、その基礎部分を見付ければよい。あまりに土が堅《かた》いため、村人たちも田畠として開発しなかったのだ。だから残りがよくて、見付けやすい。宮跡は『釈日本紀《しゃくにほんぎ》』所引の「氏族略記」に「高市《たけち》郡鷺栖坂《さぎすざか》の北の地」とあり、その候補地には長谷田《はせだ》土壇《どだん》と大宮《おおみや》土壇とがあった。そのどちらか、研究者の見解は分かれた。結果として長谷田土壇は仏教寺院の跡で、大宮土壇が正解だったのだが、そこの地名がオミヤドだった。略されて訛《なま》っているが、大宮殿《おおみやどの》の意味である。この地に大宮殿があったという記憶が、地名に刻《こく》されていたのだ。溯《さかのぼ》れば、江戸時代の賀茂真淵《かものまぶち》が『万葉考《まんようこう》』で「今も大宮殿《おみやど》と云《いい》て、いささかの所を畑にすき残して、松立《まつた》てある所なり」とし、昭和にも「大宮堂《おみやど》」と呼んでいた。これは平城宮・京も同じで、大極殿跡は「大黒の芝」と呼ばれ、大極殿のダイゴクがダイコクと訛って大黒天《だいこくてん》の大黒の字が当てられていた。羅城《らじょう》門の跡も来生《らいじょう》（大和郡山市野垣内町）と地名に刻されている。地名は、まさに記憶文化遺産なのだ。

地名を手がかりとして、かつての道を復原することもできる。

道のありようは、近現代に入って大きく変わった。人が歩くための道は歩道として脇に追いやられ、主役は鉄道・自動車などに移った。人ならば、山の鞍部《あんぶ》を目指《めざ》して道が続き、かなりの急勾配《きゅうこうばい》の地形でも登れる。しかし鉄道や自動車は、そういかない。近畿日本鉄道内の急勾配はせいぜい四十‰《パーミル》（信貴《しぎ》線服部川付近）、自動車道路の傾斜も十五度ほどである。それ以上となるとトンネルを掘り抜くか、山野のなかを大きく迂回《うかい》したりあるいは斜面上を繰り返し蛇行《だこう》させるほかない。これでは鉄道の駅の位置は、かつての宿場《しゅくば》町《まち》と一致しない。それは自動車も同じで、古代以来の道とは考え方がまったく違って直線を好《この》む。使う道筋が異なるのでそこにあたらしい町ができ、他方かつての繁華街は裏町となって衰えて姿を消す。

もう一〇〇〇年近く前に消えてしまった古代道についても、地名がそれを記憶している。

古代の官道は、予想を超えたものだった。人がすれ違えるくらいの細道が、山の起伏に沿うようにくねくねと繋がっているようなイメージだった。しかしじっさいは、現代の高速道路を思わせるような、六メートルから十二メートル幅の、しかもできうる限り直線的で折れ線グラフのように続いていく幅広《はばひろ》の大道であった。三十里（約十六キロメートル）ごとに駅《うまや》（馬屋・厩）が置かれ、そこに乗り継ぎ用の馬が準備されていた。その用途としては、政府と諸国国庁や鎮守府などの地元出先機関との緊急連絡用や官吏の遠隔地への旅行が主目的であった。緊急時には十駅つまり一六〇キロメートルを走ったというから、京都↓東京間なら二日半で連絡できるわけだ。このため、ウマヤ・マゴメ（馬籠・馬込・間米）などの地名が、そのあとに残る。また国家事業として造成した道なので、その特徴や経緯から大道・作道《つくりみち》（造道）などとも呼ばれた。あるいは通行目的から、勅使《ちょくし》道《どう》・太政官道《だいじょうかんどう》などと記憶されたこともあった。そこが東山道《とうさんどう》（中山道）であれば山道《せんどう》（仙道）といわれたり、かつて道だった記憶として車路《くるまじ》（車地）とあったり、車止め・駒止めや標柱《ひょうちゅう》代わりに立てられた石から立石《たていし》などの地名が残ることもある。

現に推定山陽道の播磨《はりま》部分では、その直線道の筋上に大道《だいどう》・大道町・大道の上・大道の下・大道池・縄手《なわて》・縄添《なわぞえ》・マヤ（馬屋）・馬屋田・駅池などの地名が並んでいる（木下良氏など「古代の官道」「悠久」十四号）。近世のものかもしれないが、木曽川左岸の支流・与川《よかわ》に沿って木曽古道（吉蘇路《きそじ》）が通《とお》っていたらしく、大桑村に馬ヤ、上松町上松《あげまつまち》に沓掛《くつかけ》、上松町荻原に萬場《まんば》があり、その途中に大道の地名がある（拙稿「律令国家の成立と道」『天平の政治と争乱』）。現代の道にはまだ一五〇年の歴史しかない。しかし旧道には、過去の多くの人たちの血と汗が滴《したた》り落ち、文化が花開いていたのだ。

東急東横線・武蔵小杉《むさしこすぎ》駅の南方に、市《いち》ノ坪《つぼ》という地名がある。これも歴史を秘めた地名だ。川崎市中原区の町名で、その名を負《なお》う市ノ坪神社もあるから、由来の古さも窺われる。これは古代条里《じょうり》制の名残りである。条里とは土地の規準区画制度で、山野開墾からはじまる荘園《しょうえん》内で採用され、十世紀までに公田《こうでん》に順次採用されていった。区画の基本は六町×六町の里とよばれる土地単位で、これを東西方向にならべて一里《り》・二里と命名する。ついでこの列を南北方向に繰り返し、その横列を北から一条《じょう》・二条と呼んだ。だから、北から三番目・西から五番目の田圃《たんぼ》の所在地表示は、三条五里となる。この一つ一つの里に縦横五本の区切りを入れ、三十六の区画をつくる。その一区画が坪で、各辺は長さの一町、田圃の大きさは面積の一町である。この一町のなかはさらに十等分されるが、それはともかく、この面積の一町つまりある坪の所在地表示は西北端から南に一ノ坪・二ノ坪と呼ばれ、最後は三十六ノ坪となる（西の北端から縦一列ついでまた東隣北端から縦一列に数えるのを平行式坪並《つぼなみ》、南端から東隣の列に移って下から数え上がる蛇行命名法を千鳥式《ちどりしき》坪並という）。先ほどの表示に繋《つな》げれば、三条五里二十四ノ坪などと表記される。「市ノ坪」は、このうちの一ノ坪が字を変えて残された地名で

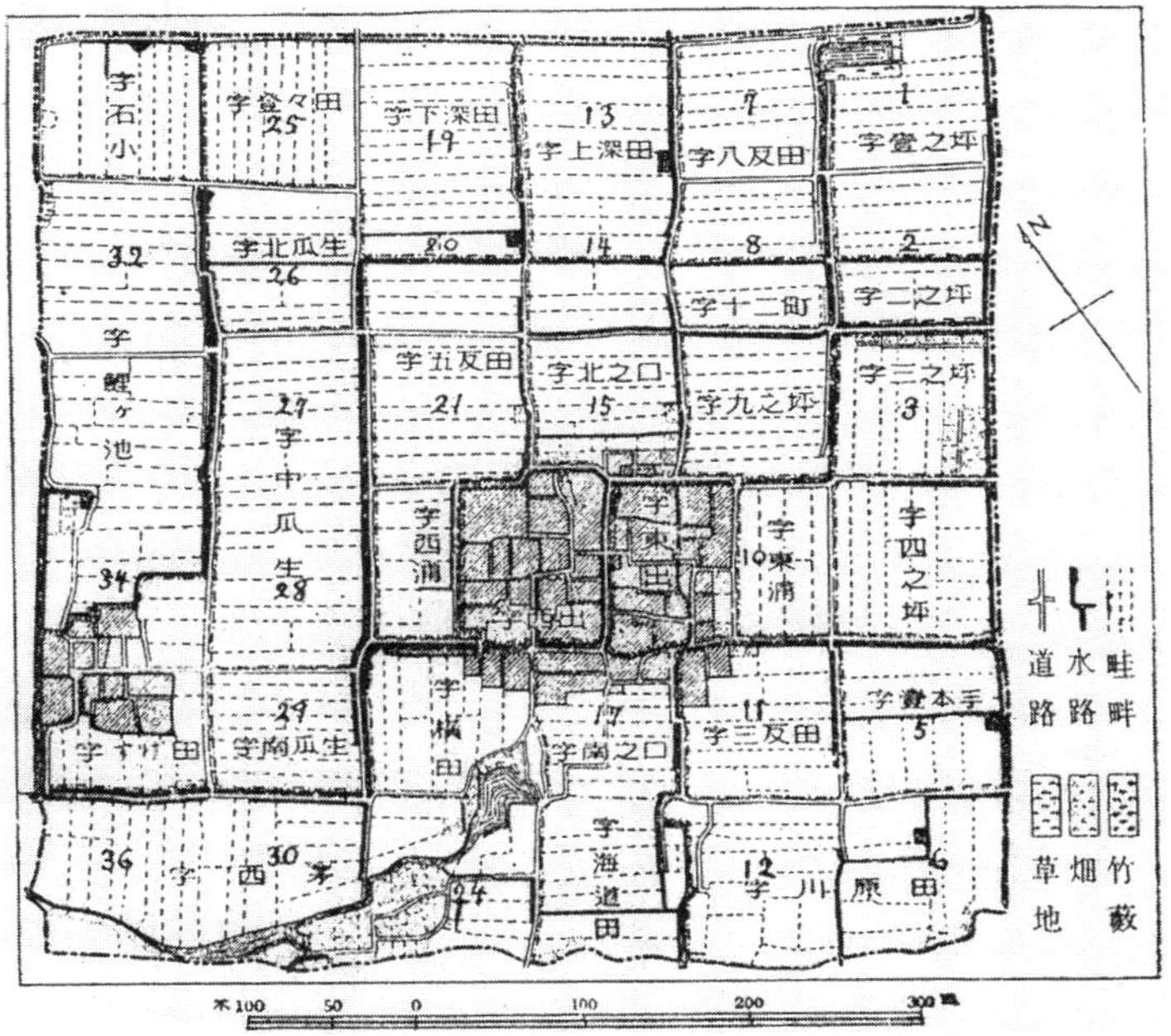

近江野洲郡十里村全図（米倉二郎『東亜の集落』より）

ある。滋賀県高島市には三ノ坪・五ノ坪、野洲《やす》市に五条五ノ坪、千葉県館山市にも一～十ノ坪の地名がある。坪地名とともに、里地名も残っている。里には数字を付ける場合と固有名詞を付ける場合がある。数字では、滋賀県守山市には十二里、同じく栗東《りっとう》市には十里・綣《へそ》の七里がある。固有名詞では、佐賀県だけでも佐賀市の江里、唐津市の久里《くり》、鳥栖《とす》市の於保里《おほり》、神埼市の田道ヶ里《たみちがり》、小城《おぎ》市の布施《ふせ》ヶ里《がり》・大戸ヶ里《おおどがり》、吉野ヶ里《よしのがり》・伊万《いま》里《り》・早里・戸ヶ里《とがり》などが見られる。

　人為的に作られた制度ではないが、谷と呼ばれる地名が各地にある。山と山の間から流れ出た土砂が堆積して作り出された低湿地で、土地の下には伏流水《ふくりゅうすい》がある。流れ出る水が多ければ沢と呼ばれ、山に挟まれた渓谷《けいこく》全体も沢と呼ぶ。谷と付く地名は二万八〇〇〇ばかりあるが、西日本では比叡山黒谷《くろだに》や大谷《おおたに》本廟のようにタニ、東日本では千駄《せんだ》ヶ谷《や》・入谷《いりや》・越谷《こしがや》・扇《おうぎ》ガ谷《やつ》のようにヤ・ヤツあるいはヤトなどと読む。『常陸国風土記《ひたちのくにふどき》』行方《なめかた》郡条でも「墾闢《ひら》きて新に田に治りき。此の時、夜刀《やつ》の神、相群《あいむ》れ引率《ひきい》て、悉尽《ことごと》に到来《き》たり、左右《かにかく》に防障《さ》へて、耕佃《たつく》らしむることなし」とあって、地主神《ちしゅしん》として出てきたのは夜刀《やつ》の神であった。また一万七〇〇〇もある沢と付く地名は、そのほとんどが東日本に分布する。しかも西日本の沢は山間の沼や草の生えた窪《くぼ》地に限定されており、ここにも違いがある。

　これらのことから谷や沢と名付けられた集落を見て山間の低湿地を開墾した先人の努力を偲《しの》んでもよいし、名付け方・読み方の差に文化圏の反映を窺うこともできる。沢の地名は、吉田茂樹氏によれば、新潟・富山県境の親不知《おやしらず》から愛知・三重県境の桑名を結ぶ線で区分され、伊勢湾付近でサワ・タニが混交するようになるという。この東西の違いを縄文文化圏の名残《なご》りと解《と》く向《む》きもある（服部真六氏著『日本おもしろ地名考』文芸社）。それが妥当かと問われればあまりの急展開・飛躍で疑わしいが、ある時代の人々の生活に根ざした通交圏のあり方が反映しているのは間違いない。古代に東国といえば越前《えちぜん》・美濃《みの》・伊勢《いせ》より東を指《さ》したが、それは行政制度上である。そこに住んでいた人たちの意識した圏域ではない。そういう生活の実態が、地名から浮かび上がってくる可能性もある。

　私たちの住む土地は、たんなる泥土でない。人々の営みの跡地なのだ。そんなの気にしないというのなら、自殺者や殺人のあった部屋がワケアリ物件として賃貸料を安くされたりもしないだろう。

54 味覚や方言も、人が担っている大事な文化遺産である

中国の方を会食《かいしょく》に誘うと、「中国料理の店だけはやめて下さい」と念を押される。他国の料理はそういう味のものだと覚悟もできるが、自国の料理を変形されたものはなまじ見かけが似ているので、堪えがたいらしい。わが家近くに開店した中国料理の店長も、「どんな味付けにしたらいいのか」と日本人客にしきりに試食《ししょく》させていた。砂糖を加えればよいとの結論になったようで、そうしたら客が増えてきた。地元の人に合わせるのは当然だと思うだろうが、それならタイで流行している日本風の緑茶はどうか。見かけは似ているが無茶苦茶《むちゃくちゃ》甘い。タイ人からすれば甘くない飲料ならば買う意味がないとのことだが、似ているから気持ち悪い。それが分かるのなら、中国人が日本の中国料理を食べたくないのも理解できよう。ついでながら、日本の食材・具材《ぐざい》は近時《きんじ》何によらず砂糖・水飴《みずあめ》ないしその類似物が添加《てんか》され、気持ち悪いくらい甘い。口当《くちあ》たりがよいだけでなく、かつては甘いことが高級とされていた時代があり、その記憶が購買意欲を支えているようだ。

それはともかく、食文化や言葉も一定の形を持っていないが、日本文化を象徴する文化財である。大きく見れば、日本人の味覚は基本的に昆布《こんぶ》・鰹節《かつおぶし》などのアミノ酸に馴《な》らされ、この味を旨味《うまみ》と感じる(大塚滋氏著『食の文化史』中公新書)。ということは、西洋料理の味覚の判定には向いていないことになるのだろうか。

日本のなかの食の文化圏といえば、饂飩《うどん》・蕎麦《そば》、丸餅・角餅などがあるが、なんといっても一番は

醤油《しょうゆ》だろう。

醤油のもとは、奈良時代にあった末醤《まっしょう》に溯る。末醤は未醤《みしょう》とも書かれ、味噌《みそ》の原型となった。この味噌樽の底から分離して垂れた汁（または上澄《うわず》み）が溜《たまり》・色利《いろり》などといわれ、醤油の淵源となっていくらしい。また日本の末醤の淵源を辿《たど》れば、中国の肉醤《にくびしお》・魚醤・穀醤があり、そのうちの穀醤を日本で独自に発展させたもののようだ。『易林本節用集《えきりんぼんせつようしゅう》』（慶長二年〈一五九七〉刊）に醤油とあるのが史料上の初見だが、節用集という一般向けの辞典に載《の》っているのなら、それ以前の室町中期ころにはかなり出回《でまわ》っていたのではなかろうか。

醤油は、大豆《だいず》・大麦（または小麦）に塩・水を合わせ、麹菌《こうじきん》を用いて発酵《はっこう》させたものである。関西地方では大豆と同量の大麦を用い、薄口《うすくち》醤油を作る。風味はあるが醤油自体に旨味《うまみ》は少なく、素材の持ち味や色合いを生かし、具材の味を引き立てる。そのかわり塩分はつよい。関東地方の濃口《こいくち》醤油は、関西で大麦を使うところを小麦にする。こちらの醤油はそれ自体に旨味があって味を作っていくので、具材の味を消すこともある。関西地方では、薄口醤油に昆布出汁《こんぶだし》が軸になり、鰹節を少量使用する。これに対して、関東地方では濃口醤油に鰹出汁《かつおだし》となる。ほかにも中部地域にほぼ大豆で作る溜醤油《たまりじょうゆ》があり、愛知県碧南《へきなん》市にはしろ醤油というおもに小麦（大豆は一〜二割ほど）で作るものもある。

薄口・濃口の二大醤油文化圏ができたのは、江戸の地廻《じまわ》り経済の発展による。もともと江戸周辺にはとつぜん百万都市になった江戸住民の衣食を賄《まかな》う生産能力などなく、必要な生活物資は大坂からの廻送品《かいそうひん》に頼っていた。油（おもに菜種《なたね》油）は江戸で一〇万樽が消費されたが、地廻りは天保初期（一八三〇年代）で二〜三万樽、安政三年（一八五六）でも四万樽であり、多くは上方《かみがた》からの廻送で間に合わせた（赤坂治績《あかさかちせき》氏著『江戸の経済事件簿』集英社新書、五十六〜七頁）。ところが醤油については、事情が異なる。享保《きょうほう》十一年（一七二六）に江戸で消費した一三万余樽のうち、一〇万余樽が大坂から下《くだ》ってきた醤油だった。だが、醤油は地廻りの経済圏でも賄《まかな》える能力がついてきた。常陸《ひたち》・下総《しもうさ》・上《かず》総《さ》・相模《さがみ》の大豆《だいず》・小麦を利用し行徳《ぎょうとく》の塩を使った醤油業が、濃口醤油を作った。大坂の醤油がことのほか高かったからだろうか、川越《かわごえ》・野田・成田・玉造《たまつくり》・佐原《さはら》・銚子《ちょうし》などにある江戸地廻りの醤油業者の商品で賄われるようになった。文政四年（一八二一）一二五万樽の江戸消費量のうち、一二三万樽が関東の地廻りの醤油だった。こうして、関東の醤油圏と上方《かみがた》の醤油圏ができあがるわけである。これが現在の西日本と東日本の味付け・味覚の差を醸《かも》し出しているのは間違いなく、たとえば即席ラーメン・カップヌードルなどのスープ味でも関ヶ原《せきがはら》を堺にとか九州限定とかこまかく地元の好みにあわせて流通・販売の範囲を決めているそうだ。

こうした西日本・東日本の差といえば、餅《もち》の形や調理法にも周知のように地域の特色がある。北海道地方・東北地方・関東地方・中部地方では、角餅《かくもち》でしかも焼いている。新潟県・東海地方では同じく角餅だが、煮て食べる。近畿地方・中国地方・四国地方では、丸餅《まるもち》を煮る。九州地方では丸餅を煮たり焼いたりする家が混在する。おおざっぱな話でそれぞれの家ごとに違いがあるだろうが、こうした地域差があるのも事実である。これらの現象も、結婚や勤務の関係で地元から転出したり、あるいは転入してくることでやがて混ざり合っていく。この出入りが激しければ、早晩《そうばん》この構図も壊《こわ》れていくだろう。しかし現にあるこの差は、販売権・流通手段・好みなどさまざまなものが絡《から》み合ってできたものと思われる。この裏側に、経済・文化・政治が反映している蓋然性《がいぜんせい》もあり、それを資料として記録・保存し、読み取って分析することも、生活史の一つのテーマとなりうる。
こうした地域差をテーマとするなら、方言《ほうげん》も貴重である。

標準語とかいうが、江戸町人・江戸っ子の〝話し〟言葉を採用したわけじゃなく、江戸の山《やま》の手《て》に住んでいる教養者層の〝書き〟言葉を標準とさせたのだという(松尾聰「方言コンプレックス」『日本語遊覧』所収)。だから江戸っ子の言葉は、そのほとんどが東京方言なのである。

方言は、例をあげはじめればきりがない。大きくいえばこれまた関東地方と関西地方では違う。JR東海道線の各駅停車に乗って会話を聞いているとその変化がわかり、言葉の境《さかいめ》目は静岡県浜松《はままつ》あたりになるという。また近畿日本鉄道沿線では、大阪圏と中京圏の言葉の境目が名張《なばり》周辺にあるらしい。

「お国訛《くになま》り」といい訛りとかいうから治《なお》すべきものと意識されるが、方言はりっぱな文化財である。徳川宗賢《むねまさ》氏著『日本の方言地図』(中公新書、1方言の分布/3ことばの誕生と変化)には、いくつかの言葉を挙げてそれをどういうかを聞き取った調査記録がコメントとともに紹介されている。

たとえばイエ・ウチの関係について、関東地方・中部地方・北陸地方では家屋《かおく》・家庭のことをウチというが、西日本では家屋をイエ・家庭はウチという。東北地方は家屋・家庭ともイエと呼ぶ。もともとは家屋がイエで、家庭は内外の意味の内側・身内《みうち》の意味でウチといったのだが、混用されて家屋もウチと呼ぶようになった。関東地方などのウチ表現があとから発生し、周囲に広がっている状況だが、やがて全国でウチというようになるのが趨勢《すうせい》だという。

女性のことは何と呼ぶか。関東地方・中部地方はオンナであるが、東北地方や北陸地方・西日本はオナゴが圧倒的に優勢で、その境界線上にオンナゴという折衷・混交した呼称ができている。女性の奈良時代の呼称はメで、ヲミナは幼女や若い成人女性に限定されて使われた。それが平安時代にヲミナからヲンナとなって女性一般呼称に採《と》られた。一方でメは卑《いや》しめ見下《みくだ》した表現とされて、北陸地方のメロー、沖縄地方のミドゥム（女ども）に残るのみとなった。室町時代になって、近畿地方でオナゴが生じて全国に拡がっていったが、東海地方・関東地方では抵抗感があったらしく、古形のまま保存された。それでこの分布となったという。抵抗感の理由が知りたいが、どう考えられるのだろうか。

ほかにも捨てることを、東北地方・北海道ではナゲル、南関東・中部地方はウッチャル・ブッチャル、北関東・近畿地方・中国地方・四国地方はステル・シテル、九州地方はウスツル・ウッスル、南西諸島はシティンだそうだ。このほかに近畿圏でホール・ホカスがあり、愛媛県にはマケルがある。スツがおおもとで、身から遠く離す意味でホール・ナゲルが派生《はせい》したものらしい。

ある方言のまたアクセントの通用するところが、ある文化圏をなすわけである。それがどう作られ、どのような意味を持ったか。地元の生きた歴史を窺い知るためにも、そうした観点での資料蒐集を、いわゆる標準語に覆《おお》われる前に、ぜひともして貰《もら》いたいものだ。もっとも筆者の同僚がいうのでながく茨城・栃木あたりの方言だと思ってきたのだが、「仁《に》王様《おうさま》『みたく』まっかになって」というミタクは「みたい」の「い」を形容詞語尾《ごび》と誤認《ごにん》した幼児語《ようじご》だそうだ（『日本国語辞典』十八巻「みたいだ」項）。幼児語といえば、無茶苦茶はむたくたの、パンティはパンツの幼児語である。

ついでに筆者の思いつきだが、人を誰何《すいか》したり呼びかけるとき、「おい」「こら」とかいう。だが昔は、「やぁ・やれ・やい」だった。近松門左衛門《ちかまつもんざえもん》は「ヤア八右衛門様《はちえもんさま》か、忠兵衛《ちゅうべえ》、これへ通《とお》しましやと」（『冥途《めいど》の飛脚《ひきやく》』）・「ヤア、卜庵老《ぼくあんろう》はまだ見えぬか」「ヤア若い衆は出見世か、盗人《ぬすつと》が入ったぞ」（『今宮の心中』）、井原西鶴《いはらさいかく》も「やれ今の事ぢやは、外科よ気付よ」（『好色五人女』）と記している。時代を辿《たど》らなくとも、オイ・コラの影響をうけなかった韓国では、ドラマ内の会話がいまもヤァである。それがどうしてオイ・コラになったのかといえば、明治政府の邏卒《らそつ》（警察官）の鹿児島士族が発した薩《さつ》摩弁《まべん》が巷間《ちまた》に広まったからである。なぜ邏卒に鹿児島県士族が多いかをふくめ、その事情は歴史遺産となりうる。

以下の話は真偽が定かでないが、薩摩では間諜《かんちょう》の流入を阻むためことさらに薩摩弁を守らせたと聞いたことがある。後講釈《あとこうしゃく》・辻褄合《つじつまあ》わせかとも思うが、もしも事実ならば、文化遺産の力といえる。そういえば島原の乱のさい、松平輝綱《てるつな》の日記によると、幕府軍から原城《はらじょう》に甲賀《こうが》の間諜《かんちょう》を送り込んだが、方言の差と基督《キリスト》教用語で正体がばれて潜入に失敗したという（鈴木真哉《まさや》氏著『戦国時代の怪《あや》しい人たち』平凡社新書）。方言は、重要な武器・防衛手段でありえたかもしれない。

55 「古代」は日本史上になかったか

井上章一《しょういち》氏は、法隆寺《ほうりゅうじ》のことを外国人に「日本の古代建築」と説明して聞《き》き咎《とが》められた。外国人にとって、最初の法隆寺（若草伽藍《わかくさがらん》）が建てられた七世紀初頭、西院伽藍《さいいん》として再建された七世紀末とも、世界史ではどのみち中世に属するからである。「七世紀の建築物が、日本ではどうして古代寺院といわれるのか。中世だろう」と問われて、答えに詰《つ》まった、という思い出を記されている（『日本に古代はあったのか』角川学芸出版）。

十二世紀第四四半期までを古代史とするわが国の常識的な時代区分は、けっして世界の常識でない。むしろ世界的には孤立した、ごくごく特殊な時代認識である。

ヨーロッパ史では、西ローマ帝国の領域内にゲルマン民族が侵入し、彼らが東ゴート・西ゴート・フランク王国などをつぎつぎ建てたために帝国が崩壊する。西ローマ帝国が滅亡した四七六年以降を中世とし、それ以前を古代と区分してきた。つまり古代と中世の境目《さかいめ》は、五世紀にある。

この歴史的な時代区分論は、もちろん東洋史・中国史に影響した。ただ日本では京都大学出身者と東京大学出身者との間で、その認識が異なる。もちろん教壇に立っていた教員の持論《じろん》の差が、その弟子《でし》たちに影響していった、ということだ。

京都大学の内藤湖南《こなん》氏は、中国史に上古《じょうこ》・中世・近世という時代区分をはじめて持ち込んだ。漢《かん》末《まつ》から西晋《せいしん》に上古（古代）→中世の、唐末《とうまつ》から五代《ごだい》に中世→近世の、それぞれ境目をあてた。内田銀《ぎん》蔵《ぞう》氏も、古い漢民族の国家を維持していた東晋《とうしん》を東ローマ帝国と同様な存在と見立《みた》て、ヨーロッパ史の構図にあわせようとしていた。宮崎市定《いちさだ》氏もそうした流れを汲み、漢帝国が崩壊した三世紀、三国時代を経て北方民族が乱入する五胡十六国《ごこじゅうろっこく》時代を中世のはじまりと理解した。中央アジアにいた遊牧民族が、西はヨーロッパに入って西洋中世社会を開き、東は中国に入って東洋中世社会を開いた。歴史の並行《へいこう》現象を、そう読み取ったのである。そして異民族の侵入を防ぎきれず中世的な分裂の俎《そ》上《じょう》にあった隋唐《ずいとう》を経《へ》て、宋《そう》時代にやっと中世的分裂が解消された。中世的な不統一を克服した宋帝国こそが、近世的な中央集権体制を作り出した、とした。しかも古代についても、春秋《しゅんじゅう》時代の中国に都市国家《としこっか》が成立していたことを見出《みいだ》し、ギリシャの都市国家と同一の歴史過程があったことを証明して見せた。これが京都学派の描く中国史の時代区分の、現在の到達点である。

これに対して東京大学史学会では、いまでも唐までを古代とし、唐の崩壊・宋の成立をもって中世とみなしている。東京大学において中国史の時代区分をはじめて提唱されたのは前田直典《なおのり》氏だそうで、これを引き継いだ西嶋定生《さだお》氏らが唐末を古代とする見解を展開されている。東京・京都の両学派の論争点はたとえば宋代の佃戸《でんこ》が中世社会の指標《しひょう》となる農奴《のうど》（耕作地と一体のものと把握されていた農民）に該当《がいとう》するのかそれとも近世社会を思わせる土地に緊縛《きんばく》されない自由労働者と見做《みな》せるかの理解の違いとなって現れるが、こうした水準の話ともなれば容易に結論を得ることなど期待できそうもない。

さてそもそも本稿の問題は中国史の話でなく、日本の古代史であった。

東京学派の見解では、唐は古代である。中国古代の唐の均田制《きんでんせい》が日本の七世紀に受け入れられ、奈良時代には全国に展開している。古代社会同士の交流の証《あかし》というわけである。これに対して、京都学派の見解では、邪馬台国《やまたいこく》の時代から中世史となるし、唐社会を支えた中世的均田制が日本では古代社会に受け入れられてその国の経済体制を支えていたこととなってしまう。中世のものを受容しても、その社会は古代でありうるのか。その問いではわかりにくいのなら、こう言い換えればよいか。近代の制度・文物《ぶんぶつ》を受け入れて使い続ける古代社会、なんてありうるのか、と。中国が中世に入っているのなら、それと交流する周辺国も少なからず中世的に社会が変貌《へんぼう》しているはずだ。つまり東洋史として中世に移行する、と。そうでないと、国家間・時代間の理論的整合性がとれなくなるのである。

この論議の影響が、日本史にどう出るのか。

まずは、日本に古代・中世・近世・近代という整然とした時代社会があった、としている。しかし中国の中世が日本の邪馬台国のときからはじまるのなら、日本の古代は時期的に縄文《じょうもん》文時代が相当する。そこまでくるとヨーロッパと同じく中国でも、中国と同じく日本でも、どこにも同じように古代・中世がそもそもあったのかを疑う必要がある。日本の縄文時代は古代中国との交流がほとんどない状態なのだから、その社会的影響下にないのに古代社会を営《いとな》むことなどなかろう。それに指標となる奴隷《どれい》制などが生じていたとはおよそ考えがたい。とすれば日本がいわゆる歴史社会に入るのは、中世からではないか。日本に古代史はなく、中世史からはじまる、でもいいんじゃないか。

また東京学派で理解していくとすれば、宋《そう》朝（九六〇年〜一二七九）は中世国家であるのに、日本は平安中期・後期の二〇〇年以上、古代国家として中世国家と付き合っていたことになる。この並行《へいこう》関係が齟齬《そご》しておかしいとするなら、日本史では古代・中世・近世ともすべて設定するのを諦《あきら》めて、近代史からはじまったことにしたらどうか。

こうした論議はおよそ理解されにくく、抽象的・スコラ的で学問のための学問とも思われよう。一般の読者には意味が取れず、不必要な議論とも思える。しかし、そうではない。時代区分をめぐる論議には歴史事象についての総合的・総括的理解が必要であり、その理解は時代像を深め豊かにする。同時代史の比較も、自国の歴史の社会像を明瞭にするのに役立つ。決して無意味な議論ではない。

しかし、そもそも一つの世界観・歴史観で世界を括《くく》りあげようという発想に縛《しば》られなくともよかろう。井上氏が発問された「日本に古代はなかった」という結論がかりに出てしまったとしても、べつに日本にあった歴史社会がどこかに消えてしまったわけじゃない。日本には、そのときの社会もその当時の人々もたしかにその地に生きて存在していた。それらをいまの観点から何と呼ぶかは、まったく現代の問題である。ある尺度で計《はか》れば古代でないといわれ、ある枡で汲《く》めば像法《ぞうほう》社会のさなかとされ、ある秤《はかり》にかければ世界の終末によっているとかいわれても、それはしょせん現代人のいや現代の学者だけが負《お》っている課題にすぎない。一世紀さきに、この問題がなお討議の対象となっているものかどうかすら、およそ疑わしいような話だ。

そのなかで「古代史」と表現すれば、マルクス主義的歴史観に基づいた歴史認識によるものと思われて紛《まぎ》らわしい。そうした反論が、なおされるかもしれない。だがもしもそこまでいわれるのなら、特定の時代区分名を借用させてもらって、何がどれほど悪いというのか。「選挙で『禊《みそ》ぎ』も終わった」とかには宗教用語が入り、「『一目《いちもく》』置いた」という囲碁世界の用語も使われている。「この縁談話には、『脈《みゃく》』がありそう」とかの医術用語でも、その世界で本来的に使用する意味と異なっているのに、みないいように使っているじゃないか。

あとがき

この書の著者はたしかに私だが、この書で重要な企画内容のほとんどはじつは私の発案でない。目次の設定つまり執筆内容を決める個々のテーマの設定者は、私の著書を読みまた講義を受けて下さったみなさま方なのである。

いま七十歳になるまで、私は自分の考えを述べるたくさんの場所・機会を作っていただいた。いまだに忘れられないのは、昭和六十二年（一九八七）八月三十日に神奈川県大和市立図書館《やまとしりつ》で催された第十四回大和市歴史講座で「神奈川出土の木簡《もっかん》と古代史」という話をしたときのことだ。聴講者のほとんどに眠られてしまった。喋《しゃべ》りながら、それがわかる。もちろん質問などない。講演した者とすれば、「質問がないのは、すべて分かっていただいた」と思いたい。だがほんとうのところは、質問するところが分からないほど理解できない話にしてしまったのだ。筆者が木簡をテーマにした講演をほとんどしないのは、このときの苦《にが》い記憶のせいだ。それはともかく、聴《き》いている側にはふつう疑問が湧《わ》き起《お》こり、質問があるはずだ。受講者が何も知らなかった話なら、新知識として素直《すなお》にすんなり得心《とくしん》されるかもしれないが、すでにあるていど知っている話題なのに意外《いがい》だった話に接したとすれば、いままでの理解との間に隙《すき》が生ずる。その隙を埋めるために、「もしそうだというのなら、いままでのこれはどう理解したらいいのか」という、話を受《う》け容《い》れるための疑問が生ずるものだ。そういう反応の起こらぬはずがないというか、私は話をするのならばそういう挑戦的な講義をしようと考えていた。それなのに、こんな大失敗。これが、私の講座講師の初陣《ういじん》だった。

神奈川学園中学高等学校から転職して以来、高岡市《たかおかし》万葉《まんよう》歴史館（富山県）・姫路《ひめじ》市立姫路文学館（兵庫県）・奈良県立万葉文化館に勤務し、館の業務としての講座や周辺の公民館《こうみんかん》などに出講した。そして退職後は朝日カルチャー（横浜教室）・NHK文化センター（千葉教室・横浜教室・川越教室・青山教室）・かわさき市民アカデミー・淑徳《しゅくとく》大学エクステンションセンター（池袋校）・早稲田大学エクステンションセンター（早稲田校・中野校・八丁堀校）や全国歴史研究会（万葉塾・松尾塾）などのカルチャー講座にたびたび登壇《とうだん》させてもらっている。

そのさい、私は繰り返し「質問をいただきたい」とお願いしてきた。

もちろんいましがたした講演の内容に関しての方《ほう》が、その場にいらっしゃる受講者にとっては望ましかろうが、私にとっては必ずしも関係しない質問でもいい。というのは、講演のあとに受けたさまざまな質問が、私にとってかけがえのない宝になるからである。

たとえば、どこにいっても同じように繰り返される質問がある。「いまの講演中に話したことじゃないの」と思える質問すらある。でもその質問がくるということは、私の話した内容では、聴講者の腑《ふ》に落《お》ちないのだ。つまり説明内容に説得力がないから、ほかの答えかまたはほかの答え方を考えよという意味に受け取れる。あるいは、私のまったく知らなかったことについて質問される。講座内容に関係がなければ、「専門外のことなので知識がなく、分かりかねます」として答えなくてよいとする考えもあろう。しかし、私としてはできるかぎりお答えしたい。それはそれを長年懸案《ながねんけんあん》とされてきた受講者のためでもあるが、何よりも私のためになる。私を大きく育ててくれる種《たね》・糧《かて》を与えて下さろうとしているのに、みずから他所《よそ》を向き、放擲《ほうてき》してしまうことはない。「それを答えられない私」になってはいけないのだ。時間を取って（といっても、限度はあろうが）調べてから、問いと答えの間が多少空《あ》いても（二年くらい空くこともある）、それでもなおお答えしたい。

ただそうはいっても、問題点が地域的・局所的《きょくしょ》であれば、地元の考古資料と文献の検討が多数必要になるため、通常の調査時間ではとても質問者が期待されるレベルでお答えできそうにないと思われるものもある。また、質問の書簡を寄せられた上で、電話で回答を求められたこともあった。手《て》順《じゅん》にそつはないが、さすがに質問者が定められた日程内でという条件では、調査も不十分になるし、自分の考えも纏《まと》め切《き》れない。書簡で返答できるようになるまでの時間をどのくらい取るかは、私の裁《さい》量《りょう》にお任せいただきたい。

時としてこのような行《ゆ》き違《ちが》いもあるが、あたうかぎり答えていくことで、私としてはいまよりは深くて広く見渡した見解が持てる。講演者として、書き手として、成長できるチャンスだ。やや希望を交えてだが、そう思ってきた。

この書には五十五本の設問を掲げてあるが、このテーマの大半はこういう経緯で連続講座の受講者のみなさまが提供してくださったものである。

「お寄せいただいた質問に答えることを通じて私が成長できれば、成長した私の講座が聴けることになるのだから、おたがいにいいことでしょ。だから質問してくださいよ」というところで止《や》めておけばいいのだが、つい調子にのって「だからネ、私がつまらない講演をするとすれば、みなさま方がちゃんと質問しないからですよ」と開き直ってしまうと、さすがに「そりゃないだろう」と返される。たしかに「そりゃない」が、かつて森繁久弥《もりしげひさや》（NHKアナウンサー・俳優）は「お客様の拍手は、役者を育てもするが、駄目にもする」といった。いい役者の演技を褒《ほ》め称《たた》えて拍手すれば、役者はそれを励みにもっと精進《しょうじん》しようとする。拍手は役者を育てる。しかし駄目な役者にお世辞《せじ》で拍手をすれば、「これでいいんだ」と慢心《まんしん》して努力しなくなる。観客のするお義理のいい加減な拍手は、成長過程の役者を駄目にしかねないというのだ。そうなると、私への拍手は止《や》み、私の講座受講希望者がいないのがなぜなのか、眼の前に現実を歴然《れきぜん》と突きつけられることになりそうだ。だからそうならないように、早く質問をいただきたい。そして精進して、こういう形で答えを出して行きたい。私がより勉強するよう、質問を寄せることで見守り育てて貰《もら》いたい、と願うのだ。

またこの間、兼職として、大学の教壇に立たせてもいただいた。学習院女子短期大学で一年、鶴見大学（総持学園《そうじ》）で十六年、早稲田大学で十一年、中央大学で二年半、合わせて四六二九人の受講生に講義を聞いて貰《もら》った。

「出席票の裏に書き込んで」とお願いして、もちろん数多くの意見や質問を受けた。講義中、毎回質問してくれた学生もいた。講義のときはついぞ口にしなかったが、質問した学生にはじつは出席点を加点していた。

大学では不遜《ふそん》にも採点する立場なので、カルチャー講座の受講者とはやや関係性が異なるが、そこでの試験の結果が私への採点簿でもあった。

試験では、受講生がどのくらい私の講義を聴《き》き、その内容を理解できてさらに発展させられたかを問う。その一方で書かれている内容は、私にとっては私の話が学生たちにどのように聴かれていたのかを知る、大切な手がかりである。私が講義で話した通りに書いてあれば、話をよく聴いてよく理解したことになる。それはそうだが、私がより学ばせて貰うのは、よくできていないあるいは大小となく誤解している解答の方である。学生が私の意図しない思わぬ誤解をしているのは、そのような誤解を与えるような話し方を私が講義でしたからだろう。講座の不備・欠陥が、そのまま試験に誤答として反映されているのだ。表面だけなぞったような味気《あじけ》ない解答が並ぶのは、彼・彼女らの頭のなかに入《はい》り込《こ》めず、奥深いところからの疑問を生じさせられていないせい。「調べてみよう」「考えてみよう」という知的に不安定な気持ちにさせていないからだ。講義はきっかけで、そこで知的好奇心を刺激されて自分で調べたくなるようにさせる。それが、半年単位という短時間しか講義できない担当者の、切《せつ》なる願いである。それだから、おもに誤答をもとに次回・次年度からは喋り方・話の進行の手順についても気をつけたり改めたりしてきた。質問や誤答は私の講義内容や講義手順などを改善するための指南車《しなんしゃ》となってくれたわけで、受講生にはとても感謝している。

ということで、この書は受講生・聴講者と読者の方々への私の回答例を集めたものである。これが、さらにみなさま方から質問をいただくきっかけとなればよいのだが。

さてこの書は、筆者の単著十五冊目となり、本の背に筆者の名を入れた書籍としては二十五冊目に当たる。またまた笠間書院にお世話になる。池田つや子会長・池田圭子社長と編集の実務を取って下さる大久保康雄氏には、いつものことながら心より感謝申し上げている。また昨年十二月に退職された橋本孝前編集長は、四十六年間の長きにわたって勤務され、池田猛雄《たけお》社長の急死で苦境に立たされた笠間書院を身を挺《てい》して護《まも》り支えられた。橋本氏には父・松尾聰と筆者の二代にわたり、格別のお世話になった。退職後も健《すこ》やかにお過ごしいただき、出版業界にあたうかぎり長く貢献されるようお祈り申し上げる。

平成三十年一月十三日

松尾光識《しる》す

古代天皇系図

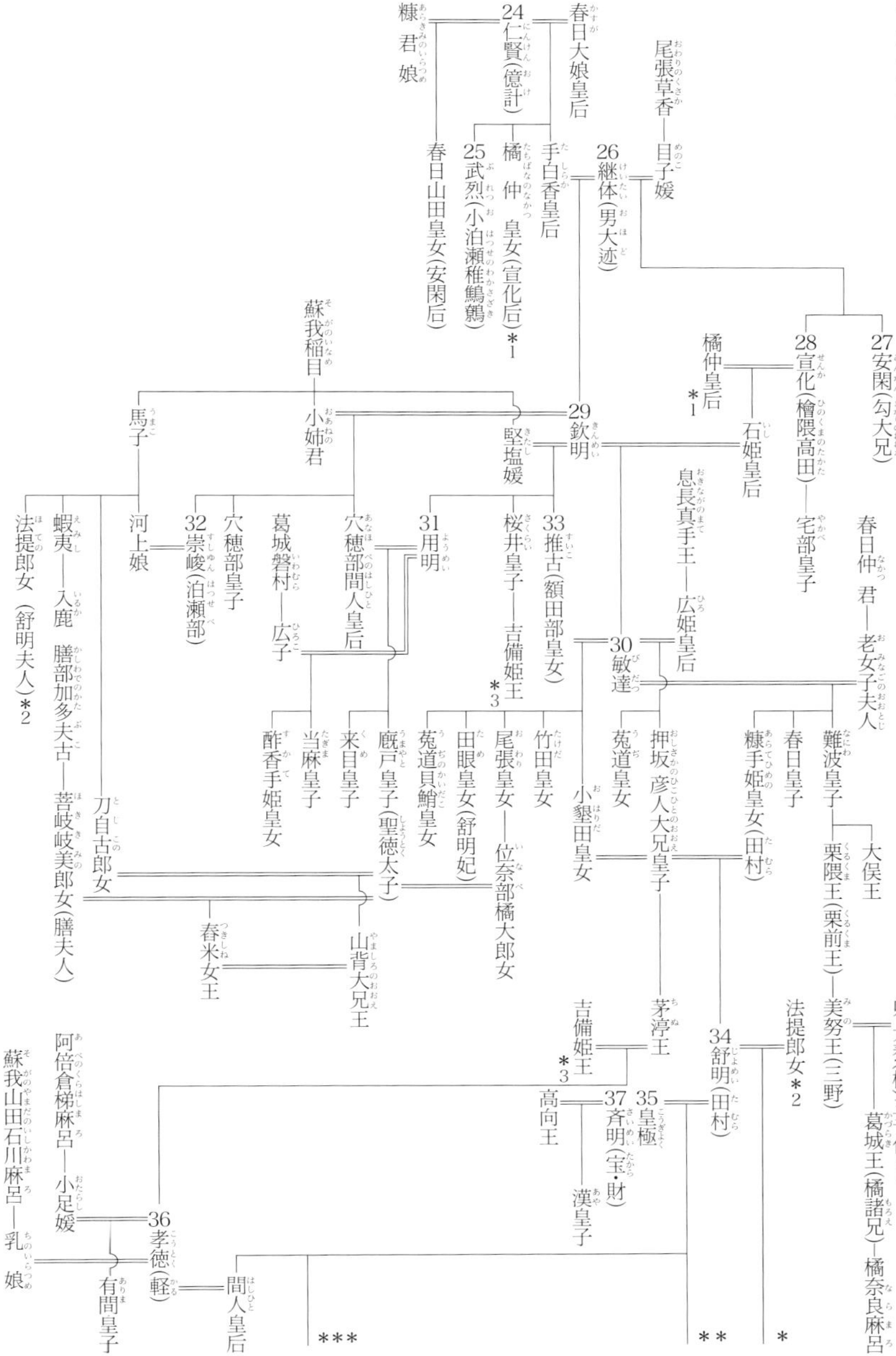

尾張草香《おわりのくさか》
目子媛《めのこ》
26継体《けいたい》(男大迹《おほど》)
春日大娘皇后《かすが》
24仁賢《にんけん》(億計《おけ》)
糠君娘《あらきみのいらつめ》
手白香皇后《たしらか》
橘仲皇女《たちばなのなかつ》(宣化后)＊1
25武烈《ぶれつ》(小泊瀬稚鷦鷯《おはつせのわかさざき》)
春日山田皇女(安閑后)
27安閑《あんかん》(勾大兄《まがりのおおえ》)
28宣化《せんか》(檜隈高田《ひのくまのたかた》)
橘仲皇后＊1
宅部皇子《やかべ》
石姫皇后《いし》
29欽明《きんめい》
蘇我稲目《そがのいなめ》
小姉君《おあねのきみ》
堅塩媛《きたしひめ》
馬子《うまこ》
春日仲君《なかつ》
老女子夫人《おみなごのおおとじ》
息長真手王《おきながのまて》
広姫皇后《ひろ》
30敏達《びだつ》
33推古《すいこ》(額田部皇女)
桜井皇子《さくらい》
吉備姫王＊3
31用明《ようめい》
穴穂部間人皇后《あなほべのはしひと》
葛城磐村《いわむら》
広子《ひろこ》
穴穂部皇子
32崇峻《すしゅん》(泊瀬部《はつせべ》)
河上娘
蝦夷《えみし》
入鹿《いるか》
膳部加多夫古《かしわでのかたぶこ》
菩岐岐美郎女《ほききみの》(膳夫人)
法提郎女《ほての》(舒明夫人)＊2
刀自古郎女《とじこの》
難波皇子《なにわ》
春日皇子
糠手姫皇女《あらてひめの》(田村《たむら》)
押坂彦人大兄皇子《おしさかのひこひとのおおえ》
菟道皇女《うぢ》
小墾田皇女《おはりだ》
竹田皇女《たけだ》
尾張皇女《おわり》
位奈部橘大郎女《いなべ》
田眼皇女《ため》(舒明妃)
菟道貝鮹皇女《うぢのかいだこ》
来目皇子《くめ》
厩戸皇子《うまやと》(聖徳太子《しょうとく》)
当麻皇子《たぎま》
酢香手姫皇女《すかて》
大俣王
栗隈王《くるくま》(栗前王《くるくま》)
美努王《みの》(三野)
県犬養《あがたいぬかい》(橘)三千代《みちよ》＊11
葛城王《かづらき》(橘諸兄《もろえ》)
橘奈良麻呂《ならまろ》
茅渟王《ちぬ》
34舒明《じょめい》(田村《たむら》)
法提郎女＊2
吉備姫王＊3
35皇極《こうぎょく》
37斉明《さいめい》(宝《たから》・財)
高向王
漢皇子《あや》
山背大兄王《やましろのおおえ》
春米女王《つきしね》
阿倍倉梯麻呂《あべのくらはしまろ》
小足媛《おたらし》
36孝徳《こうとく》(軽《かる》)
蘇我山田石川麻呂《そがのやまだのいしかわまろ》
乳娘《ちのいらつめ》
有間皇子《ありま》
間人皇后《はしひと》
＊
＊＊
＊＊＊

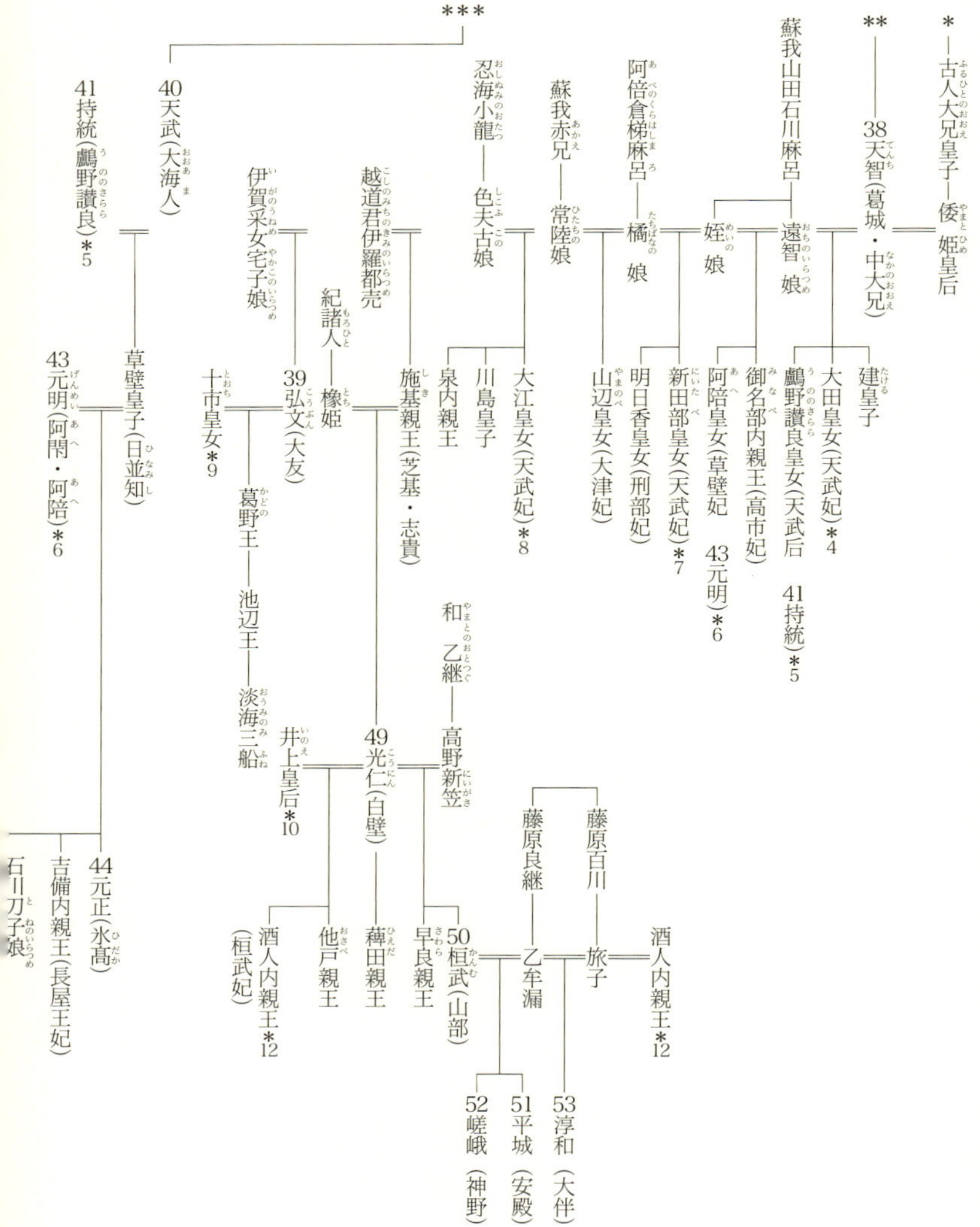
*
古人大兄皇子《ふるひとのおおえ》
倭姫皇后《やまとひめ》
**
38天智《てんち》(葛城・中大兄《なかのおおえ》)
蘇我山田石川麻呂
遠智娘《おちのいらつめ》
姪《めいの》娘
阿倍倉梯麻呂《あべのくらはしまろ》
橘《たちばなの》娘
蘇我赤兄《あかえ》
常陸《ひたちの》娘
忍海小龍《おしぬみのおたつ》
色夫古娘《しこぶこの》
越道君伊羅都売《こしのみちのきみのいらつめ》
***
40天武(大海人《おおあま》)
41持統(鸕野讃良《うののさらら》)*5
建皇子《たける》
大田皇女(天武妃)*4
鸕野讃良皇女《うののさらら》(天武后 41持統)*5
御名部内親王《みなべ》(高市妃)
阿陪皇女《あへ》(草壁妃 43元明)*6
新田部皇女《にいたべ》(天武妃)*7
明日香皇女(刑部妃)
山辺皇女《やまのべ》(大津妃)
大江皇女(天武妃)*8
川島皇子
泉内親王
施基親王《しき》(芝基・志貴)
紀諸人《もろひと》
橡姫《とち》
伊賀采女宅子娘《いがのうねめやかこのいらつめ》
39弘文《こうぶん》(大友)
十市皇女《とおち》*9
葛野王《かどの》
池辺王
淡海三船《おうみのみふね》
草壁皇子(日並知《ひなみし》)
43元明《げんめい》(阿閇《あへ》・阿陪《あへ》)*6
和乙継《やまとのおとつぐ》
高野新笠《にいがさ》
49光仁《こうにん》(白壁)
井上皇后《いのえ》*10
藤原百川
藤原良継
酒人内親王*12
旅子
乙牟漏
50桓武《かんむ》(山部)
早良親王《さわら》
薭田親王《ひえだ》
他戸親王《おさべ》
酒人内親王*12
(桓武妃)
53淳和(大伴)
51平城(安殿)
52嵯峨(神野)
44元正(氷高《ひだか》)
吉備内親王(長屋王妃)
石川刀子娘《とねのいらつめ》

- 大田皇女＊4 ＝
  - 大来（大伯）皇女
  - 大津皇子
- 大江皇女＊8 ＝
  - 長《なが》親王
    - 智努《ちぬ》王（文室浄三《ふんやのきよみ》）
    - 大市《おおち》王（文室邑珍《おおち》）
    - 栗栖《くるす》王
  - 弓削《ゆげ》皇子
- 新田部皇女＊7 ＝
  - 舎人《とねり》親王
    - 47淳仁《じゅんにん》（大炊《おおい》王）
    - 三原王—和気《わけ》王
    - 船王
    - 池田王
- 藤原鎌足
  - 氷上娘《ひかみの》 ＝
    - 但馬《たじま》内親王
  - 五百重娘《いおえのいらつめ》 ＝
    - 新田部《にいたべ》親王
      - 塩焼《しおやき》王（氷上塩焼）
        - 氷上志計志麻呂《ひかみのしけしまろ》
        - 氷上川継《かわつぐ》
      - 道祖《ふなど》王
- 蘇我赤兄—大蕤娘《おおぬの》 ＝
  - 穂積《ほづみ》親王
  - 紀《き》皇女
  - 田形《たかた》内親王
- 鏡王—額田姫王《ぬかたのひめみこ》 ＝
  - 十市《とおち》皇女（弘文妃）＊9
- 宗形徳善《むなかたのとくぜん》—尼子娘《あまこの》 ＝
  - 高市《たけち》皇子
    - 長屋《ながや》王
      - 膳夫《かしわで》王
      - 桑田王
      - 葛木王
      - 鉤取《かぎとり》王
      - 安宿《あすかべ》王
      - 黄文《きぶみ》王
      - 山背王
    - 鈴鹿《すずか》王
- 宍人大麻呂《ししひとのおおまろ》—檝媛娘《かじ》 ＝
  - 忍壁《おさかべ》（刑部《おさかべ》）親王
    - 大野王
    - 山前王
    - 石田王
  - 磯城《しき》皇子
  - 泊瀬部《はつせべ》（長谷部）内親王（川島妃か）
  - 託基《たき》（多紀・当耆）内親王（施基妃）

- 石川広世
- 石川広成
- 42文武《もんむ》（軽《かる》・珂瑠《かる》） ＝ 宮子《みやこ》
  - 45聖武《しょうむ》（首《おびと》）
- 県犬養唐《もろこし》—県犬養広刀自《ひろとじ》 ＝ 聖武
  - 井上《いのえ》内親王（光仁后）＊10
  - 安積《あさか》親王
  - 不破《ふわ》内親王（塩焼王妃）
- 藤原不比等《ふひと》—宮子
- 藤原不比等 ＝ 県《あがたいぬかい》犬養（橘）三千代＊11
  - 光明《こうみょう》皇后（安宿媛《あすかべひめ》） ＝ 聖武
    - 基《もとい》王（某王か）
    - 46孝謙《こうけん》（阿倍《あべ》）
    - 48称徳《しょうとく》

黛弘道先生編集執筆
『年表日本歴史1・原始▼飛鳥・奈良』（筑摩書房刊）
の巻末資料・天皇系図参照

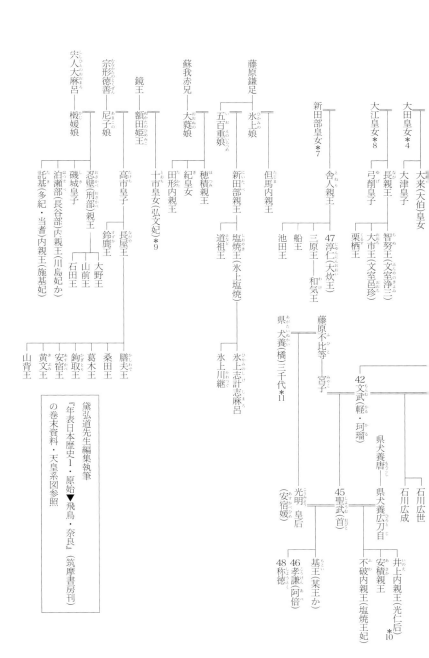

■著者紹介

松尾　光（まつお　ひかる）

略　歴　1948年、東京生まれ。学習院大学文学部史学科卒業後、学習院大学大学院人文科学研究科史学専攻博士課程満期退学。博士（史学）。神奈川学園中学高等学校教諭・高岡市万葉歴史館主任研究員・姫路文学館学芸課長・奈良県万葉文化振興財団万葉古代学研究所副所長を歴任し、その間、鶴見大学文学部・中央大学文学部・早稲田大学商学部非常勤講師を兼務。現在、早稲田大学エクステンションセンター・NHK 文化センター講師。

著　書　単著に『白鳳天平時代の研究』（2004、笠間書院）『古代の神々と王権』『天平の木簡と文化』（1994、笠間書院）『天平の政治と争乱』（1995、笠間書院）『古代の王朝と人物』（1997、笠間書院）『古代史の異説と懐疑』（1999、笠間書院）『古代の豪族と社会』（2005、笠間書院）『万葉集とその時代』（2009、笠間書院）『古代史の謎を攻略する　古代・飛鳥時代篇／奈良時代篇』（2009、笠間書院）『古代の社会と人物』（2012、笠間書院）『日本史の謎を攻略する』（2014、笠間書院）『現代語訳魏志倭人伝』（2014、KADOKAWA）『思い込みの日本史に挑む』（2015、笠間書院）。編著に『古代史はこう書き変えられる』（1989、立風書房）『万葉集101の謎』（2000、新人物往来社）『疎開・空襲・愛―母の遺した書簡集』（2008、笠間書院）『近鉄沿線謎解き散歩』（2013、KADOKAWA）などがある。

古代史《こだいし》の思《おも》い込《こ》みに挑《いど》む

2018年７月10日　初版第１刷発行

著　者　松尾　光

発行者　池田圭子

発行所　有限会社　笠間書院

東京都千代田区神田猿楽町2-2-3［〒101-0064］

☎03-3295-1331㈹　FAX03-3294-0996

NDC 分類：210.1

振替00110-1-56002

ISBN978-4-305-70867-0　　組版：ステラ　印刷・製本／モリモト印刷

落丁・乱丁本はお取りかえいたします。

出版目録は上記住所までご請求下さい。

http://kasamashoin.jp